Vielfalt gestalten
Ansätze zur Förderung der
sozialen Kohäsion in Europas Städten

Shaping Diversity
Approaches to Promoting
Social Cohesion in European Cities

Vielfalt gestalten
Ansätze zur Förderung der
sozialen Kohäsion in Europas Städten

Shaping Diversity
Approaches to Promoting
Social Cohesion in European Cities

Herausgegeben von
Edited by

Naomi Alcaide & Christian Höcke

für den vhw – Bundesverband für Wohnen und Stadtentwicklung e. V.
for the vhw – Federal Association for Housing and Urban Development e. V.

Die Verwendung einer Sprache frei von Diskriminierung einzelner Geschlechter ist dem vhw – Bundesverband für Wohnen und Stadtentwicklung e. V. ein wichtiges Anliegen. Geschrieben wie gesprochen präferiert der vhw hierfür die Verwendung weiblicher und männlicher Schreibweisen sowie neutraler Ausdrucksformen. Der aktuelle, vielfältige Diskurs zu geschlechtergerechter Sprache kennt daneben viele andere Ansätze. So finden sich in den Beiträgen der Publikation verschiedene Schreibweisen in Bemühung um eine Sprache, die frei ist von Diskriminierung. Alle dienen dem selben wichtigen Anliegen.

Inhaltsverzeichnis
Contents

Vorwort   8
Preamble

NAOMI ALCAIDE, CHRISTIAN HÖCKE   11
Einleitung
Introduction

Teil 1   Theorie und Strategie
Part 1   Theory and Strategy

    JENS S. DANGSCHAT   21
    Sozialer Zusammenhalt durch Stadtentwicklung?
    Can Social Cohesion Be Achieved Through Urban Development?

    SARA ÖZOGUL   37
    Politische Maßnahmen im Umgang mit einer vielfältigen Stadtgesellschaft:
    eine kritische Bewertung
    Policy Interventions Targeting Diverse Urban Populations: A Critical Appraisal

    BERND HALLENBERG   55
    Gesellschaftliche Vielfalt transparent machen: die Rolle der Milieuforschung
    Making Social Diversity Transparent: The Role of Milieu Research

    NAOMI ALCAIDE, CHRISTIAN HÖCKE, THOMAS KUDER   71
    Bürgerbeteiligung als Beitrag zur sozialen Kohäsion?
    Herausforderungen und Möglichkeiten
    Civic Participation as a Contribution to Social Cohesion?
    Challenges and Opportunities

Teil 2 Praxisbeispiele aus den Städten
Part 2 Practical Examples from the Cities

MATTHIAS SCHULZE-BÖING 89
„Arrival City" Offenbach am Main: Herausforderungen für
Stadtentwicklung und Integrationsstrategien
"Arrival City" Offenbach am Main: Challenges for Urban Development
and Integration Policies

GÉZA SALAMIN 107
Integrierte Stadtentwicklung der Leipzig Charta in der Anwendung in
Zentral- und Osteuropa: das Magdolna-Quartiersprogramm in Budapest
Application of Integrated Development Messages of the Leipzig Charter in Central
and Eastern Europe: The Case of the Magdolna Quarter Programme in Budapest

JON AGUIRRE SUCH 125
#OlotMésB: integrierte und partizipative Stadterneuerung in Olot
#OlotMésB: Integrated and Participatory Urban Regeneration in Olot

ANNA DEKKER, KARIN DE NIJS 141
Placemaking: Modellbühne Waterlandplein
Placemaking: Pilot Podium Waterlandplein

KATHARINA KIRSCH-SORIANO DA SILVA 159
„Gemeinschaftliches Wohnen in der Oase 22": Quartiersmanagement in
einem Wiener Neubaugebiet und dessen Beitrag zu sozialer Inklusion
"Community Living in Oasis 22": Neighbourhood Management in a Development
Area in Vienna and Its Contribution to Social Inclusion

STEPHEN MUNBY 177
Soziale Kohäsion, Verwaltung und Entwicklung von Nachbarschaften
Social Cohesion, Public Services and Community Development

NAOMI ALCAIDE, CHRISTIAN HÖCKE 193
Resümee
Concluding Remarks

Autorinnen und Autoren 199
Authors

Vorwort
Preamble

Die Leipzig Charta zur nachhaltigen europäischen Stadt, in der sich im Jahr 2007 die für Stadtentwicklung zuständigen Ministerinnen und Minister der EU-Mitgliedstaaten auf gemeinsame Grundsätze und Strategien für die Stadtentwicklungspolitik geeinigt haben, betont in ihren Grundsätzen auch die Notwendigkeit einer bürgerorientierten, integrierten Stadtentwicklung zur Stärkung der sozialen Kohäsion in den europäischen Städten.

Vor dem Hintergrund der aktuellen Debatten zur Migrations- und Integrationspolitik in den EU-Staaten kommt vor allem der Frage der sozialen Kohäsion heute eine ganz besondere Bedeutung zu. Dies gilt an erster Stelle für die von gesellschaftlicher Vielfalt geprägten Quartiere in den europäischen Städten, in denen der wachsende Zustrom von Menschen in den letzten Jahren die Diversifizierung weiter verstärkt und vielschichtige Fragen zum gesellschaftlichen Zusammenhalt, zum zielgenauen Einsatz knapper Ressourcen und zu einer passfähigen lokalen Integrationspolitik aufgeworfen hat.

Mit Blick auf die EU-Ratspräsidentschaft der Bundesrepublik Deutschland im Jahr 2020 wird derzeit in der europäischen Fachöffentlichkeit eine Fortschreibung der Leipzig Charta vorbereitet. Allerdings ist in der breiten Öffentlichkeit nur wenig davon zu vernehmen. Gute Gründe für den vhw – Bundesverband für Wohnen und Stadtentwicklung e. V. in Berlin, der sich in seinen Leitzielen einer Stärkung der lokalen Demokratie verschrieben hat, sich in seiner wissenschaftlichen Arbeit für eine öffentliche Diskussion und eine perspektivisch vielschichtige Standortbestimmung einzusetzen. Vor diesem Hintergrund hat der vhw im Mai 2018 in Berlin den internationalen Workshop „Fostering Social Cohesion in Diverse Neighbourhoods and Quarters" mit knapp 30 Teilnehmenden aus sechs europäischen Staaten durchgeführt. Neben den einführenden Fachvorträgen zu den Themen Integration, Migration sowie Stadtentwicklung wurden nicht nur ausgewählte Projekte und „gute Beispiele" vorgestellt, wie es bei Workshops häufig der Fall ist. Vielmehr sollten unterschiedliche Sichtweisen und Lösungsansätze aus

The Leipzig Charter on Sustainable European Cities, in which the ministers responsible for urban development of the EU Member States agreed on common principles and strategies for urban development policy in 2007, also emphasises in its principles the need for citizen-oriented, integrated urban development in order to strengthen social cohesion in European cities.

Against the background of the current debates on migration and integration policy in the EU states, the issue of social cohesion is of particular importance today. This applies first and foremost to the socially diverse neighbourhoods in European cities, where the growing influx of people in recent years has further intensified diversification and raised complex questions about social cohesion, as well as about the way to best use scarce resources and develop appropriate local integration policies.

With a view to the EU Council Presidency of the Federal Republic of Germany in 2020, European experts are currently preparing to update the Leipzig Charter. However, there is little to be heard of this among the general public. These are good reasons for the vhw – Bundesverband für Wohnen und Stadtentwicklung e. V. (engl. vhw – Federal Association for Housing and Urban Development e. V.) in Berlin to advocate in its scientific work for a public discussion and an assessment of the current situation that takes into account a number of perspectives. In their key objectives, the vhw has made a commitment to strengthening local democracy. Against this background, the vhw held an international workshop "Fostering Social Cohesion in Diverse Neighbourhoods and Quarters" in Berlin in May 2018 with almost 30 participants from six European countries. In addition to the introductory lectures on the topics of integration, migration and urban development, it wasn't just selected projects or "good examples" that were presented, as is often the case. Rather, the focus was on different perspectives and approaches from European cities, because "one fits all" does not exist, as Jürgen Aring, Chairman of the vhw, stressed in his opening speech. He emphasised that this insight should perhaps be given more consideration in view of the challenges in Europe.

europäischen Städten im Mittelpunkt stehen, denn „one fits all" gebe es nicht, wie Jürgen Aring, Vorstand des vhw, in seiner Eröffnungsrede betonte. Dies sei eine Erkenntnis, die angesichts der Herausforderungen in Europa vielleicht mehr Beherzigung finden sollte.

Die vorliegende Veröffentlichung dokumentiert die Fachvorträge und die beispielhaften Projekte, die auf dem Workshop präsentiert und in einem lebendigen Austausch zusammengeführt wurden. Die Publikation zeigt damit eine Auswahl aus den vielfältigen Antworten, die von europäischen Städten, ihrer Zivilgesellschaft sowie ihren Bürgerinnen und Bürgern in Ost und West, Nord und Süd auf die gesellschaftlichen Herausforderungen im Europa der Gegenwart gegeben werden.

Dabei wurde eines deutlich: In den europäischen Städten, den Zivilgesellschaften und Bürgerschaften gibt es – jenseits aller politischen Unterschiede und Differenzen, die es auf nationaler Ebene geben mag – nicht nur viele Gemeinsamkeiten in zentralen Fragen und den Ansichten zu einer integrierten, bürgerorientierten Stadtentwicklung. Es gibt auch ein hohes Maß an Übereinstimmung bei den wichtigsten gesellschaftlichen Grundwerten – auf dem langen Weg in ein vereintes, demokratisches Europa.

This publication documents the lectures and exemplary projects that were presented at the workshop and brought together in a lively exchange. The publication thus shows a selection of the many answers given by European cities, their civil society and their citizens in East and West, North and South to the social challenges in contemporary Europe.

One thing that became clear was that in European cities, civil societies and citizenships, beyond all the political and national differences, the similarities go beyond central issues and views on integrated, citizen-oriented urban development. What's more, there is a high degree of agreement on the most important fundamental social values – on the long road to a united, democratic Europe.

Dr. Thomas Kuder

Clusterkoordinator beim
vhw – Bundesverband für Wohnen und Stadtentwicklung e. V.

Clustercoordinator at
vhw - Federal Association for Housing and Urban Development e. V.

NAOMI ALCAIDE, CHRISTIAN HÖCKE

Einleitung
Introduction

Was ist Europa, wofür brauchen wir es und wie sollte es in der Zukunft aussehen? In vielen anderen Europa-Wahljahren wären diese Fragen kurzzeitig aufgeblüht, diskutiert worden und anschließend wieder ins gefühlt weit entfernte Brüssel verschwunden. 2019 unterscheidet sich jedoch von vielen anderen Europawahljahren und stellt vielmehr den Höhepunkt langanhaltender Debatten dar. Die letzte Dekade der Entwicklung der Europäischen Union (EU) war von Herausforderungen geprägt: der Umgang mit verschuldeten Mitgliedsstaaten und solchen, die demokratische Grundrechte missachten, das Referendum Großbritanniens zum Austritt aus der EU und schließlich die Kontroverse um eine europäische Solidarität im Rahmen der Aufnahme von Geflüchteten. Während diese Themen viele Bürgerinnen und Bürger Europas erreicht und beschäftigt haben, hat es darüber hinaus auch auf nationaler Ebene eine Vielzahl von Herausforderungen gegeben, die großen Einfluss auf das Bedürfnis nach mehr sozialem Zusammenhalt haben.

Welche Form dieser Zusammenhalt annehmen kann oder sollte mag aus pro-europäischer Sicht eine recht einfach zu beantwortende Frage sein: Stärkung der Europäischen Union, mehr Investitionen in soziale Infrastruktur und überregionale Vernetzung. Wahlergebnisse aus nahezu allen Mitgliedsstaaten in den letzten Jahren verzeichnen jedoch eine zunehmende Skepsis gegenüber diesen pro-europäischen Antworten. Parteien, die sich lautstark als euroskeptisch positionieren, verzeichnen große Stimmengewinne (Emanuele et al., 2016; Taggart & Szczerbiak, 2018) und stellen den europäischen Gedanken infrage. Nicht zuletzt aufgrund der vielfältigen Gemengelage in den einzelnen Mitgliedsstaaten setzt sich die Gruppe der Kritikerinnen und Kritiker regional sehr unterschiedlich zusammen. So können sie weder einer demografisch homogenen Gruppierung noch einer sozioökonomisch gleichgestellten Einheit zugeordnet werden. Studien wie die von YouGov (2017), deren Ergebnisse auf 76 Prozent der Befragten unter 30 Jahren verweisen, die die Europäische Union in erster Linie für ein Bündnis wirtschaftlicher Interessen halten und nur nachrangig als eine Union auf

What is Europe, why do we need it, and how should it look in the future? In many previous European election years, these questions would have briefly blossomed and been discussed, before promptly disappearing to Brussels, which was felt to be far away. But 2019 differs from many other European election years and is the culmination of long and arduous debates. The last decade of the development of the European Union (EU) was marked by significant challenges: dealing with indebted Member States and those who disregard fundamental democratic rights, the UK referendum on withdrawal from the EU and, finally, the controversy over European solidarity on the topic of refugees. While these issues have reached and engaged many European citizens, there have also been a number of challenges at national level which significantly affect the need for greater social cohesion.

What form this cohesion can or should take from a pro-European point of view may be a rather easy question to answer – strengthening the European Union, more investment in social infrastructure and networking at the national level. However, election results from almost all Member States in recent years have shown increasing scepticism towards these pro-European positions. Parties that loudly position themselves as Eurosceptics are reporting record gains in votes (Emanuele et al., 2016; Taggart & Szczerbiak, 2018) and questioning the European idea. Not least due to the diverse variety of situations in the individual Member States, the group of critics is composed very differently from region to region. They can neither be assigned to a demographically homogeneous group, nor to a socio-economic category. Some studies deserve special attention, however, such as the one by YouGov (2017), which shows that 76 percent of respondents under the age of 30 consider the European Union primarily as an alliance of economic interests and only secondarily as a union based on shared cultural values (30 percent).

The basic discussion about the added value of the EU – whether it is primarily economic or cultural – is also reflected in the recurring question of the political legitimacy of the

Grundlage gemeinsamer kultureller Werte (30 Prozent), verdienen jedoch besondere Aufmerksamkeit.

Die Grundsatzdiskussion über den Mehrwert der EU – sei er in wirtschaftlichen oder kulturellen Synergieeffekten zu finden – spiegelt sich auch in der immer wiederkehrenden Frage der politischen Legitimität der Institutionen wider (Spyridakis, 2018; Rose, 2019). Kann ein schwer zu definierender Anteil der Euroskeptikerinnen und -skeptiker auf einen Mangel an Legitimität zurückgeführt werden? Hobolt und de Vries (2016) betonen die Abhängigkeit der Legitimität europäischer Politik von der Unterstützung durch die Öffentlichkeit (S. 414), die besonders aktuell wenig Einigkeit aufzeigt und sich in zunehmend auseinanderdriftende Lager zu teilen scheint.

Doch was sind die Ursachen für die schwächelnde Unterstützung aus Teilen der Bevölkerung und die Zweifel junger Europäerinnen und Europäer daran, dass die Europäische Union auch eine Union gemeinsamer Werte ist, wo doch eine nie zuvor gesehene Mobilität über Grenzen hinweg und die konstante Verbesserung sozialer Infrastruktur auch ein positiveres Bild zeichnen könnten? Zwei Gründe können genannt werden: Zum einen wird der Wunsch lauter, größeren Einfluss auf Entscheidungen der EU zu nehmen. Dies spiegelt sich nicht nur in den Forderungen nationalistischer Parteien wider, die Entscheidungskompetenzen weg von der EU und zurück zu den nationalen Regierungen holen möchten. Auch das Stimmungsbild in der europäischen Jugend zeigt, dass drei Viertel der befragten Jugendlichen und jungen Erwachsenen mehr politische Partizipationsmöglichkeiten einfordern (YouGov, 2017). Zum anderen hat sich die soziale und räumliche Ungleichheit vergrößert. Werfen wir dafür einen Blick auf die Rolle der Räume, die sich als Hubs und Zentren der inner- aber auch der außereuropäischen Ströme von Waren, Kapital und Menschen charakterisieren lassen: die Agglomerationsräume und stark wachsenden Großstädte. So lässt sich ein Teil des Phänomens vielleicht mit dem vielzitierten Konzept der „Global City" erklären. Saskia Sassen (1991) erklärt das Konzept der Global City so, dass jede prosperierende Weltstadt abhängig ist von einer Peripherie, zu deren Lasten der Wohlstand wächst. Überträgt man dieses Konzept auf die Situation in Europa, scheinen große Teile der Bevölkerung das Gefühl zu haben, dass die Vorteile der europäischen Gemeinschaft nicht alle erreichen und ihr Nutzen ungleich über die verschiedenen Mitgliedsstaaten verteilt wird. Doch nicht nur zwischen den Mitgliedstaaten, sondern auch innerhalb derselben sowie in den Wachstumszentren der großen Städte selbst werden diese Ungleichverteilungen deutlich.

institutions (Spyridakis, 2018; Rose, 2019). Can a difficult to define proportion of Eurosceptics be attributed to a lack of legitimacy? Hobolt and de Vries (2016) stress how much the legitimacy of European politics depends on the support of the public (p. 414), which currently shows little unity and seems to be divided into camps which are increasingly drifting apart.

But what are the reasons for the weakening support from sections of the population and the doubts of young Europeans that the European Union also encompasses shared values, when unprecedented mobility across borders and constant improvement of social infrastructure could just as easily paint a more positive picture? Two things should be mentioned here. On the one hand, there is a growing desire to exert greater influence on EU decisions. This is not only reflected in the demands of nationalist parties who want to take decision-making powers away from the EU and back to national governments. The mood among young Europeans also shows that three quarters of the young people and young adults surveyed demand more opportunities for political participation (YouGov, 2017). On the other hand, social and spatial inequality has increased. For a better understanding of these dynamics, we take a look at the role of spaces that can be characterised as hubs and centres of both internal and external flows of European goods, capital and people: the agglomeration areas and rapidly growing cities. Thus, part of the phenomenon can perhaps be explained by the oft-quoted concept of the "Global City". Saskia Sassen (1991) explains the concept of the Global City in such a way that every prospering metropolis is dependent on a periphery at the expense of which prosperity grows. Translating this concept to the situation in Europe, large sections of the population seem to feel that the benefits of the European Community do not reach everyone, and that their benefits are unequally distributed across the different Member States. These inequalities are not only evident between Member States but also within them, as well as in the growth centres of the large cities themselves.

Both issues, promoting disadvantaged areas and better opportunities for participation, need to be negotiated at different levels. They also fail to reflect the emerging needs of the European population. The voices may have become louder, but it has long been known that Europe must address these challenges if the European idea is to succeed. When Germany took over the Presidency of the Council of the European Union in 2007, the debate in the country dealt with very similar issues. Reforms of the German social security system through the introduction of Hartz IV had in previous years increased calls for social fears of relegation. The "Social City" urban development promotion programme was

Beide Themen – die Förderung benachteiligter Räume und die besseren Möglichkeiten zur Partizipation und Teilhabe – müssen auf verschiedenen Ebenen verhandelt werden. Sie spiegeln auch keine neu aufkommenden Bedürfnisse der europäischen Bevölkerung wider.

Die Stimmen mögen zwar lauter geworden sein, doch dass Europa diese Herausforderungen für das Gelingen der europäischen Idee adressieren muss, ist längst bekannt. Als Deutschland 2007 die Ratspräsidentschaft der Europäischen Union übernahm, befasste sich die Debatte im Land mit ganz ähnlichen Themen. Reformen des deutschen Sozialhilfesystems durch die Einführung von Hartz IV hatten in den Jahren zuvor Rufe um soziale Abstiegsängste lauter werden lassen. Um benachteiligte Stadtteile gezielt adressieren zu können, war bereits in den späten 1990er Jahren das Städtebauförderungsprogramm „Soziale Stadt" ins Leben gerufen worden. Nach dem Vorbild des französischen Programms „Habitat et vie sociale" (HVS), welches seit 1977 „positive territoriale Diskriminierung" zur Förderung benachteiligter Stadtquartiere anwendet (Becker et al., 2017, 114), hat sich das Programm Soziale Stadt zum Ziel gesetzt, integrierte Stadtentwicklung zu fördern und strukturell benachteiligte Stadtteile zu stärken. Nach der positiven Zwischenbilanz des Programms (BBSR, 2017a) wurde im ersten Halbjahr 2007 die „Leipzig Charta zur nachhaltigen europäischen Stadt" entwickelt, deren Inhalte sich stark an den Lehren des Programms Soziale Stadt orientierten. Neben Zielen wie der Förderung einer kompakten Siedlungsstruktur und der verstärkten funktionalen Mischung von Wohnen und Arbeiten in urbanen Gebieten legt auch die Charta einen Schwerpunkt auf die Vernetzung der Stadtentwicklungsakteurinnen und -akteure durch eine integrierte Stadtentwicklungspolitik sowie auf die besondere Förderung benachteiligter Stadtteile.

In der Global City, nach Saskia Sassen, leidet die soziale Kohäsion unter dem Fokus auf den wirtschaftlichen Fortschritt einzelner Beteiligte. Bemüht, diesem Ungleichgewicht entgegenzuwirken, berücksichtigt die Leipzig Charta die Ziele wirtschaftlicher sowie sozialer Kohäsion gleichermaßen. Inwiefern dieses Gleichgewicht in der Praxis Anwendung findet, wird jedoch in verschiedenen Evaluationen unterschiedlich eingeschätzt. So bemerkt einerseits Nickel (2009), dass durch die Übersetzung in Politik- und Handlungsstrategien der Fokus auf problemorientierte Stadtentwicklungsstrategien und die soziale Kohäsionspolitik verloren gegangen seien und die Funktion von Städten als wirtschaftliche Wachstumsmotoren betont würde. Andererseits kritisieren Becker et al. (2017),

launched in the late 1990s in order to address disadvantaged urban districts in a targeted manner. Following the example of the French programme "Habitat et vie sociale" (HVS), which since 1977 has applied "positive territorial discrimination" to promote disadvantaged urban districts (Becker et al., 2017, 114), the Social City programme has set itself the goal of promoting integrated urban development and strengthening structurally disadvantaged urban areas. Following the positive results of the programme so far (BBSR, 2017a), the "Leipzig Charter for Sustainable European Cities" was developed in the first half of 2007, the content of which was strongly oriented towards the lessons learned from the Social City programme. In addition to objectives such as promoting a compact settlement structure and a more functional balance between living and working in urban areas, the Charter also focuses on networking urban development stakeholders through an integrated urban development policy and on fostering disadvantaged urban areas.

In Sassen's Global City, social cohesion suffers from a focus on the economic progress of individual stakeholders. In an effort to counter this imbalance, the Leipzig Charter takes equal account of the objectives of economic and social cohesion. However, the extent to which this balance is applied in practice is assessed differently in different evaluations. On the one hand, Nickel (2009) notes that through the translation into policy and action strategies, the focus on problem-oriented urban development strategies and social cohesion policy has been lost and emphasis placed on the function of cities as engines of economic growth. On the other hand, Becker et al. (2017) criticise that the focus on disadvantaged areas does not allow the city to be seen as a whole and to promote integrated urban development. Whether and to what extent the Leipzig Charter does justice to the claim to promote social cohesion and participation is therefore assessed differently.

As in most areas of EU action, it is a major challenge to develop laws and guidelines that do justice to the diversity of all Member States. However, it can be considered a great success that the Leipzig Charter in its 2007 version was drafted and subsequently adopted by all Member States in a cooperative, participatory process. This is particularly remarkable in view of the historically divergent conditions in Europe's cities. Since the signing of the Leipzig Charter for Sustainable European Cities, many challenges have changed, some problems have disappeared and others have manifested themselves. With a view to the German EU Council Presidency in 2020, numerous positions, experience reports and evaluations will be incorporated into the development process of an updated successor agreement

dass der Fokus auf benachteiligte Stadtteile es nicht ermöglicht, die Stadt als Gesamtgefüge zu betrachten und integrierte Stadtentwicklung zu befördern. Ob und in welchem Maße die Leipzig Charta dem Anspruch, soziale Kohäsion und Partizipation zu fördern, gerecht wird, wird demnach unterschiedlich bewertet.

Wie in den meisten Handlungsfeldern der EU ist es eine große Herausforderung, Gesetze und Leitlinien zu entwickeln, die der Vielfalt aller Mitgliedsstaaten gerecht werden. Als großer Erfolg kann jedoch gewertet werden, dass die Leipzig Charta in ihrer Fassung von 2007 von allen Mitgliedsstaaten in einem kooperativen, partizipativen Prozess gestaltet und anschließend verabschiedet wurde. Dies ist besonders bemerkenswert im Hinblick auf die historisch divergierenden Rahmenbedingungen in den Städten Europas. Seit Unterzeichnung der Leipzig Charta zur nachhaltigen europäischen Stadt haben sich viele Herausforderungen verändert: manche Probleme haben sich aufgelöst, andere haben sich manifestiert. Mit Blick auf die deutsche EU-Ratspräsidentschaft im Jahre 2020 finden zahlreiche Positionen, Erfahrungsberichte und Evaluationen Eingang in den Entwicklungsprozess einer aktualisierten Nachfolgevereinbarung der Leipzig Charta (BBSR, 2017b). Viele Statistiken und Experteninterviews bieten Einblicke in festgestellte Bedarfe. Doch wie entwickelt sich das Zusammenleben in Europas Städten aus Sicht von lokal Aktiven? Was wird getan, um es zu stärken, und wie spiegelt sich die attestierte Politikverdrossenheit (Bertelsmann, 2013; Kolev, 2019) auch in lokalen partizipativen Prozessen wider?

Um Einblicke zu erhalten in die alltägliche Praxis von Akteurinnen und Akteuren, die sich für ein besseres Zusammenleben engagieren, hat der vhw – Bundesverband für Wohnen und Stadtentwicklung e. V. im Sommer 2018 zu einem zweitägigen Workshop eingeladen. Gemeinsam wurden Verständnisse des Kohäsionsbegriffes erörtert, Projekte des städtischen Gemeinwesens vorgestellt und es wurde gemeinsam diskutiert, welchen Gemeinsamkeiten und Unterschieden die Teilnehmerinnen und Teilnehmer aus den verschiedenen Ländern Europas in ihrem Alltag gegenüberstehen.

Die vorliegende Publikation bietet Einblicke in eine Auswahl der Vorträge und Präsentationen, die Herausforderungen, Ansichten und Lösungsstrategien der verschiedenen Disziplinen sozialer Stadtentwicklung darstellen. Die ersten Beiträge in diesem Buch widmen sich der theoretisch-wissenschaftlichen Grundlage heterogener Stadtgesellschaften, dem Konzept der sozialen Kohäsion und den Methoden, die die Vielfalt europäischer Städte für

to the Leipzig Charter (BBSR, 2017b). Many statistics and expert interviews provide insights into identified needs. But how does living together in Europe's cities develop from the point of view of local stakeholders? What is being done to strengthen it and how is the certified disenchantment with politics (Bertelsmann, 2013; Kolev, 2019) also reflected in local participative processes?

The vhw – Federal Association for Housing and Urban Development e. V. invited participants to a two-day workshop in summer 2018 to gain insights into the day-to-day practice of stakeholders committed to improving the way we live together. Understandings of the concept of cohesion were compared, urban community projects were presented and the everyday similarities and differences between participants from different European countries were discussed.

This publication offers insights into a selection of lectures and presentations that present challenges, views and strategies for optimising the various aspects of social urban development. The first contributions in this book deal with the theoretical and scientific basis of heterogeneous urban societies, the concept of social cohesion and the methods that make the diversity of European cities manageable in terms of designing and addressing policies. As we anticipate an increasing diversity of population for the future of the European city, a common understanding of societal heterogeneity is of particular importance, especially when it comes to applying targeted support and policies. Sara Özogul is devoted to this topic using the hyperdiversity approach. Bernd Hallenberg's contribution also stands for a better understanding of urban diversity and, by milieu data, presents an instrument that makes the diversity of urban society tangible beyond socio-cultural structures and attributions.

Most urban policy measures, subsidies and interventions are aimed at promoting peaceful coexistence and strengthening cohesion. Jens S. Dangschat gives a critical view of the underlying concept of social cohesion in his contribution. Just like Matthias Schulze-Böing, who builds the bridge to political practice, he questions the extent to which cities and heterogeneous urban societies can actually be theatres of unconditional cohesion.

In the second part of the publication, activists from local politics, community work, neighbourhood help, urban planning and urban research offer insights into the diverse challenges involved in designing sustainable cities and neighbourhoods. The desire of many Europeans to be able to participate more directly in processes and decisions, as described above, is applied on a small scale in many of the presented projects. Others, on the other hand, focus on the

die Gestaltung und Adressierung von Maßnahmen handhabbar machen.

Da wir für die Zukunft der europäischen Stadt von einer zunehmenden Vielfalt der Bevölkerung ausgehen, ist ein gemeinsames Verständnis der gesellschaftlichen Heterogenität von besonderer Bedeutung, insbesondere wenn es um die Anwendung zielgerichteter Förderungen und Maßnahmen geht. Diesem Thema widmet sich Sara Özogul mithilfe des Hyperdiversität-Ansatzes. Auch der Beitrag von Bernd Hallenberg steht für ein besseres Verständnis der urbanen Vielfalt und stellt mit der Verwendung von Milieudaten ein Instrument vor, das die Verschiedenheit der Stadtgesellschaft über soziokulturelle Strukturen und Zuschreibungen hinaus greifbar macht.

Die meisten stadtpolitischen Maßnahmen, Förderungen und Interventionen sollen dem Ziel dienen, ein friedliches Zusammenleben zu fördern und den Zusammenhalt zu stärken. Einen kritischen Blick auf das zugrunde liegende Konzept der sozialen Kohäsion gibt Jens S. Dangschat in seinem Beitrag. Ebenso wie Matthias Schulze-Böing, der die Brücke zur politischen Praxis schlägt, stellt er infrage, inwiefern Städte und heterogene Stadtgesellschaften überhaupt Schauplätze bedingungsloser Kohäsion sein können.

Im zweiten Teil der Publikation bieten Aktive aus Kommunalpolitik, Gemeinwesenarbeit, Nachbarschaftshilfe, Stadtplanung und Stadtforschung Einblicke in die vielfältigen Herausforderungen, die die Gestaltung nachhaltiger Städte und Nachbarschaften mit sich bringt. Der eingangs beschriebene Wunsch vieler Europäerinnen und Europäer, sich direkter an Prozessen und Entscheidungen beteiligen zu können, findet auf kleinräumiger Ebene in zahlreichen der vorgestellten Projekte Anwendung. Andere hingegen widmen sich der Phase vor dem Beginn der Beteiligung, nämlich dem Empowerment und der Stärkung der Selbstwirksamkeit. Diese werden besonders in vielfältigen und/oder benachteiligten Stadtquartieren als wichtige Ansatzpunkte gesehen, um die Voraussetzung für demokratische Teilhabe zu bilden.

Strukturell könnte man die Unterstützung von Empowerment und Selbstwirksamkeit als vorpolitischen Raum beschreiben, in dem Kompetenzen vermittelt werden, die für die spätere Teilhabe und Mitsprache von großer Bedeutung sind. Wie unterschiedlich diese Phase gestaltet sein kann, zeigen die Beiträge von Katharina Kirsch-Soriano da Silva sowie Anna Dekker und Karin de Nijs. Während erstere die Erfahrungen eines geförderten

pre-participation phase, i.e. empowerment and strengthening self-efficacy. These are seen as important starting points for democratic participation, especially in diverse and/or disadvantaged urban neighbourhoods.

Structurally, one could describe the support of empowerment and self-efficacy as a pre-political space in which competences are imparted that are of great importance for later participation and co-determination. The contributions by Katharina Kirsch-Soriano da Silva, Anna Dekker and Karin de Nijs show just how diverse this phase can be. While the former describes the experiences of a sponsored neighbourhood office in a Viennese residential complex, Anna Dekker and Karin de Nijs write about their experiences from a co-creative design process for public space in a disadvantaged urban area in northern Amsterdam.

The contribution of the vhw is dedicated to developing the understanding of "good participation" and the challenge of involving citizens beyond the circle of "usual suspects" and overcoming the deficit of high social selectivity of participation. Three other contributions deal with improving participation processes at the local level. Jon Aguirre-Such presents a method for making participation modules more easily transferable to different local contexts, thereby making them more applicable, in order to facilitate the step towards more participation processes, even for inexperienced municipalities. Géza Salamin has played a decisive role in the development of Hungarian urban planning over recent decades and describes a new beginning for Hungary's integrative urban development through the redevelopment of one of Budapest's districts in close cooperation with local residents. Stephen Munby, on the other hand, as a local politician, pursues direct dialogue and grassroots political work as a form of participation. He sees this as the basis for strengthened trust between civil society, politics and administration.

As different as the methods, instruments, approaches and views may be, they all pursue the goal of strengthening social cohesion, tolerance and peaceful coexistence in a diverse Europe. The mosaic of experiences from the cities of Europe presented here clearly shows that different levels of civil society, politics, administration and science are working on strengthening social cohesion by the application of a plethora of methods. Some of them fit perfectly with the objectives of the Leipzig Charter and the contemporary understanding of inclusive and integrated urban development. Many efforts, however, still go far beyond the Charter's basis and set a new, higher standard for European cities in the 21st century.

Nachbarschaftsbüros in einer Wiener Wohnanlage beschreibt, schreiben Anna Dekker und Karin de Nijs über ihre Erfahrungen aus einem kokreativen Gestaltungsprozess für den öffentlichen Raum in einem als benachteiligt geltenden Stadtquartier im Norden Amsterdams.

Der Beitrag des vhw widmet sich der Entwicklung des Verständnisses von „guter Beteiligung" sowie der Herausforderung, Bürgerinnen und Bürger über den Kreis der „üblichen Verdächtigen" hinaus zu beteiligen und das Defizit der hohen sozialen Selektivität von Beteiligung zu überwinden. Drei weitere Beiträge beschäftigen sich damit, Beteiligungsprozesse auf lokaler Ebene zu verbessern: Jon Aguirre-Such stellt eine Methode vor, mit der Module der Beteiligung leichter auf verschiedene lokale Kontexte übertragbar und somit anwendbar gemacht werden können, um auch unerfahrenen Kommunen den Schritt hin zu mehr Beteiligungsprozessen zu erleichtern. Géza Salamin hat in den vergangenen Jahrzehnten maßgeblich an der Entwicklung ungarischer Stadtplanung mitgewirkt und beschreibt einen Neuanfang für die integrative Stadtentwicklung Ungarns durch die Sanierung eines Budapester Stadtteils in enger Kooperation mit den Anwohnerinnen und Anwohnern. Stephen Munby hingegen verfolgt als Kommunalpolitiker das direkte Gespräch und politische Basisarbeit als Form der Beteiligung und sieht darin die Grundlage für ein gestärktes Vertrauen zwischen Zivilgesellschaft, Politik und Verwaltung.

So unterschiedlich die Methoden, Instrumente, Ansätze und Ansichten auch sein mögen, verfolgen sie doch alle das Ziel der Stärkung von gesellschaftlichem Zusammenhalt, Toleranz und friedlichem Zusammenleben in einem vielfältigen Europa. Das Mosaik aus Erfahrungen aus den hier vorgestellten Städten Europas zeigt deutlich, dass auf verschiedenen Ebenen der Zivilgesellschaft, Politik, Verwaltung und Wissenschaft intensiv an der Stärkung der sozialen Kohäsion gearbeitet wird. Einige von ihnen passen hervorragend zu den Zielsetzungen der Leipzig Charta und dem zeitgenössischen Verständnis inklusiver und integrierter Stadtentwicklung. Viele Bemühungen gehen jedoch noch weit über die Grundlage der Charta hinaus und setzen eine neue, höhere Messlatte für die europäischen Städte im 21. Jahrhundert.

Quellen | References

BBSR – Bundesinstitut für Bau-, Stadt- und Raumforschung (2017). *Zwischenevaluierung des Städtebauförderungsprogramms Soziale Stadt*. Bonn: Bundesinstitut für Bau-, Stadt- und Raumforschung.

Becker, M., Guhl, J. & Michon, B. (2017). Soziale Stadtentwicklung in trinationaler Perspektive. In Oehler, P., Käser, N., Drilling, M., Guhl, J. & Thomas, N. (Hrsg./Eds.), *Emanzipation, Soziale Arbeit und Stadtentwicklung. Eine programmatische und methodische Herausforderung.* Opladen, Berlin & Toronto: Budrich Uni-Press, 97–121.

Bertelsmann-Stiftung (2013). Gespaltene Demokratie. Politische Partizipation und Demokratiezufriedenheit vor der Bundestagswahl 2013. Gütersloh: Bertelsmann-Stiftung.

Emanuele, V., Maggini, N. & Marino, B. (2016). Gaining Votes in Europe against Europe? How National Contexts Shaped the Results of Eurosceptic Parties in the 2014 European Parliament Elections. *Journal of Contemporary European Research*, *12*(3), 697–715.

Hobolt, S. & de Vries, C. E. (2016). *Public support for European integration. Annual Review of Political Science, 19*, 413–432.

Kolev, Galina V. (2019). *Wahlbeteiligung in Europa*. IW-Report, 19. Köln: Institut der deutschen Wirtschaft (IW).

Nickel, E. M. (2009). Die Leipzig Charta im Kontext der europäischen Kohäsionspolitik. *Informationen zur Raumentwicklung, 6*, 395–403.

Rose, R. (2019). Referendum challenges to the EU's policy legitimacy – and how the EU responds. *Journal of European Public Policy, 26*(2), 207–225.

Sassen, S. (1991). *The Global City. New York, London, Tokyo*. Princeton: Princeton University Press.

Spyridakis, M. (2018). Legitimacy at Stake: A Short Comment. *Urbanities, 8*(1).

Taggart, P. & Sczerbiak, A. (2018). Putting Brexit into perspective: the effect of the Eurozone and migration crises and Brexit on Euroscepticism in European states. *Journal of European Public Policy, 25*(8), 1194–1214.

YouGov (2017). *Young Europe 2017. The Youth Study of TUI Foundation*. Hannover: TUI Stiftung.

Teil 1
Theorie und Strategie

Part 1
Theory and Strategy

JENS S. DANGSCHAT

Sozialer Zusammenhalt durch Stadtentwicklung?
Can Social Cohesion Be Achieved Through Urban Development?

Sozialer Zusammenhalt: Wovon ist eigentlich die Rede?

Social cohesion: what's it all about?

In den aktuellen politischen Diskursen wird häufig der soziale Zusammenhalt als notwendig betont.[1] Unter sozialem Zusammenhalt wird jedoch sehr Unterschiedliches verstanden: ein gesellschaftlicher Grundkonsens über Menschenrechte, soziale Gerechtigkeit, ein wohlfahrtsstaatlich ermöglichtes Sicherheitsnetz, Solidarität im Alltag, funktionierende soziale Netzwerke und/oder ein gutes Leben für alle, ohne dabei das gute Leben der anderen einzuschränken. Sozialer Zusammenhalt bezeichnet somit entweder eine gesellschaftlich hergestellte Solidarität und Sicherheit durch den Wohlfahrtsstaat oder auch persönliche Solidarität in der Nachbarschaft, dem Quartier oder der Stadt(-Region). Sozialer Zusammenhalt ist also vor allem ein normatives Konstrukt über eine wünschbare (Teil-)Gesellschaft.

Über den sozialen Zusammenhalt wird immer dann diskutiert, wenn es Anzeichen dafür gibt, dass dieser bedroht scheint beziehungsweise die Gesellschaft droht, auseinanderzudriften. Zudem scheint es so, dass von „der Politik" ein stärkerer sozialer Zusammenhalt dann eingefordert

Social cohesion is often highlighted as a necessity in the current political discourse.[1] However, "social cohesion" has several definitions: a basic social consensus on human rights, social justice, a safety net provided by the welfare state, solidarity in everyday life, functional social networks and/or the right for every person to have a decent life without restricting the rights of others. Social cohesion can therefore either be used to describe solidarity and security established by the welfare state or personal solidarity within neighbourhoods, at a district, city or regional level. Social cohesion is above all a normative construct of a desirable society or section of society.

Social cohesion is always up for discussion whenever there are signs of it becoming threatened or societies threatening to drift apart. It would also appear that there are greater "political" demands for stronger social cohesion when the state itself increasingly withdraws from social tasks.

---

[1] So sieht das Bundesministerium des Inneren für Bau und Heimat den gesellschaftlichen Zusammenhalt als „Kitt unserer Gesellschaft" und das Bundesministerium für Umwelt, Naturschutz und nukleare Sicherheit den gesellschaftlichen Zusammenhalt als wichtigen Baustein der Stadtentwicklung.

[1] The German Federal Ministry of the Interior, Building and Community sees social cohesion as the "glue of society", while the Federal Ministry for the Environment, Nature Conservation and Nuclear Safety considers it to be an important component of urban development.

wird, wenn sich der Staat selbst immer stärker von sozialen Aufgaben zurückzieht.

Das Ziel des sozialen Zusammenhalts ist also, dass eine wie auch immer begrenzte Gesellschaft (Nachbarschaft, Quartier, Stadt, Region, Nationalstaat etc.) zusammenstehen und nicht in Teilgesellschaften oder gar Parallelgesellschaften zerfallen solle (vgl. Heitmeyer & Anhut, 2000). Welche Anzeichen werden als Indikator für das Auseinanderdriften herangezogen? Innerhalb der quantitativ argumentierenden Sozialwissenschaften wird auf die sich öffnende Schere der Einkommen und insbesondere der Vermögen beziehungsweise der unterschiedlichen sozialen Lagen von Frauen und Männern, jungen und älteren Menschen, kinderlosen und kinderreichen Haushalten sowie Menschen mit unterschiedlichen Aufenthaltsgenehmigungen hingewiesen. Andere Ansätze verweisen auf einen Wertewandel, der mit der Ausdifferenzierung der Werte und Einstellungen einhergeht. Für die Beschreibung dieser Unterschiede werden die Kategorien „Lebensstil" und „Milieu" als neue Formen gesellschaftlicher Ausdifferenzierung verwendet (vgl. Müller-Schneider, 2001; Hallenberg in diesem Band).

Diese Zugänge basieren auf einer typischen Gruppenbildung und sind nur in geringem Maße mit Informationen der amtlichen Statistik unterlegt; darauf muss im Zusammenhang mit der Interpretation der residenziellen Segregation beziehungsweise der Konzentration sozialer Gruppen in bestimmten Quartieren noch eingegangen werden. Die normativen Zugänge sind sehr stark mit idealisierten Vorstellungen von Urbanität, der „Europäischen Stadt" und Öffentlichkeit verbunden. Danach ist eine (Stadt-)Gesellschaft heterogen, was als eine eindeutig positive Qualität angesehen wird; zudem sollte jedeR in der Lage sein, im öffentlichen Raum als „anders" und „fremd" wahrgenommene Menschen zumindest zu tolerieren.

Es kann aber bezweifelt werden, dass diese „Idealstadt"-Vorstellungen jemals konkretisiert und tatsächlich auch gelebt wurden. Vor dem heutigen Hintergrund einer sich zunehmend ausdifferenzierenden Gesellschaft – nach sozioökonomischen, soziodemografischen und soziokulturellen Kategorien bis hin zu demonstrativen Individualisierungen (vgl. Reckwitz, 2017) – überwiegen Annahmen darüber, dass aktuelle (Stadt-)Gesellschaften mit den bestehenden sozialen Ungleichheiten und der gesellschaftlichen Vielfalt zumindest in Ansätzen überfordert sind (vgl. Dangschat, 2014a, 2015). Von diesen Verunsicherungen ist insbesondere die Mittelschicht betroffen (vgl. Burzan & Kohrs, 2013), die lange als kultureller und normativer Kern der „Europäischen Stadt" angesehen wurde.

The aim of social cohesion is therefore to ensure that a society, however limited in size (neighbourhood, district, city, region, state, etc.), stands together rather than splintering into sub-societies or even parallel societies (see Heitmeyer & Anhut, 2000). So what are the signs that indicate this type of drift? The qualitative indicators from the social sciences include a widening pay gap and in particular an increase in wealth inequality as well as differences in social situations of women and men, younger and older people, households with numerous children and those without, and people with different residency rights. Other approaches look to changing values that go hand in hand with differing values and attitudes within a community. The categories of "lifestyle" and "milieu" are used to describe these differences, which are said to be "new types" of social differentiation (see Müller-Schneider, 2001; Hallenberg in this volume).

These approaches are based on the formation of typological groups and are only supported to a limited extent by information gleaned from official statistics; more focus needs to be put on the interpretation of residential segregation and the concentration of social groups in certain neighbourhoods. Normative approaches are very strongly connected with idealised notions of urbanity, the "European city" and the public sphere. According to these approaches, an urban society is heterogeneous, which is always regarded as a positive quality. In addition, every person is assumed to be in a position in which they at least tolerate those considered as "other" or "foreign" in the public sphere.

However, there is reason to doubt whether these notions of an "ideal city" have ever become a reality. Against the backdrop of today's increasingly differentiated societies (in terms of socio-economic, socio-demographic and sociocultural categories) and theories of demonstrative individualisation (see Reckwitz, 2017), the dominant assumptions are that current (urban) societies are, at least to some extent, overwhelmed by existing inequalities and social diversity (see Dangschat, 2014a, 2015). These uncertainties particularly affect the middle class (see Burzan & Kohrs, 2013), which has been long regarded as the cultural and normative core of the "European city".

Die Verunsicherungen aufgrund der Wahrnehmung eines allgemeinen mehrdimensionalen Auseinanderdriftens in modernen Gesellschaften stehen in einem engen Zusammenhang mit weiteren Verunsicherungen infolge des technologischen Wandels (und dessen Auswirkungen auf den Arbeitsmarkt und den Wohlfahrtsstaat) sowie des Klimawandels – bis hin zu möglichen Auswirkungen auf die eigene Rente sowie auf die Entwicklungschancen der Kinder und Enkel, die in der individuellen Wahrnehmung „zusammengezogen" werden.[2] Im Hinblick auf zentrale politische Fragen (EU-Mitgliedschaft, Euro-Einführung, Umweltschutz, Integration von Flüchtlingen etc.) polarisieren sich innerhalb nationaler europäischer Gesellschaften die Interessensbekundungen in Wechselwirkung mit dem zunehmenden politischen Populismus und dem Rückzug in die Echokammern der selbstverstärkenden Bestätigung der Abgrenzung zwischen dem „Wir" und den „Anderen".

Eine Konsequenz der vielfältigen Verunsicherungen ist unter anderem eine Zunahme des subjektiven Gefühls des Steuerungsverlustes, was die Wahrscheinlichkeit irrationalen Handelns vergrößert. Das wiederum trägt dazu bei, dass das Vertrauen in politische, administrative und wissenschaftliche Institutionen und „Eliten" zunehmend verloren geht.

In diesem Zusammenhang wird der ideale Konsens des sozialen Zusammenhalts zumindest gegenüber den als „die Anderen" wahrgenommen Gruppen nicht nur infrage gestellt, sondern teilweise kriminell missachtet. Die Folge ist, dass – teilweise auch seitens der öffentlichen Hand – bestimmte soziale Gruppen benachteiligt oder diskriminiert werden (das Versprechen, gleichwertige Lebensbedingungen herzustellen, wird durch eine vages Einräumen von Chancengleichheit abgelöst) und dass soziale Gruppen aus der politisch-planerischen Teilhabe oder den Leistungen des Wohlfahrtsstaates (teilweise) ausgeschlossen werden.

Die Folgen der allgemeinen Überforderungen aufgrund des breiten gesellschaftlichen Wandels stehen damit aktuell und in absehbarer Zukunft im Widerspruch zu der in der Wissenschaft, der Stadtentwicklung und der sozialen Arbeit vertretenen Position, dass die Begegnung mit Fremden die Grundlage dafür sei, dass man voneinander lernen könne, dass daraus – quasi automatisch – soziale

Uncertainty caused by perceptions of a general, multi-dimensional divergence in modern societies is closely related to three factors: uncertainty due to technological change (and its impact on the labour market and the welfare state), uncertainty due to climate change, and finally, concerns regarding the impact these factors may have on pensions and development opportunities (people's fears that their children and grandchildren will "lose out"). Concerning political questions (EU membership, introduction of the euro, environmental protection, integration of refugees, etc.) within national European societies, the expressions of interest in interaction with increasing political populism and the retreat into the echo chambers polarise the self-reinforcing confirmation of the divide between "us" and "them".

The consequence of these multi-faceted uncertainties is, among other things, an increase in the subjective sense of a loss of control, which increases the likelihood of irrational action. This in turn contributes to a loss of trust in political, administrative and scientific institutions and "elites".

In this context, the ideal consensus of social cohesion is not only questioned but sometimes even treated with contempt, at least with regard to groups perceived as "other". As a consequence, certain social groups are either disadvantaged – sometimes even by the public authorities, as promises to produce equal living conditions are replaced with vague pledges to grant equal opportunities – or discriminated against, leaving them (partially) excluded from participation in political planning or unable to access services provided by the welfare state.

The implications of general excessive strain resulting from broad societal change currently – and for the foreseeable future – contradict the notion promoted in science, urban development and social work that encounters with other groups can help people to learn from one another, and that (practically automatic) innovations and a happy sense of togetherness will ensue.

---

[2] Für den deutschen Begriff „Sicherheit" gibt es im angelsächsischen Sprachraum drei Begriffe, die die unterschiedlichen Ebenen der allgemeinen Verunsicherung besser beschreiben: security, certainty, safety.

Innovationen entstünden und sich eine „happy togetherness" in Vielfalt ergäbe.

Fachleute in Politik und Stadtentwicklung sowie Teile der Stadtforschenden gehen davon aus, dass das Risiko abnehmenden sozialen Zusammenhalts daran abzulesen sei, dass

- innerhalb eines Quartiers zu viele Nichtdeutsche/Menschen mit Migrationshintergrund leben und/oder
- innerhalb eines Quartiers zu viele arme Haushalte leben und/oder
- innerhalb eines Quartiers zu viele ältere Menschen leben und/oder
- der Wohnungsbestand und/oder die Infrastruktur schlecht ist (vgl. Musterd & Andersson, 2005; Friedrichs, 2010).

Diese „Vorwarn"-Indikatoren werden zum einen dazu genutzt, solche Konzentrationen zu bekämpfen – durch eine „soziale Mischung" bei der Erstbelegung, einen Fördermix bei der Vergabe der Wohnung, Subjektförderungen etc. – oder aber dazu, diese Quartiere als Kandidaten für das „Soziale Stadt"-Programm oder Ähnliches zu qualifizieren. In diesem Zusammenhang wird die „soziale Mischung" als Allheilmittel angesehen; Münch (2014) vergleicht diesen starken Glauben an die positive Wirkung der sozialen Mischung zur Überwindung gesellschaftlicher Desintegration mit einem „Mantra".

Aus der Aggregation der Daten über „Risikogruppen" werden zudem weitreichende Folgen hinsichtlich der Vergemeinschaftung vor Ort abgeleitet, ohne jedoch das tatsächliche Verhalten dieser Gruppen zu berücksichtigen. Von wesentlichen Teilen der Sozialwissenschaften werden solche Ableitungen in Zweifel gezogen. Neben der Kritik an der Vernachlässigung der Mikro-Ebene der konkreten Handlungen und vorhandenen Einstellungen wird vor allem auch das Ausblenden anderer Faktoren auf der Quartiersebene (Meso-Ebene) bemängelt. Nach Anhut & Heitmeyer (2000, 54–57) hängt die Frage, ob und wie Offenheit gegenüber den Anderen hergestellt werden, ob Toleranz gelebt werden oder man tatsächlich voneinander lernen kann weniger von Strukturdaten von Personen/Haushalten ab, sondern von den intervenierenden Faktoren vor Ort. Diese sind vor allem die lokale politische Kultur, das lokale Klima, das jeweilige kognitive Selbstverständnis und die Wertvorstellungen der sozialen Gruppen und die daraus abgeleiteten Zielsetzungen und Handlungen vor Ort sowie bestehende soziale Netzwerke und wesentliche Stakeholder, welche den sozialen Zusammenhalt als Brücke über wesentliche

Experts in politics and urban development, as well as some urban researchers, assume that there is a risk of the public perceiving a decline in social cohesion if

- there are too many non-Germans or people with a migrant background living in one district and/or
- there are too many poor households in one district and/or
- there are too many elderly people living in one district and/or
- the housing stock and/or infrastructure is poor (see Musterd & Andersson, 2005; Friedrichs, 2010).

These "early warning" signs are used on the one hand to combat these concentrations (by means of promoting "social diversity" for first occupancy, allocating housing and income-based rents to a diverse section of the population, etc.) or otherwise, these districts qualify as candidates for e.g. the "Social City" Programme. In this context, this idea of a better "social mix" is seen as a universal remedy; Münch (2014) compares this strong belief in the positive potential of social mix to overcome social disintegration as a "mantra".

Far-reaching consequences with regard to communitarisation in situ are also extrapolated from aggregate data on "risk groups", without taking into account actual behaviours. These kinds of deductions have been called into question by a number of parties within the social sciences. In addition to the criticism of neglect on the micro level of concrete actions and existing attitudes, above all the dismissal of other factors on a district level (meso level) are criticised. According to Anhut & Heitmeyer (2000, 54–57), "if" and "how" openness to others can be established and whether people actually practice and learn tolerance from one another depends less on structural data for individuals/households and more on intervening factors in situ. These include, above all, local political culture, the local climate, respective cognitive self-conceptions and values of social groups and the resulting objectives and actions within the community, as well as existing social networks and significant stakeholders, who establish and consolidate social cohesion as a bridge between significant social groups (see Dangschat, 2017).

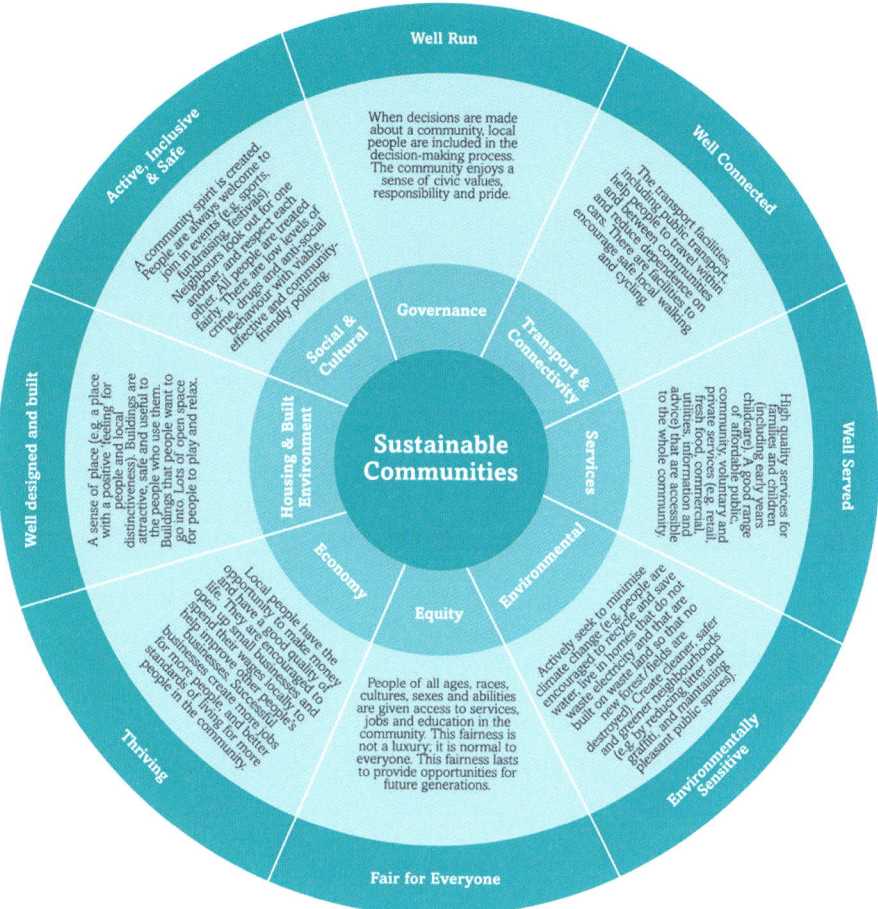

Abb. 1: Egan-Modell über die Aspekte einer nachhaltigen Gemeinschaft (Egan, 2004, 19)

Fig. 1: Egan model of the aspects of a sustainable society (Egan, 2004, 19)

soziale Gruppen vor Ort herstellen und festigen (vgl. Dangschat, 2017).

Ein weitergehender Ansatz (bei weitergehender Fragestellung) ist beispielsweise jener von Egan (2004; siehe Abbildung 1), der darauf hinwies, dass auf der Meso-Ebene auch die materiellen Bedingungen und deren Erhaltungszustand (Wohnungsbestand, Infrastrukturausstattung und -erreichbarkeit) für die Bestimmung einer „nachhaltigen Nachbarschaft" relevant sind. Darüber hinaus sind die Herstellungs- und Beharrungsbedingungen auf der Makro-Ebene (der ökonomische, politisch-planerische, gesellschaftliche, technologische und ökologische Kontext) bedeutsam, welche zu bestimmten städtebaulichen, infrastrukturellen, wohnungspolitischen und sozialräumlichen Konstellationen führen.

Another approach still (for more advanced questioning) is that of Egan (2004, see Figure 1), for example, who points out that at the meso level, material conditions and their state of preservation (housing stock, infrastructure and accessibility) are also important for establishing a "sustainable neighbourhood". In addition, the conditions of establishment and permanence of such neighbourhoods at the macro level are significant factors (the economic, political planning, social technological and ecological context), which lead to specific urban planning, infrastructural, housing policy and socio-spatial configurations.

Sechs relevante Ebenen des gesellschaftlichen Zusammenhalts

Der gesellschaftliche Zusammenhalt wird nicht nur vor Ort, sondern vielmehr auf mehreren Ebenen hergestellt beziehungsweise behindert. Man kann hierbei sechs Ebenen analytisch unterscheiden, welche der Makro-, Meso- und Mikro-Ebene zugeordnet werden können (vgl. Dangschat, 2000). Wenn man aus stadtsoziologischer Sicht die Meso-Ebene als die jeweiligen Quartiere innerhalb eines stadt-regionalen Kontextes ansieht – neben den oben angeführten materiellen Strukturen gehören dazu aber auch die Haltungen und Handlungen der lokal relevanten „urban stakeholder") – dann wird unter der Makro-Ebene die EU und der jeweilige Nationalstaat mit ihren politischen und administrativen Einheiten verstanden. Sie beeinflussen die Rahmenbedingungen zu den vier wichtigsten Integrationsinstanzen (Bildungssystem, Ausbildungs- und Arbeitsmarkt, Gesundheitssystem und Wohnungsmarkt), die in den jeweiligen Stadtregionen wirksam sind. Die Mikro-Ebene wird durch die AkteurInnen vor Ort und deren mehr oder weniger integrativ wirkende Verhaltensweisen und Einstellungen bestimmt (siehe Abbildung 2).

Damit setzen die Institutionen und AkteurInnen auf der Makro-Ebene mit den Bedingungen der Systemintegration die Rahmenbedingungen für die Sozialintegration vor Ort. Innerhalb dieses Kontextes wird der soziale Zusammenhalt jedoch erst durch die AkteurInnen vor Ort im Zuge der Individualintegration hergestellt respektive verhindert. Dabei wirken rechtliche und sozialstaatliche Instrumente als Rahmen, die materiellen, kulturellen und emotionalen vor Ort als Ressource beziehungsweise als Constraint.

Six important levels of social cohesion

Social cohesion is not only established locally; rather it is established or prevented on several levels. It is possible to analytically distinguish between six levels, which correspond to the macro, meso and micro levels (see Dangschat 2000). If, from an urban sociological perspective, we consider the meso level to be the respective districts within an urban regional context (alongside the above-mentioned material structures, these include attitudes held and actions taken by urban stakeholders that are important at the local level), then the macro level can be seen as the EU and respective nation state, with its political and administrative units. These determine the framework conditions for the four most important points of integration (education system, training and labour market, health system and housing market) that function within the respective urban regions. The micro level is determined in situ by local actors through the extent to which their behaviours and attitudes are integrative (see Figure 2).

As such, institutions and actors at the macro level set the framework for local social integration by establishing the conditions for system integration. Within this context, however, social cohesion is established or prevented in the first instance by local actors as part of their individual integration. As such, legal and welfare state instruments work as a framework, while local material, cultural and emotional factors are perceived either as resources or constraints.

Gesellschaftliche Ausdifferenzierung = Überforderung des sozialen Zusammenhalts?

Aufgrund der Komplexität der Entwicklung moderner Gesellschaften fühlen sich viele soziale Gruppen verunsichert

Does social differentiation put a strain on social cohesion?

Due to the complexity of modern societies, many groups feel insecure and overstrained. This is particularly true following

Integrationstyp	Aspekte des gesellschaftlichen Zusammenhalts	Ebene
Institutionell-funktionale Systemintegration	Allgemeine zivile Rechte, bürgerliche Rechte, Wahlrecht Zugang zum allgemeinen Wohlfahrtssystem → **Vertrauen in den demokratischen Wohlfahrtsstaat**	EU/National-staat
Individuell-funktionale Systemintegration	Zugang zum Arbeits- und Wohnungsmarkt Zugang zum Bildungs-, Ausbildungs- und Gesundheitssystem → **Vertrauen in den regionalen/lokalen Wohlfahrtsstaat** (*ökonomisches und institutionalisiertes kulturelles Kapital*)	Stadtregion
Kommunikativ-interaktive Sozialintegration	Teilhabe an öffentlichem Diskurs/Quartiersentwicklung Konsens über grundlegende Werte → **Vertrauen in den lokalen/regionalen Stakeholder**	Stadtregion/Quartier
Expressiv-kulturelle Sozialintegration	**Soziale Integration in die Gemeinschaft** (*Herausbilden von sozialem Kapital, bridging und bonding*)	Quartier
Kognitive Individualintegration	Sprache, kulturelles Verständnis, Verhaltensweisen, Akzeptanz der (dominanten?) Normen und sozialräumlichen Situationen (*Orientierung am kulturellen Kapital der Mehrheit?*)	Individuum
Identifikative Individualintegration	Abschwächen der Orienitierung an der eigenen Herkunft und den damit verbundenen Wertvorstellungen zugunsten der Offenheit gegenüber anderen Milieus → Multikultur (*Akzeptanz von ethnisch-spezifischen Formen des kulturellen Kapitals*) → **Vertrauen in die Gemeinschaft**	Individuum

Abb. 2: Sechs Ebenen des gesellschaftlichen Zusammenhalts (Quelle: Dangschat, 2000, 195)

Integration type	Aspect of social cohesion	Level
Institutional-functional system integration	General civil rights, citizens' rights, voting rights Access to general welfare state system → **Trust in the democratic welfare state**	EU/national state
Individually-functional system integration	Access to the labour and housing market, access to education, training and health systems → **Trust in the regional/local welfare state** (*economic and institutional cultural capital*)	Urban region
Communicative interactional social integration	Participation in public discourse/district development Consensus on fundamental values → **Trust in the local/regional stakeholders**	Urban region/district
Expressive cultural social integration	**Social integration into the community** (*development into social capital, bridging and bonding*)	District
Cognitive individual integration	Language, cultural understanding, behaviours, acceptance of (dominant?) norms and social situations (*orientation toward the cultural capital of the majority?*)	Individual
Identification-based individual integration	Diminishing orientation toward own heritage and associated values in favour of openness to other social backgrounds → multi-culture (*acceptance of forms of cultural capital that are specific to ethnicity*) → **Trust in the community**	Individual

Fig. 2: Six levels of social cohesion (Source: Dangschat, 2000, 195)

und überfordert. Das gilt insbesondere nach der besonders großen Herausforderung infolge der Zuwanderung von Flüchtlingen in den Jahren 2015 und 2016. In einer Situation zunehmender Komplexität gilt es, selbige sinnvoll zu reduzieren. Das kann anhand des klassischen exit-voice-loyalty-Schemas (vgl. Hirschman, 1970) prinzipiell auf drei unterschiedliche Weisen geschehen:

1. *Vertrauen* in Institutionen, Fachleute und deren Deutungen (Regierung, politische Parteien, Wissenschaft, Medien etc.) (*Loyalität*);
2. *Rückzug* in solche kommunikativen Situationen, innerhalb derer die eigenen Orientierungen herausgebildet und verstärkt werden (*exit*), mit der Folge für
3. den *Entzug des Vertrauens* in entsprechende Institutionen, Fachleute und deren Deutungen (Regierung, politische Parteien, Wissenschaft, Medien) und das Setzen eigener Interpretationen (*voice*).

Eine Folge der zunehmenden gesellschaftlichen Vielfalt ist eine wachsende Interessenvielfalt, die sich zudem sehr unterschiedlich äußern kann. Daher differenzieren sich insbesondere im voice- und exit-Bereich die Reaktionen stärker aus:

- Voice 1: außerparlamentarische Opposition (Demonstrationen im öffentlichen Raum) (traditionell);
- Voice 2: postdemokratische Aktivitäten (Produzieren von Fake News, hacking etc.);
- Exit 1: Rückzug ins Private (Verzicht auf Wahlrecht und Teilnahme an Beteiligungsverfahren) (traditionell);
- Exit 2: Rückzug in „neue Gemeinschaften" (Sekten, Baugruppen, „Recht-auf-Stadt-Bewegung").

In diesem Zusammenhang wird die Möglichkeit, sozialen Zusammenhalt zu unterstützen oder herzustellen, von unterschiedlichen Interessengruppen sehr unterschiedlich eingeschätzt. Es entstehen – wenn man so will – in diesem Zusammenhang durchaus „neue Mathematiken":

- **2 + 2 = 4!** Die explizite Bestätigung, dass diese einfache Gleichung unzweifelhaft fortbesteht, wird von sehr vielen städtischen Verwaltungen, der lokalen Politik, StatistikerInnen und den VertreterInnen der quantitativen Sozialforschung unterstrichen. Danach kann sozialer Zusammenhalt mit bewährten Statistiken gemessen und mittels quantitativen Schwellenwerten entsprechend eingeordnet werden. Diese Zusammenhänge sind orts- und zeitunabhängig und können daher in Vergleichen herangezogen werden.
- **2 + 2 > 4** Dass diese Addition mehr als vier ergibt, wird von Menschen vertreten, die mittels Beteiligungs-

the great challenges faced due to the immigration of refugees in 2015 and 2016. In an increasingly complex situation such as this, it is important to take "sensible" measures toward reducing this. In principle, this can be carried out on three different levels, according to the exit, voice and loyalty model (Hirschman, 1970):

1. *trust* in institutions, professionals and their interpretations (government, political parties, science, media, etc.) (*loyalty*);
2. *withdrawal* from such communicative situations in which orientations are formed and strengthened (*exit*), resulting in
3. *withdrawal of trust* in corresponding institutions, experts and their interpretations (government, political parties, science, media, etc.) and the implementation of own interpretations (*voice*).

One consequence of increasing social diversity is a growing diversity of interests, which can also be expressed in very different ways. As a result, reactions become more differentiated, in particular in the areas of voice and exit:

- Voice 1: opposition outside of the parliamentary system (public demonstrations) (traditional);
- Voice 2: post-democratic activities (production of fake news, hacking, etc.);
- Exit 1: withdrawal into the private sphere (voting abstention and refusal to take part in participatory processes) (traditional);
- Exit 2: withdrawal into "new communities" (sects, assemblies, "right to the city" movement).

In this context, the ability to support or establish social cohesion is viewed very differently by different interest groups. In other words, a sort of "new mathematics" is born:

- **2 + 2 = 4!** Explicit confirmation that there is no doubt that this simple addition is correct is underlined by many urban administrations, local politics, statisticians and quantitative social research representatives. According to this line of thinking, social cohesion can be measured against proven statistics and ranked by qualitative thresholds. These relationships are independent of time and space and can therefore be used in comparisons.
- **2 + 2 > 4** The belief that the sum of these numbers is greater than four is held by people who strengthen social cohesion through participatory processes or other forms of social work. According to this line of thinking, social cohesion is the result of a specific process (subject to time and place) in which mutual learning processes and social innovations are made possible.

prozessen innerhalb des Quartiersmanagements oder anderen Formen der sozialen Arbeit den gesellschaftlichen Zusammenhalt stärken. Danach ist sozialer Zusammenhalt das Ergebnis eines (orts- und zeitgebundenen) maßgeschneiderten Prozesses, bei dem wechselseitige Lernprozesse möglich und soziale Innovationen freigesetzt werden.

- **2 + 2 < 4** Diese skeptische Rechnung wird von solchen Gruppen vertreten, die multikulturelle Situationen ablehnen; sie wird insbesondere von den aufkommenden rechtspopulistischen Parteien und ihrem Umfeld (soziale Bewegungen, soziale Medien, virtuelle Parallelstrukturen) unterstützt. Danach machen soziale Mischungen insbesondere von unterschiedlichen Ethnien keinen Sinn und erzeugen nur Spannungen. Integration wird in diesem Zusammenhang als ein einseitiger Prozess angesehen, bei dem die neu Hinzuziehenden sich an der „Leitkultur" der Alteingesessenen zu orientieren haben.
- **2 + 2 = 4?** Dass diese Rechnung immer genau aufgeht, wird von vielen PraktikerInnen der sozialen Arbeit vor Ort und von vielen VertreterInnen qualitativer Sozialforschung bezweifelt. Laut ihnen könne man sich nicht an einfachen Input-Output-Relationen orientieren und der Outcome sei zwischen sozialen Gruppen und unter anderen Bedingungen nicht der Gleiche. Danach ist der soziale Zusammenhalt insbesondere in Großstädten sehr fragil, anlassbezogen und immer partiell.

- **2 + 2 < 4** This sceptical calculation is proposed by groups who reject multi-cultural situations. This is done in particular by the emerging right-wing populist parties and their environment (social movements, social media, parallel structures on the internet). According to this model, social mixes, especially of different ethnic groups, make no sense and only create tension. In this context, integration is seen as a one-sided process in which newcomers have to adapt to the old, established "dominant culture".
- **2 + 2 = 4?** Whether or not this calculation is always accurate is disputed by many social work practitioners and representatives of qualitative social research. According to them, it is not possible to use simple input/output calculations as a guideline and the outcome will not be the same for different social groups under different conditions. This theory states that social cohesion is very fragile, dependent on events and has limited recurrence.

Segregation und Konzentration der Wohnstandorte, soziale Mischung und andere Entlastungsstrategien

Segregation and concentration of residential locations, social mixture and other relief strategies

In vielen von der US-amerikanischen Stadtforschung beeinflussten Lehrbüchern wird ein enger Zusammenhang zwischen der residenziellen Segregation und dem gesellschaftlichen Zusammenhalt hergestellt (vgl. Friedrichs, 1999; Häußermann & Siebel, 2004). Dahinter steht die These vom Zusammenhang zwischen sozialer und räumlicher Distanz. In der traditionellen Segregationsforschung ist der Indikatorwert – der in der Regel die Summe der Abweichung der Verteilungen sozialer Gruppen in statistischen Teileinheiten gegenüber der Gesamtstadt misst –

In many textbooks influenced by US urban research, a close connection has been established between residential segregation and social cohesion (see Friedrichs, 1999; Häußermann & Siebel, 2004). This is based on the thesis of a connection between social and spatial distance. In traditional research on segregation, the indicator value, which is usually the sum of the deviation between the distribution of social groups in statistical units relative to the city as a whole, is a direct measure of social cohesion. If the value increases over time, this is an indication of an increasing loss of social cohesion.

ein direktes Maß für den gesellschaftlichen Zusammenhalt. Steigt der Wert im Zeitverlauf an, gilt dies als Hinweis auf einen zunehmenden Verlust des sozialen Zusammenhalts.

Bei solchen Analysen ist man auf flächendeckende Daten zur sozialen Ungleichheit angewiesen, die in der Regel lediglich aus der amtlichen Statistik erhältlich sind. Diese überwiegend demografischen Daten sind aber kaum dafür geeignet, die aktuelle soziale Ungleichheit abzubilden. Zudem liegen Daten immer nur räumlich aggregiert und meist als Einzelindikatoren vor, das heißt, soziale Ungleichheit kann nur im räumlichen Durchschnitt und nur eindimensional abgebildet werden (Bildung oder Alter oder Geschlecht oder Nationalität oder Migrationshintergrund[3] oder Sozialhilfebezug oder Haushaltstyp), während sich die soziale Lage von Personen/Haushalten auf mehrere Dimensionen bezieht.

Mit der Konzentration auf personen- respektive haushaltsbezogene Merkmale werden aber die weiteren relevanten Aspekte der Meso-Ebene (siehe oben) ausgeblendet. Auf der Suche nach der Wirkung von Ortseffekten, zu der auch die soziale Mischung, beziehungsweise ein Förder- und Eigentumsmix von Wohnungen, gehört, ist man allerdings bislang kaum zu statistisch relevanten Ergebnissen gekommen (vgl. Blasius & Friedrichs, 2009; Dangschat, 2014b).

Mit einem zweiten Ansatz innerhalb der Segregationsforschung werden nicht die ungleichen Verteilungen in einer Stadt betrachtet, sondern man analysiert die räumliche Konzentration der Wohnstandorte einzelner sozialer Gruppen. Bei diesem Zugang richtet sich das Interesse von StadtplanerInnen und SozialwissenschaftlerInnen aber ausschließlich auf die Konzentrationen „problematischer" Gruppen die Oberschicht- und weitgehend auch Mittelschichtquartiere bleiben außen vor, obwohl deren Konzentrationen über sozial selektive Fortzüge aus vormals gemischten Quartieren in einem funktionalen Zusammenhang mit der Konzentration unterer sozialer Schichten beziehungsweise bestimmter Ausländerkonstellationen steht. In diesem Kontext ist immer wieder von Obergrenzen die Rede, jenseits derer Wohnviertel entweder „umkippen" oder aber in den Grundschulen

These types of analysis rely on comprehensive data on social inequality, which are generally only available from official statistics. This predominantly demographic data, however, is hardly suitable for depicting actual social inequality. In addition, data is always spatially aggregated and mostly exists in the form of single indicators, i.e. social inequality can only be depicted one-dimensionally and as a spatial average (education, age, gender, nationality, migrant background, social assistance or household type). The social situation of individuals and households, however, is based on several dimensions.[2]

With the focus on personal or household characteristics, however, other relevant aspects at the meso level (see above) are ignored. This search for effects on a local level, such as the social mix and a balance between subsidised housing and property ownership, has not yet yielded any statistically significant results (Blasius & Friedrichs, 2009; Dangschat, 2014b).

A second approach in the research area of segregation focuses on analysing the spatial concentration of residential locations of individual social groups rather than looking at unequal distribution within cities. With this approach, the focus of urban planners and social scientists remains exclusively on the concentrations of "problematic" groups – upper-class and primarily middle-class neighbourhoods are left out, although the concentrations of these groups are functionally related to socially selective departures from formerly mixed neighbourhoods with higher concentrations of groups with a lower social status or groups of certain foreign populations. In this context, there is always talk of upper limits beyond which neighbourhoods "collapse" or targets cannot be achieved in elementary schools (while the "reasonable" targets of 5–10 percent of non-German children have been gradually and pragmatically corrected to a significantly higher percentage). In most countries in mainland Europe, a critical point has been reached when one of the nationally or ethnically allochthonous groups is larger than that nationally autochthonous group (see Anhut & Heitmeyer, 2000).

The fact that both approaches to research on segregation extrapolate from aggregate data on local behaviour is problematic. This makes the data invalid because similar housing and urban development structures can lead to very different

---

[3] Es ist nachvollziehbar, warum der Migrationshintergrund als ein wesentliches Merkmal in die Statistik aufgenommen wurde. Vor dem Hintergrund, dass der Autor als in Österreich lebender emeritierter Professor auch in diese Kategorie fällt, zeigt sich jedoch sehr rasch, wie heterogen diese Kategorie ist, und was sie für solche Berechnungen eher unbrauchbar macht.

[2] It is understandable that migration background has been included as significant feature in the statistics. However, the fact that the author also falls into this category as an emeritus professor in Austria quickly shows how heterogenous this category is, making it rather useless for such calculations.

die gesteckten Ziele nicht mehr erreicht werden können (dabei wurden die Grenzen der „Zumutbarkeit" von ursprünglich 5 bis 10 Prozent nichtdeutscher Kinder pragmatisch schrittweise deutlich nach oben korrigiert). In den meisten kontinentaleuropäischen Ländern wird dann ein kritischer Punkt erreicht, wenn eine der nationalen beziehungsweise ethnischen allochthonen Gruppen größer ist als der Anteil an nationalen Autochthonen (vgl. Anhut & Heitmeyer, 2000).

Problematisch in beiden Zugängen der Segregationsforschung ist, dass von Aggregat-Daten auf das Verhalten vor Ort geschlossen wird. Das ist insofern unzulässig, als ähnliche Wohnbau- und städtebaulichen Strukturen bei ähnlichen sozialen Zusammensetzungen zu sehr unterschiedlichen Ergebnissen hinsichtlich eines positiven Miteinanders führen können. Die sogenannte Kontakthypothese, auf der die Annahme aufbaut, dass soziale Mischungen einen positiven Einfluss haben, setzt voraus, dass die gruppenübergreifenden Kontakte (weak ties) als positiv empfunden werden. Das wiederum ist an Bedingungen gebunden, welche in „Problemvierteln" selten gegeben sind: Selbstbewusstsein, Offenheit, kommunikative Kompetenz und gleiche Interessenslage. Sind diese Rahmenbedingungen nicht erfüllt, wirkt eher die sogenannte Konflikthypothese, nach der „die Anderen" als eine Zumutung empfunden werden, als eine tägliche Belastung und als Konkurrenz um die ohnehin knappen und schwindenden Ressourcen (vgl. Dangschat & Alisch, 2014).

Ein weiterer Zweifel wurde bereits von Park (1925) formuliert, als er darauf hinwies, dass mit der Zuordnung zu Meldeadressen oder Quartieren nur ein grober Annäherungswert angenommen wird. Vor dem Hintergrund von Bewegungen in der Stadt, auch durch die Verfügbarkeit öffentlicher Verkehrsmittel (bereits damals in den USA!), könne man nicht davon ausgehen, dass die Sozialisation in unmittelbarer Nachbarschaft stattfinde. Und wieviel bedeutsamer ist dieses Argument, wenn man die heutige Situation der physischen und virtuellen Mobilität im öffentlichen Raum und den sozialen Medien berücksichtigt.

Konsequenterweise haben Sheller & Urry (2006) im Zuge ihres „mobility turns" die Frage gestellt, warum gesellschaftliche Aspekte der Stadtentwicklung an der Meldeadresse festgemacht werden. Man müsse eher Möglichkeiten finden, die physische und virtuelle Bewegung im Sozialraum in Kategorien zu fassen, weil diese wesentlich aussagekräftiger seien.

Die aktuell betriebenen technologischen „Lösungen" des Trackings beziehungsweise der Auswertung von Mobil-

results with regard to positive coexistence between groups of similar social compositions. What is known as the "contact hypothesis", which is based on the assumption that social mixture has a positive influence, presupposes that cross-group contacts (weak ties) should be considered positive. This, in turn, is linked to conditions that are rarely present in "problem areas": self-confidence, openness, communicative competence and equal interest. If these framework conditions are not met, the so-called conflict hypothesis, in which "others" are perceived as an imposition that people feel exposed to and who represent a daily burden and competition for already dwindling and scarce resources, comes into effect (see Dangschat & Alisch, 2014).

Another doubt was raised by Park (1925, 9) when he pointed out that the attribution of registered addresses or districts was based on a rough approximation. Taking into account the level of movement within a city facilitated by public transport (even back then in the USA), Park saw that it was not possible to assume that socialisation takes place in the immediate vicinity. This argument is so much more significant given the current situation of physical and virtual mobility in public spaces and on social media.

Consequently, Sheller & Urry (2006) questioned in "The New Mobilities Paradigm" why social aspects of urban development are tied to registration areas. They argue that it is essential to find ways to categorise physical and virtual movement in the social space because they are much more meaningful.

The technological solutions that are currently used for tracking or evaluating mobile data, however, are also insufficient in many respects, because the lines of movement of individuals within a space are mapped using Google Maps, which can show different speeds in individual sections, but no behavioural connotation or interpretations of socio-spatial situations can be made. This approach is based on the spatial and social understanding of the container theory put forward by Hägerstrand (1970), measured using current IT technologies, and is a world apart from all relevant socio-spatial perceptions.

A second way of evaluating tracking data is to combine movement data in a mobility coordination system. This already exists for car and bike sharing systems and is increasingly used in mobility platforms across all transport modes (Mobility as a Service – MaaS; see Hietanen, 2014; Jittrapirom et al., 2017). Alongside the possible issues with "big data" and the regulation of access to data, it is especially problematic that these concepts use artificial intelligence "learning" as the basis for improvement. Currently, the underlying algorithms only

funkdaten sind aber in vieler Hinsicht unzureichend, weil entweder Linien der Bewegung einzelner Personen im Raum auf einer Google-Map abgebildet werden, denen man allenfalls unterschiedliche Geschwindigkeiten in einzelnen Abschnitten, aber keine Verhaltenskonnotierung oder Interpretationen sozialräumlicher Situationen zuweisen kann. Diesem Vorgehen liegt ein Raum- und Sozialverständnis im Sinne der alten Container-Vorstellung von Hägerstrand (1970) zugrunde, gemessen mit aktuellen IuK-Technologien und fernab von allen relevanten sozialräumlichen Wahrnehmungen.

Eine zweite Möglichkeit, Tracking-Daten auszuwerten, besteht darin, die Bewegungsdaten in einem Mobilitäts-Koordinations-System zusammenzufassen. Das gibt es bereits im Car- und Bike-Sharing und wird zunehmend in Mobilitätsplattformen verkehrsmittelübergreifend zusammengefasst (Mobility as a Service – MaaS; vgl. Hietanen, 2014; Jittrapirom et al., 2017). Neben möglichen Problemen von Big Data und der Regelung des Zugangs zu den Daten ist es vor allem problematisch, dass diese Konzepte mittels künstlicher Intelligenz „lernend" verbessert werden. Aktuell folgen die dahinterliegenden Algorithmen ausschließlich einer rationalen Logik der Effizienzsteigerung, was aber nicht dem Verhalten von Menschen im Raum entspricht. Baut man Stadtentwicklungs-, Verkehrs- oder Mobilitätsplanung auf solchen technischen Systemen auf, sind Rebound-Effekte vorprogrammiert.

Derartige neue Möglichkeiten der empirischen Erfassung von Bewegungen im Raum treten an die Stelle klassischer sozialräumlicher Ungleichheitsforschung, sind aber überwiegend technokratisch basiert und noch nicht sozialwissenschaftlich differenziert.

follow a rational logic of increasing efficiency, but this does not correspond to the behaviour of people within a space. When urban development, traffic or mobility planning is based on these kinds of technical systems, rebound effects are inevitable.

These kinds of new possibilities for the empirical recording of movements in space replace traditional socio-spatial inequality research but are not technocratic or socio-scientific.

Rückschlüsse und Ausblick

Conclusions and outlook

Um die Ausführungen richtig einzuordnen: Es ist in jedem Fall korrekt, innerhalb einer Belegungspolitik eine gewisse soziale Mischung herzustellen (was meist über das Einkommen und damit verbundene Förderprogramme möglich ist). Weiter ist es wichtig, im Zuge von Programmen wie „Soziale Stadt" innerhalb der Quartiersarbeit Brücken zwischen den unterschiedlichen sozialen Gruppen zu bauen (hier meist zwischen unterschiedlichen ethnischen Gruppen und Menschen mit unterschiedlicher Staatsangehörigkeit).

To summarise: It is absolutely right to create a certain level of social mix as part of occupancy policy (which is usually possible through income-based systems and related support programmes). It is also important to build bridges between different social groups within districts (here, in most cases, between different ethnic minorities and people of different nationalities) with programmes such as the "Social City" programme.

Das Votum für das „bridging" folgt der Kontakthypothese, welche in Mittelschichtquartieren jedoch besser wirksam ist als in „Problemvierteln". Was sollen und können diese Brücken wirklich leisten? Wer soll mit wem, warum und zu welchem Anlass verbunden werden? Ist diese Verbindung wirklich gewollt? Wären manchmal Zäune und Mauern nicht hilfreicher, um sich auch aus dem Weg gehen zu können? Wenn ich täglich in meinem Umfeld Menschen wahrnehme, die mich verunsichern, ängstigen, wenn ich das Gefühl habe, sie nehmen mir von dem Wenigen, das ich habe, auch noch einen Teil weg – dann leide ich unter der Nähe und kann dem nichts Positives abgewinnen. Wenn ich aber umgekehrt feindlich betrachtet werde, die Gespräche verstummen, wenn ich auftauche, ich nur geringe Chancen am Wohnungs- und Arbeitsmarkt habe – wo soll dann die Bereitschaft herkommen, Teil dieses Ganzen zu werden?

Man sollte sich auch nicht darauf verlassen, dass mit sozialer Mischung und mit Brückenbauen der soziale Zusammenhalt (auf Quartiersebene) wirklich erreicht werden kann. So wirken Ungleichheiten und Ungleichbehandlungen auf der Makro-Ebene genauso wie auf der Mikro-Ebene des Handelns, auf der zusammenhaltsfördernd und -verhindernd agiert werden kann.

Soziale Mischung ist also kein „Ruhekissen", sondern muss immer neu ausgehandelt werden. Bevor ein zu hoher Druck dahingehend aufgebaut wird, dass immer alle mit allen reden, sich treffen und gemeinsame Interessen herausarbeiten müssen, sollte noch einmal daran erinnert werden, dass eine Stadt immer ein Ort der partiellen Integration war und ist. Sozialer Zusammenhalt baut daher auf der Freiwilligkeit auf, sich zu bestimmten Anlässen zusammenzutun, dann aber durchaus wieder getrennte Wege zu gehen. Städte sind immer eine Ansammlung von Parallelgesellschaften gewesen, die es allerdings verstanden haben, über soziale Kontrolle (später auch mittels Technologie) eine gemeinsame Klammer des übergeordneten Verhaltenskanons zu etablieren, welche eine verbindliche „moral order" (Park, 1925) festlegte. Das bedeutet, dass ein gesellschaftlicher Zusammenhalt sehr wohl impliziert, dass jedeR BürgerIn die Distanz zu „den Anderen" eigenständig bestimmen kann.

The vote for "bridging" follows the contact hypothesis, which is more effective in middle-class neighbourhoods than in "problem districts". What can and should these bridges really achieve? Who should be connected to whom? Why? For what reasons? Is this connection really desirable? Would fences and walls not be more helpful, enabling people to avoid one another? If I see people in my environment on a daily basis who make me feel frightened, insecure, or if I believe that these people are taking away what little I have left, I suffer in their presence and do not get anything positive out of this proximity. On the contrary, if I am considered hostile, or conversations end whenever I am around and I do not have much opportunity on the housing and labour market, why should I feel like I want to be part of my community?

We cannot rely on social mixing and building bridges to achieve social cohesion (at a district level). Thus, inequalities and unequal treatment have the same effect on the macro level as they do on the micro level of action, on which action is being taken to promote and prevent cohesion.

Social mixture therefore does not serve as a cushion. Rather, it must always be renegotiated. Before we put people under too much pressure to always talk to everyone else, meet up and find out what interests they have in common, we have to remember that the city has always been a place of partial integration. Social cohesion should therefore be built on the free will to get together on certain occasions, but then also go our separate ways again. Cities have always been a collection of parallel societies that have succeeded in establishing, through social control (and later through technology), a common staple of the superior behavioural canon, which establishes a binding "moral order" (Park). This means that social cohesion implies that every citizen can independently determine their distance to the "other".

Quellen | References

Anhut, R. & Heitmeyer, W. (2000). Desintegration, Konflikt und Ethnisierung. Eine Problemanalyse und theoretische Rahmenkonzeption. In Heitmeyer, W. & Anhut, R. (Hrsg./Eds.), *Bedrohte Stadtgesellschaft. Konflikt- und Gewaltforschung* (17–75). Weinheim & München: Juventa.

Blasius, J. & Friedrichs, J. (2009). Internal Heterogeneity of a Deprived Urban Area and its Impact on Residents' Perception of Deviance. In Blasius, J., Friedrichs, J. & Galster, G. (Hrsg./Eds.) (2009), *Quantifying Neighbourhood Effects. Frontiers and Perspectives* (124–151). New York: Milton Park.

Burzan, N. & Kohrs, S. (2013). Verunsicherung in der Mittelschicht – eine Herausforderung für sozialen Zusammenhalt? In Pries, L. (Hrsg./Eds.), *Zusammenhalt durch Vielfalt? Bindungskräfte der Vergesellschaftung im 21. Jahrhundert* (101–119). Wiesbaden: VS Verlag.

Dangschat, J. S. (2000). Integration – Eine Figuration voller Probleme. Warum die Integration von Migrant/innen so schwierig ist. In Klein, G. & Treibel, A. (Hrsg./Eds.), *Skepsis und Engagement* (185–208). Hamburg: Lit-Verlag.

Dangschat, J. S. (2014a). Wachstumsoption, Integrationsversprechen oder Überforderung? – Vielfalt der Stadtgesellschaft und die Ansätze der Stadtentwicklung. *vhw Forum Wohnen und Stadtentwicklung 4*, 185–190.

Dangschat, J. S. (2014b). Soziale Ungleichheit und der (städtische) Raum. In Berger, P. A., Keller, C., Klärner, A. & Neef, R. (Hrsg./Eds.), *Urbane Ungleichheiten* (117–132). Wiesbaden: Springer.

Dangschat, J. S. (2015). Gesellschaftliche Vielfalt – Heraus- oder Überforderung der Raumplanung? In Dangschat, J. S., Getzner, M., Haslinger, M. & Zech, S. (Hrsg./Eds.), *Raumplanung – Jahrbuch des Departments für Raumplanung der TU Wien 2015* (15–38). Wien & Graz: Neuer Wissenschaftlicher Verlag.

Dangschat, J. S. (2016). Über die soziale Mischung und das Brücken-Bauen. In Biffl, G. & Dimmel, N. (Hrsg./Eds.), *Migrations Management 2. Wohnen im Zusammenwirken mit Migration und Integration. Wohnungsmarkt, Wohnbedingungen, Wohnungspolitik, Modelle, Wohnbau- und Wohlfahrtspolitik, Globalisierung* (227–238). Bad Vöslau: Omnium.

Dangschat, J. S. (2017). Social Capital – Material for Social Bridging? In Kapferer, E. Gstach, I., Koch, A. & Sedmak, C. (Hrsg./Eds.), *Rethinking Social Capital. Global Contributions from Theory and Practice* (40–60). Cambridge: Cambridge Scholars Publishing.

Dangschat, J. S. & Alisch, M. (2014). Soziale Mischung – die Lösung von Integrations-Herausforderungen? In Gans, P. (Hrsg./Eds.), *Internationale Migration. Forschungsberichte der ARL, 3*. Hannover: Akademie für Raumforschung und Landesplanung, 200–218.

Egan, J. (2004). *The Egan Review: Skills for Sustainable Communities*. London: Office of the Deputy Prime Minister. <https://www.rgs.org/CMSPages/GetFile.aspx?nodeguid=43836a3e-e39f-4185-b51b-73435850b0b3&lang=en-GB> (14.10.2018).

Friedrichs, J. (1999). *Stadtsoziologie*. Opladen: Leske + Budrich. Friedrichs, J. (2010). Welche soziale Mischung in Wohngebieten? In Harth, A. & Scheller, G. (Hrsg./Eds.), *Soziologie in der Stadt- und Freiraumplanung* (319–334). Wiesbaden: VS Verlag.

Hägerstrand, T. (1970). What About People in Regional Science? *Papers of the Regional Science Association, 24*, 7–21.

Häußermann, H. & Siebel, W. (2004). *Stadtsoziologie. Eine Einführung*. Frankfurt am Main: Campus.

Heitmeyer, W. & Anhut, R. (Hrsg./Eds.) (2000). *Bedrohte Stadtgesellschaft. Soziale Desintegrationsprozesse und ethnisch-kulturelle Konfliktkonstellationen*. Weinheim & München: Juventa.

Hietanen, S. (2014). "Mobility as a Service" – the new transport model? *Eurotransport, 12*.

Hirschman, A. O. (1970). *Exit, Voice and Loyalty. Responses to Decline in Firms, Organizations and States*. Cambridge, MA: Harvard University Press.

Jittrapirom, P., Caiati, V., Feneri, A.-M., Ebrahimigharehbaghi, S., Alonso-González, M. J. & Narayan, J. (2017). Mobility as a Service: A Critical Review of Definitions, Assessment of Schemes, and Key Challenges. *Urban Planning, 2*, 13–25.

Müller-Schneider, T. (2001). Wertewandel, Erlebnisorientierung und Lebensstile. Eine gesellschaftsgeschichtliche und modernisierungstheoretische Interpretation. In Osterdiekhoff, G. W. & Jegelka, N. (Hrsg./Eds.), *Werte und Wertewandel in westlichen Gesellschaften. Resultate und Perspektiven der Sozialwissenschaften* (91–106). Opladen: Leske + Budrich.

Münch, S. (2014). Das „Mantra der Mischung": Die Problematisierung von ethnischer Segregation in Deutschland und den Niederlanden. In Gans, P. (Hrsg./Eds.), *Räumliche Auswirkungen der internationalen Migration. Forschungsberichte der ARL, 3* (327–343). Hannover: Akademie für Raumforschung und Landesplanung.

Musterd, S. & Andersson, R. (2005). Housing mix, social mix, and social opportunities. *Urban Affairs Review, 40*(6), 761–790.

Reckwitz, A. 2017. *Die Gesellschaft der Singularitäten*. Frankfurt am Main: Suhrkamp.

Sheller, M. & Urry, J. (2006). The New Mobilities Paradigm. *Environment and Planning A: Economy and Space, 38*, 207–226.

Park, R. E. (1925). The City: Suggestions for the Investigation of Human Behavior in the Urban Environment. In Park, R. E., Burgess, E. W. & McKenzie, R. D. (Hrsg./Eds.), *The City. Suggestions for Investigation of Human Behavior in the Urban Environment* (1–46). Chicago: The Chicago University Press.

2

SARA ÖZOGUL

Politische Maßnahmen im Umgang mit einer vielfältigen Stadtgesellschaft: eine kritische Bewertung

Policy Interventions Targeting Diverse Urban Populations: A Critical Appraisal

Die integrierte Stadtentwicklung ist zu einem Narrativ geworden, das Einfluss auf verschiedene politische Maßnahmen in Gebieten mit hoher Bevölkerungsdichte nimmt. Auf europapolitischer Ebene hat die Leipzig Charta zur nachhaltigen europäischen Stadt (2007) eine entscheidende Rolle bei der Verbreitung von Diskursen zu ganzheitlichen Ansätzen für urbane Fragen gespielt und dabei insbesondere Maßnahmen in benachteiligten Stadtquartieren zur Stärkung sozialer Kohäsion befürwortet. In der Praxis zeigt sich jedoch, dass sich die Umsetzung ganzheitlicher Strategien als schwierig erweist. Die Governance einer vielfältigen städtischen Bevölkerung – ein Schlüsselthema, das weit oben auf der politischen Agenda steht – ist exemplarisch für diese Herausforderungen.

Forschungsarbeiten zeigen, dass Maßnahmen, die sich an vielfältige Stadtbevölkerungen richten, häufig kleinteilig sind, Zielsetzungen der Sozial- und Raumpolitik oft unvereinbar miteinander sind und kleinteilige Maßnahmen wenig Bezug zu übergeordneten Zielen zeigen. Diese Spaltung wird besonders in der Raumplanung sichtbar, einem Feld, das üblicherweise den Ruf genießt, politische Maßnahmen zusammenzuführen. Raumplanungspolitik beschäftigt sich eher marginal mit Diversität, überlässt Fragen bezüglich der gesellschaftlichen Vielfalt hauptsächlich dem Kompetenzbereich der Sozialpolitik oder beschränkt sich darauf, die Bereitstellung von Wohnungen für bestimmte Zielgruppen zu sichern. Das Fehlen eines integrierten Ansatzes kann negative Folgen haben, insbesondere für die marginalisiertesten Gruppen in der urbanen Gesellschaft.

Integrated urban development has become a grand narrative that is discursively shaping various policy interventions targeting densely populated areas. In the European policy arena, the Leipzig Charter on Sustainable European Cities (2007) played a crucial role in dispersing discourses on holistic approaches to urban issues, particularly advocating area-based interventions in deprived neighbourhoods to foster social cohesion. In practice, however, comprehensive strategies prove rather challenging to implement. Governing diverse urban populations – a key issue of concern high on political and policy agendas – is exemplary of these challenges. Research shows that diverse populations tend to be targeted in a compartmentalised manner, how social and spatial policy objectives are often incongruent and fragmented efforts are disconnected from overarching visions. This fragmentation is particularly visible in spatial planning, despite the field's reputation to enhance policy integration. Spatial planning's engagement with diversity is scarce, leaves diversity-related questions mainly within social policy or is reduced to the function of providing housing to specific target groups. The resulting lack of comprehensive approaches can have detrimental consequences, particularly for the most vulnerable in urban society. As context-dependent factors prohibit the translation of research findings into blueprint policy recommendations, I propose four interlinked questions to critically assess local interventions in a variety of contexts. Aiming to provide feedback on how comprehensiveness in fragmentation can be operationalised in cities, answers to these questions can aid the development of comprehensive tailor-made approaches not only in governing urban diversity, but also by putting it into a wider spatial planning framework.

Da kontextabhängige Faktoren die Übertragung von Forschungsergebnissen auf politische Empfehlungen verhindern, schlage ich vier miteinander verbundene Fragen vor, um lokale Maßnahmen in verschiedenen Kontexten kritisch zu bewerten. Das Ziel besteht darin, einen integrierten Ansatz im fragmentierten politischen Raum von Städten umzusetzen. Lösungen für die genannten Probleme zu finden kann die Entwicklung integrierter, maßgeschneiderter Konzepte für mehr Vielfalt in Städten vorantreiben, während diese Governance-Ansätze gleichzeitig in einen bereiteren Raumplanungskontext übersetzt werden.

Abb. 1: Malerei im Jugendzentrum, „The Spot", Toronto (Quelle: Tuna Tasan-Kok)
Fig. 1: Painting in Youth Centre, "The Spot", Toronto (Source: Tuna Tasan-Kok)

Wie und warum werden Zielgruppen bestimmt?

Who is targeted and why?

Eines der Probleme der aktuellen Politik liegt in der Betrachtung von Diversität als isoliertem sozialpolitischen Thema. Vielfalt wird meist mit migrationsbasierten Problemen in Verbindung gebracht, insbesondere hinsichtlich ethnischer Herkunft und Kultur. Die zugrundeliegende Prämisse ist häufig, dass diese Faktoren weitgehend unveränderliche Eigenschaften sind und die Identität einer Person ausmachen, statt sie als soziales Konstrukt anzuerkennen. Sozialwissenschaftler haben schon seit langem die Oberflächlichkeit von Identitätskategorien und ihre Unfähigkeit, die komplexen, vielschichtigen und äußerst unterschiedlichen gesellschaftlichen Realitäten von Einzelpersonen und Gruppen zu erfassen, erkannt (Tasan-Kok et al., 2014; Anthias, 2008; Vertovec, 2007).

One of the problems with contemporary policy approaches is the treatment of diversity as an isolated social policy subject. Diversity is most commonly associated with migration-based problems, particularly in terms of ethnicity and culture. Frequently, the underlying premise is that these factors constitute rather fixed attributes and are hence revealing of a person's identity, instead of recognising them as social constructs. Social scientists have long uncovered the shallowness of broad identity categories and their impossibility to capture the complex, multi-layered and highly differentiated social realities of individuals and groups (Tasan-Kok et al., 2014; Anthias, 2008; Vertovec, 2007). In efforts targeting diverse urban populations, however, it is still often reverted to rather rigid target groups based on a single ascribed identity factor,

Bei Maßnahmen, die die vielfältige Stadtbevölkerung in den Fokus nehmen, wird jedoch nach wie vor oft auf eher starre Zielgruppen, basierend auf einem einzigen zugeschriebenen Faktor – sei es Nationalität, ethnische Herkunft oder Einkommen –, zurückgegriffen (Tasan-Kok et al., 2014). Die Wirksamkeit dieser Maßnahmen wird dadurch untergraben, dass außer Acht gelassen wird, dass identitätsbildende Faktoren veränderlich sind, dass immer mehrere Faktoren gleichzeitig vorliegen und dass diese den Lebensweg einer Person beeinflussen. Dadurch können Stereotypen und Vorurteile gestärkt und Spaltungen in der Gesellschaft durch „'Wir' gegen 'sie'"-Diskurse vertieft werden (ebd.). Diese identitätsbasierten politischen Maßnahmen passen nicht zu den realen Herausforderungen, denen viele Stadtbewohner gegenüberstehen. Körperliche Beeinträchtigungen, Einkommen, Wohnlage und der damit verbundene Zugang zu Bildung und Gesundheitsversorgung, Geschlecht, Alter oder sexuelle Orientierung sind Beispiele für Faktoren, die sich nachteilig auf die Lebenssituation einer Person auswirken können und die Komplexität individueller Bedürfnisse aufzeigen. Maßnahmen und Richtlinien (policies), die auf ethnischen Zuschreibungen basieren, könnten zum Beispiel eine spezifische ethnische Gruppe mit einem geringen Bildungsniveau in Verbindung bringen. Die ethnische Herkunft selbst als Ursache hierfür zu betrachten lässt jedoch die große Bandbreite an Faktoren außer Acht, die zu einem niedrigen Bildungsstand führen können. Damit verbundene Maßnahmen könnten dann auf Personen ausgerichtet sein, die denselben ethnischen Hintergrund haben, obwohl sie keine Bildungsförderung benötigen, und dabei gleichzeitig andere ausschließen, die tatsächlich von zusätzlichen Bildungsangeboten profitieren würden, aber nicht zur selben Ethnie gehören. Das Beispiel zeigt die wesentlichen Unterschiede zwischen identitätsbasierten und bedürfnisbasierten politischen Maßnahmen. Die Ausrichtung der politischen Maßnahmen ist wichtig, und es ist von größter Bedeutung, kritisch zu hinterfragen, wer dabei als Zielgruppe identifiziert wird und warum.

Die Situation wird durch politische Diskurse und Strömungen erschwert, die migrationsbasierte Diversität problematisieren und sich von eher positiven Vorstellungen eines friedlichen Zusammenlebens trotz aller Unterschiede hin zu mehr restriktiven politischen Maßnahmen und Diskursen über Integration und Assimilierung bewegen (Tasan-Kok et al., 2014). Bekannte Beispiele sind Angela Merkel und David Cameron, die jeweils Kritik am staatlichen Multikulturalismus in Deutschland im Jahre 2010 und im Vereinigten Königreich im Jahre 2011 übten (ebd.). Forschungsarbeiten in 14 Städten (Antwerpen, Athen, Budapest, Kopenhagen, Leipzig, London, Mailand,

be it nationality, ethnicity, or income (Tasan-Kok et al., 2014). Disregarding the changeability and simultaneous coexistence of multiple factors determining a person's identity as well as life chances causes interventions to be ineffective and can contribute to fuelling stereotypes and prejudices, as well as increasing rifts in society by encouraging "us" versus "them" discourses (ibid). These forms of identity-based policies do not match with the real challenges many urban residents face as they are focused on stereotypical, delimited problem definitions. Disability, income, living location and connected access to education and health care, gender, age or sexual orientation may be exemplary factors that combined lead to an individual's disadvantage in society and result in a specific set of needs to illustrate the complexity at hand on the basis of a single person. However, a policy based on ethnicity might connect a specific ethnic group to low educational attainments. Treating ethnicity per se as the source of it not only disregards the wide range of factors that result in low educational attainment. Connected interventions might target people that share the same ethnic background even though they are not in need of educational support, while simultaneously excluding others who would in fact benefit from additional educational support but do not share the same ethnicity. The example illustrates the crucial differences between identity-based and need-based policy intervention. The focus of policies is important, and it is paramount to critically interrogate who is targeted by any interventions and why.

The situation is aggravated by political discourses problematising migration-based diversity and the policy trends of moving from more positive conceptions of peaceful coexistence across differences to more restrictive policies and discourses of integration and assimilation (Tasan-Kok et al., 2014). Well-known examples are Angela Merkel and David Cameron, criticising state multiculturalism in Germany in 2010 and in the UK in 2011 (ibid.). Research into 14 cities (Antwerp, Athens, Budapest, Copenhagen, Leipzig, London, Milan, Paris, Rotterdam, Tallinn, Warsaw; Istanbul, Toronto and Zurich; see Figures 1–3) within the framework of the EU-funded project DIVERCITIES found that city-level policies tend to exhibit more positive and pragmatic stances towards diversity compared to national levels. For instance, they tend to highlight the benefits of diversity for innovation and economic competitiveness (DIVERCITIES Policy Brief, 2014).[1] However, positive discourses do not automatically translate into benefits for the most disadvantaged. Often, the more positive stance towards diversity

---

[1] For detailed city-specific results, see https://www.urbandivercities.eu/publications/

Abb. 2: Aktivitäten in der Nachbarschaft während des BorgerRio Festivals, Antwerpen (Quelle: Arne Saeys)
Fig. 2: Neighbourhood activities during BorgerRio festival, Antwerp (Source: Arne Saeys)

Paris, Rotterdam, Tallinn, Warschau, Istanbul, Toronto und Zürich; siehe Abbildungen 1–3) im Rahmen des EU-geförderten Projekts DIVERCITIES haben gezeigt, dass politische Maßnahmen und Ansätze auf Stadtebene tendenziell positivere und pragmatischere Haltungen zu Diversität aufweisen als jene auf nationaler Ebene. Beispielsweise betonen sie üblicherweise die Vorteile von Vielfalt für Innovation und wirtschaftliche Wettbewerbsfähigkeit (DIVERCITIES Policy Brief, 2014)[1]. Positive Diskurse münden jedoch nicht zwangsläufig in Vorteilen für die am stärksten benachteiligten Gruppen. Oftmals ist die positive Einstellung zu Diversität selektiv und konzentriert sich beispielsweise auf wohlhabende „Expat-Gemeinschaften", während die Migrationshintergründe weniger wohlhabender Gruppen weiterhin problematisiert werden. Zusätzlich dazu ist die Schwerpunktsetzung auf einzelne Identitätsfaktoren immer noch weit verbreitet, wie anhand von in den Fallstudienstädten beliebten Maßnahmen zur sozialen Mischung mit der Ausrichtung auf ethnische Gruppen oder Einkommensschichten gezeigt wurde (ebd.).

remains selective and focuses, for example, on affluent "expat communities", while migration backgrounds of less affluent groups remain to be problematised. Furthermore, the emphasis on single identity factors is still widespread, as illustrated in some social mix policies targeting ethnic or income groups, which were found to be popular among the case study cities (ibid.).

Advocating for a broader, flexible and differentiated understanding of social differences, Tasan-Kok et al. (2014) developed the concept of hyper-diversity. In contrast to earlier concepts, hyper-diversity consciously aims to move beyond the dominant focus on solely targeting migrant groups and instead refers to the "intense diversification of the population not only in socio-economic, social and ethnic terms, but also with respect to lifestyles, attitudes and activities" (ibid: 6). The additional emphasis toward traditional categories of lifestyles, attitudes and activities provides useful avenues to rethink target groups. Social mix policies with the goal to enhance interaction between people, and ultimately strengthen social cohesion in a city, for example, often do not achieve the results hoped for (Graham et al., 2009). Simple tick-box exercises of physically locating people with different ethnic backgrounds or from different income classes next to each other without resident participation,

---

[1] Einzelheiten zu den Ergebnissen für jede Stadt finden Sie unter https://www.urbandivercities.eu/publications/

In Anregung eines umfassenderen, flexiblen und differenzierten Verständnisses gesellschaftlicher Unterschiede entwickelten Tasan-Kok et al. (2014) das Konzept der Hyperdiversität. Im Gegensatz zu älteren Konzepten zielt Hyperdiversität bewusst darauf ab, über den vorherrschenden Schwerpunkt der ausschließlichen Ausrichtung auf Migrantengruppen hinauszugehen, und bezieht sich stattdessen auf die „intensive Diversifizierung der Bevölkerung nicht nur in sozioökonomischer, sozialer und ethnischer Hinsicht, sondern auch in Bezug auf Lebensstile, Einstellungen und Handlungen" (ebd., 6). Die zusätzliche Schwerpunktsetzung auf die Kategorien Lebensstile, Einstellungen und Handlungen ist eine hilfreiche Vorgehensweise, um Zielgruppenansätze zu überdenken. Politische Maßnahmen zur Förderung sozialer Mischung haben das Ziel, durch mehr Interaktion zwischen Menschen die soziale Kohäsion in Städten zu stärken, erzielen jedoch häufig nicht die erhofften Resultate (Graham et al., 2009). Einfach umzusetzende Maßnahmen wie die physische Ansiedlung von Personen unterschiedlicher ethnischer Herkunft oder aus unterschiedlichen Einkommensschichten in derselben Nachbarschaft ohne Beteiligung der AnwohnerInnen, Investitionen in bauliche und soziale Umfelder und „soft actions", bei denen die Menschen durch gemeinsame Aktivitäten in Kontakt miteinander gebracht werden, erwiesen sich als erfolglos (DIVERCITIES Policy Brief, 2015). Hyperdiversität postuliert daher, dass EntscheidungsträgerInnen sich auf tatsächliche Bedürfnisse anstelle von identitätsbasierten Zuschreibungen fokussieren sollten.

Auch die Anerkennung von Benachteiligung ist wichtig, führt jedoch nicht zu echten politischen Lösungen, wenn daraufhin Ansätze verfolgt werden, die auf stereotypen Identitäten basieren. Das bedeutet nicht, dass Identitätsfaktoren niemals eine Rolle spielen sollten, insbesondere im Zusammenhang mit Diskriminierung und anderen strukturellen Benachteiligungen. Dennoch sollte der Fokus auf unüberbrückbare Differenzen nicht automatisch die Grundlage für politische Maßnahmen darstellen. Wenn das Ziel darin besteht, die soziale Kohäsion zu fördern, sollte der Fokus vielmehr auf Gemeinsamkeiten liegen, anstatt bestimmte Gruppen anhand homogenisierender Annahmen gesondert anzusprechen. Die Bestimmung von Zielgruppen ist ein mit Macht durchdrungener Prozess, und Gruppenidentifizierungen sollten nicht als affirmativ, sondern als relational verstanden werden (Fincher & Iveson, 2008). In bestimmten Fällen identifizieren sich Personen als Gruppe in Beziehung zu anderen Gruppen. Hierbei handelt es sich jedoch um einen politischen Akt und nicht um eine Konsequenz unveränderlicher, fester Eigenschaften (ebd.). Hierbei sollte es selbstverständlich sein, Abstand von paternalistischer

investments in both built and social environments and "soft actions" bringing people together through shared activities prove unsuccessful (DIVERCITIES Policy Brief, 2015). Hyperdiversity posits that policymakers should focus on actual needs and not on assumed identities.

The recognition of disadvantages is important but does not lead to real policy solutions when it is followed up with approaches surrounding stereotyped identities. It does not mean that identity factors should never play a role, especially when connected to discrimination and other structural disadvantages. Yet, a focus on insurmountable differences should not automatically build the foundation of policy interventions. Instead, if the aim is to increase social cohesion, the focus should lie on commonalities instead of singling out specific groups based on homogenising and often harmful assumptions. Defining target groups is a process imbued with power, and group identifications should not be understood as affirmative but as relational (Fincher & Iveson, 2008). In certain instances, people are identifying as a group in relation to others, representing a political act and not because of fixed, pre-existing attributes (ibid). Needless to say, it is necessary to refrain from paternalistic discourses such as talking about "those people", "simple people" or trying to make someone "normal". The holistic view of hyperdiversity posits that each situation requires a careful examination of the factors that play a role in a specific context, carefully establishing target groups by questioning underlying assumptions and hence places utmost importance on evidence-based policymaking.

Kommunikation zu nehmen, etwa davon, über „diese Menschen" oder „einfache Menschen" zu sprechen oder zu versuchen, jemanden als „normal" darzustellen. Der ganzheitliche Ansatz der Hyperdiversität postuliert, dass jede Situation eine sorgfältige Untersuchung aller Faktoren erfordert, die in einem spezifischen Kontext eine Rolle spielen. Dabei müssen zugrunde liegende Annahmen genau hinterfragt werden, um Zielgruppen zu bestimmen. Dieser Ansatz legt daher größtes Augenmerk auf die evidenzbasierte Entscheidungsfindung.

Wird das richtige „Problem" in Angriff genommen?

Eine kritische Betrachtung der Zielgruppen stellt gleichzeitig infrage, ob Maßnahmen sich wirklich gegen die Grundursache des vorliegenden Problems richten. Die genaue Eingrenzung des Problems ist ein grundlegender Schritt in der Politikgestaltung, und zu oft werden Probleme in einzelne Teile aufgespaltet und isoliert betrachtet. WissenschaftlerInnen haben auf eine Verlagerung hin zur Förderung von mehr Eigenverantwortung verwiesen, die in Verknüpfung mit neoliberalen Handlungsweisen dazu führt, dass Politik und Verwaltung zunehmend unterstützende statt ermächtigende Rollen einnehmen und Einzelpersonen als verantwortlich für ihr eigenes Wohlergehen sehen (Larner, 2000; Raco, 2009). Unter verschiedenen politischen Rahmenbedingungen in die Praxis umgesetzt spiegeln sich diese Agenden in Integrationsmaßnahmen wider, die die Hauptlast der Integration zunehmend auf den Schultern der MigrantInnen selbst ablegen. In den Niederlanden beispielsweise hat die hoch politisierte Integrationspolitik eine der im internationalen Vergleich stärksten Wendungen seit 2010 genommen. Von politischer Seite wird dort nun verlangt, dass erwachsene MigrantInnen ohne die Hilfe kostenloser Sprachkurse Niederländisch lernen; stattdessen wurde ein Kreditsystem für Personen eingerichtet, die nicht über die finanziellen Mittel verfügen, ihre Unterrichtsstunden sofort zu bezahlen (Netherlands I MIPEX, 2015). Von der früheren Vorstellung des Staates als versorgender Wohlfahrtstaat abrückend hat die DIVERCITIES-Studie ebenfalls gezeigt, dass es eine weit verbreitete Zurückhaltung im Rahmen politischer Maßnahmen gibt, strukturelle Gründe für die wachsende Ungleichheit anzuerkennen (DIVERCITIES Policy Brief, 2014). Der Fokus liegt auf der Förderung des Sozialkapitals von Einzelpersonen

Is the right "problem" being tackled?

A critical reflection on target groups simultaneously calls into question whether interventions are addressing the root causes of the problem at hand. Pinpointing the problem is an essential step in policymaking, and too often, problems are compartmentalised and isolated. Scholars have pointed out the spread and shift towards agendas of self-responsibilisation, which, when linked to neoliberal ideologies, perceive public sectors to have a predominantly enabling, not providing role, and individuals as being responsible for their own well-being (Larner, 2000; Raco, 2009). Put into practice in a variety of policy contexts, these agendas are reflected in integration policies, which increasingly place the main burden to integrate on migrants themselves. In the Netherlands, for instance, the highly politicised integration policy took one of the strongest turns since 2010 in international comparison, and now demands that adult immigrants learn Dutch without support in the form of free language courses, instead installing a loan system for those without the financial means to immediately finance their lessons ("Netherlands I MIPEX", 2015). Moving away from earlier conceptions of the state's role as welfare provider, DIVERCITIES research also found widespread hesitation in policies to recognise structural explanations for growing inequalities (DIVERCITIES Policy Brief, 2014). The focus lies on enhancing the social capital of individuals and shifting responsibility to local communities. However, the reliance on local initiatives is often not backed up financially, as it is for example the case in London and Rotterdam (ibid.), and individual self-improvement is not sufficient to tackle problems that result from systematic disinvestments in social programming or inter-territorial disparities affecting local service provisions.

Abb. 3: Leonardo Gemeinschaftsgarten, Budapest (Quelle: Lajos Boros)
Fig. 3: Leonardo Community Garden, Budapest (Source: Lajos Boros)

und der Verschiebung der Verantwortung auf die Gemeinwesen vor Ort. Die lokalen Initiativen, auf die sich der Staat dabei stützt, werden jedoch in vielen Fällen nicht finanziell unterstützt, beispielsweise in London und Rotterdam (ebd.). Die Weiterbildung des oder der Einzelnen reicht dabei nicht aus, um die Probleme zu bewältigen, die durch den systematischen Rückgang von Investitionen in Sozialprogramme oder durch gebietsübergreifende Ungleichheiten, die die Bereitstellung von Dienstleistungen auf lokaler Ebene beeinträchtigen, entstehen.

KritikerInnen warnen davor, dass die Beliebtheit der Diskurse und Politikansätze rund um das Thema Diversität den Begriff in ein „ideologisches Franchise" verwandelt (Titley & Lentin, 2008). Dies bedeutet, dass Diversität zu einem neuen Prinzip wird, das breite Unterstützung erfährt, sich aber eigentlich in die Liste jener Schlagwörter wie Nachhaltigkeit einreiht, denen es an Substanz und echter politischer Verpflichtung mangelt. Michaels (2008) geht sogar noch weiter und argumentiert, dass die Auseinandersetzung mit Diversität im Sinne der Identität von Personen in der Politik und im öffentlichen Diskurs dem Zweck dient, die Aufmerksamkeit vom echten Problem, nämlich der Vergrößerung der Kluft zwischen Arm und Reich durch wirtschaftliche Polarisierung, abzulenken. Tatsächlich sind die meisten Nachbarschaften im europäischen Kontext, die durch einen hohen Migrantenanteil

Critics warn that the popularity of discourses and policy approaches surrounding diversity in this respect turns the term into an "ideological franchise" (Titley & Lentin, 2008), meaning that diversity becomes a new principle that is widely committed to, but in fact joins the ranks of catchwords such as sustainability, that are lacking in substance and real political obligations. Michaels (2008) goes even further and argues that the preoccupation with diversity in terms of people's identity in policies and public discourse serves the purpose of diverting attention away from the real problem, namely economic polarisation increasing the gap between rich and poor. Indeed, most neighbourhoods in the European context that are characterised by high percentages of immigrants or relative deprivation are actually very mixed in terms of people's origins (Musterd, 2005). Furthermore, studies have shown that inhabitants of these places tend to exhibit stronger neighbourhood attachment and forms of solidarity than those living in more homogenous and affluent areas (Oosterlynck et al., 2017). Nonetheless, most social mix policies concentrate on dispersing immigrants and poor communities in the name of cohesion and diversity, while leaving the "rich" ones untouched (Blanc, 2010). Targeted, area-based interventions are not wrong per se, especially when it comes to social and physical investments, improving transport connections or the quality of schools to tackle disadvantage. However, altering the housing stock by reducing social housing and attracting the middle-classes

oder relative Benachteiligung geprägt sind, hinsichtlich der Herkunft der Personen stark durchmischt (Musterd, 2005). Studien haben außerdem gezeigt, dass die BewohnerInnen dieser Viertel sich ihrer Nachbarschaft im Allgemeinen stärker verbunden fühlen und mehr Solidarität zeigen als Personen, die in homogeneren und wohlhabenderen Stadtvierteln wohnen (Oosterlynck et al., 2017). Dennoch konzentrieren sich die meisten politischen Maßnahmen für soziale Mischung auf die Verteilung von MigrantInnen und armen Gruppen im Namen der Kohäsion und Diversität, während die „Reichen" davon nicht betroffen sind (Blanc, 2010). Zielgerichtete, gebietsbasierte Maßnahmen sind nicht per se falsch, insbesondere wenn es sich um gesellschaftliche und physische Investitionen handelt, die die Verkehrsanbindung oder die Qualität von Schulen verbessern, um Benachteiligungen abzubauen. Veränderungen im Wohnungsbestand durch die Reduzierung von Sozialwohnungen und das Anlocken der Mittelschicht ohne bewusste Strategien gegen die Verdrängung der dort bereits angesiedelten AnwohnerInnen lässt jedoch die Frage aufkommen, wer langfristig von diesen Strategien profitieren wird.

Die Gefahr, die von Agenden ausgeht, die Eigenverantwortung postulieren, liegt in der Bevorzugung „kreativer" und „unternehmerischer" BürgerInnen, während die am stärksten Benachteiligten ihre Probleme ohne die notwendigen Ressourcen und Mittel selbst lösen müssen (DIVERCITIES Policy Brief, 2014). Beispielsweise werden Viertel mit einem hohen Anteil an Personen mit Migrationshintergrund oft als problematisch betrachtet, aber die Diskriminierung auf dem allgemeinen Wohnungsmarkt, die zu dieser Konzentration beiträgt, wird außer Acht gelassen oder als Gefühl abgetan und nicht als reales Problem erkannt. Die Auswahl einzelner Personen und Gruppen für zielgruppenspezifische Maßnahmen ist risikobehaftet, doch genauso verhält es sich, wenn alle Personen so behandelt werden, als hätten sie im Leben dieselben Ausgangspositionen. Angesichts der Komplexität müssen EntscheidungsträgerInnen jede Situation kritisch bewerten, um die tieferliegenden Gründe des vorliegenden Problems genau analysieren zu können. Dies kann zuweilen die vorherrschende politische Richtung und die politischen Diskurse herausfordern. Positive Ansätze zur Diversität sind begrüßenswert und bieten Vorteile, wenn Vielfalt nicht zu einem Gut wird, von dem nur ein kleiner Teil der Bevölkerung profitiert. Die Interaktion mit Menschen und lokalen Organisationen, die direkt durch eine Maßnahme betroffen sind, ist dahingehend eine gute Möglichkeit. Die DIVERCITIES-Studie hat gezeigt, dass AnwohnerInnen sich hauptsächlich um materielle Bedingungen in ihrer Nachbarschaft Sorgen machen und dass

without conscious anti-displacement policies for existing residents calls into question who benefits in the long-term.

The danger of self-responsibilisation agendas lies in favouring "creative" and "entrepreneurial" citizens while giving the most vulnerable the tasks to deal with their own problems without the necessary resources and means to do so (DIVERCITIES Policy Brief, 2014). For example, areas with a high concentration of people with a migration background are often considered problematic, but the discrimination in the wider housing market that contributes to the concentration is left aside or discredited as a feeling rather than as reality. Singling out individuals and groups for targeted interventions is risky but treating everyone as if they have the same starting position in life is as well. Realising the complexity, policymakers need to engage in the critical evaluation of each situation to scrutinise the root causes of the problem to be addressed, which at times may challenge dominant policy directions and discourses. Positive approaches to diversity are welcome and beneficial if diversity does not turn into a commodity benefitting only a small segment of society. Engaging with people and local organisations directly affected by any intervention provides a useful avenue in this respect. DIVERCITIES research found that residents are mainly concerned with their area's material conditions, housing affordability and unemployment having a strong influence on their perceptions of diversity (Raco, 2018). To counter tensions, diversity thinking should be a cross-cutting issue in policies affecting both social and spatial environments.

die Erschwinglichkeit von Wohnraum sowie Arbeitslosigkeit ihre Wahrnehmung von Diversität stark beeinflussen (Raco, 2018). Um Spannungen entgegenzuwirken, sollten die Überlegungen zur Diversität als politisches Querschnittsthema mit Bezug zum sozialen Umfeld sowie zur räumlichen Umgebung behandelt werden.

Gibt es Synergien zwischen den Zielen der Sozial- und Raumplanungspolitik, die über den Diskurs hinausgehen?

Is there a synergy of social and spatial policy objectives beyond discursive commitment?

Die Schaffung von Synergien zwischen verschiedenen politischen Ansätzen ist zu einer weitverbreiteten Zielvorgabe in vielen administrativen Kontexten geworden, und das Prinzip der integrierten Entwicklung liegt auch der Leipzig Charta zugrunde. Von einem theoretischen Standpunkt aus betrachtet betonen WissenschaftlerInnen, die sich mit Raumplanungsgerechtigkeit beschäftigen, die Bedeutung der Zusammenführung politischer Maßnahmen, die auf die Veränderung der bebauten Umwelt zielen, mit solchen, die versuchen, gesellschaftliche Prozesse zu verändern, um beispielsweise Personen mit Organisationen, Dienstleistungen und Arbeitschancen zu verbinden (Harvey, 2010). In vielen Fällen gilt Raumplanung als der Bereich, in dem unterschiedliche politische Zielvorgaben harmonisiert werden können (Stead & Meijers, 2009). Internationale Dynamiken und Arbeitsteilung in lokalen Verwaltungen sowie die wachsende Zahl nichtstaatlicher AkteurInnen, die in die Stadtentwicklung und Raumplanungsentscheidungen eingebunden sind, behindern integrierte Ansätze in der Praxis. Bei Privatisierungsvorhaben und eigentumsgetriebenen städtischen Entwicklungsstrategien besteht die Gefahr, dass Gebieten keine Priorität eingeräumt wird, wenn deren Lage nicht von erheblichem Interesse für den Privatsektor ist. Infolgedessen wird in diesen Gebieten nicht in die Sanierung investiert und in anderen, die strategisch vorteilhaft gelegen sind, werden soziale Maßnahmen unzureichend berücksichtigt.

Die Leipzig Charta (2007) steht für die Idee einer integrierten Stadtentwicklung, die auf einem Konsens zwischen verschiedenen Regierungsebenen, BürgerInnen und WirtschaftsvertreterInnen basiert. Sie betont den Wert und

Creating synergy between different policies has become a widespread target in many administrative settings, and the principle of policy integration also lies at the heart of the Leipzig Charter. From a theoretical angle, spatial justice scholars highlight the importance of reconciliating policies affecting the urban built environment with those trying to alter social processes, for instance to create encounters between people or to link people with organisations, services and employment opportunities (Harvey, 2010). In many cases, spatial planning is considered as the field in which different policy objectives can be harmonised (Stead & Meijers, 2009). However, internal dynamics and division of tasks in local administrations as well as the growing number of non-state actors involved in urban development and spatial decision-making are obstacles for implementing the principle of policy integration in practice. Privatisation and property-driven urban development strategies run the risk of deprioritising areas if they are not situated in advantageous locations to attract considerable private sector interest to invest in redevelopment, or to redevelop areas without sufficient social considerations if they are located strategically.

The Leipzig Charter (2007) is putting forward a notion of integrated urban development that is based on a consensus between different levels of government, citizens and economic actors. It places emphasis on the value and necessity of coordinating public and private funds as well as leveraging private capital to finance redevelopment. However, in the DIVERCITIES case study cities, policy ambitions were often contradicted by actual urban development practices, with spatial restructuring focussing on higher-income housing and contributing to processes of gentrification (DIVERCITIES

die Notwendigkeit der Koordinierung öffentlicher und privater Gelder und der Mobilisierung von Privatkapital für die Finanzierung der Stadterneuerung. In den Städten der DIVERCITIES-Fallstudie standen tatsächliche Stadtentwicklungsmaßnahmen jedoch oft im Widerspruch zu den politischen Zielen, da sich die räumlichen Umstrukturierungsmaßnahmen auf Wohnungen mit höheren Erträgen konzentrierten und zum Gentrifizierungsprozess beitrugen (DIVERCITIES Policy Brief, 2015). WissenschaftlerInnen weisen darauf hin, dass Raumpolitik zunehmend durch die Interessen der Privatwirtschaft beeinflusst wird und diesen in der Vergangenheit Rechnung getragen hat (Hall & Hubbard, 1996). Diese Art von Governance ist jedoch im Allgemeinen durch ungleiche Machtbeziehungen zwischen den verschiedenen beteiligten AkteurInnen gekennzeichnet. Infolgedessen werden Planungsstrategien mit sozialen Zielsetzungen häufig aus den politischen Prozessen ausgeschlossen, während Maßnahmen, die zum Wirtschaftswachstum beitragen, gefördert werden (Tasan-Kok & Baeten, 2011). Letztere gefährden die sozialen Ziele der Raumplanung, die ehemals die Grundlage für dieses Fachgebiet bildeten, und verschieben die Aufmerksamkeit von umfassenden Strategien hin zu Projekten. Obwohl die öffentliche Hand zunehmend Verantwortung auf die Zivilgesellschaft überträgt, ist der Einfluss, den die AnwohnerInnen auf die undurchsichtigen Vereinbarungen zwischen der Privatwirtschaft und dem öffentlichen Sektor haben, oftmals limitiert. Daraus ergibt sich eine wachsende Kluft zwischen Sozial- und Raumplanungspolitik, wobei letztere insbesondere den Interessen der BauträgerInnen und der Immobilienwirtschaft gerecht wird.

Aufgrund rückläufiger öffentlicher Mittel sind Bauvorhaben in Kooperation mit Marktteilnehmern oft unvermeidbar. EntscheidungsträgerInnen müssen jedoch neue Erkenntnisse und Werkzeuge erlangen, um den Prozess besser regulieren und steuern zu können. Sie müssen neue Instrumente entwickeln – hierbei kann es sich um Techniken für die Sammlung und Auswertung von Daten, um Verfahrensregelungen für die Förderung ressortübergreifender Zusammenarbeit innerhalb des öffentlichen Sektors, um gesetzliche Anforderungen an MarktteilnehmerInnen oder um Vorgehensweisen für den Einbezug von InteressenvertreterInnen handeln –, um bewusst Zielsetzungen der Sozial- und Raumpolitik im Rahmen bestehender Machtverhältnisse miteinander zu verbinden. Dabei sollte das Potenzial von Gebieten und Personen, die als „problematisch" bezeichnet werden, nicht unterschätzt werden. Sie können etablierte Bottom-up-Dynamiken, informelle Hilfsnetzwerke und AnwohnerInnen mit großem unternehmerischen Potenzial beitragen (Tasan-Kok & Özogul, 2017). Gemeinschaftsbasierte Akti-

Policy Brief, 2015). Academics point out that spatial policy is increasingly shaped by, and used to accommodate, private sector interests (Hall & Hubbard, 1996). This form of governance, however, tends to be characterised by unequal power relationships between the different actors. Consequently, planning frameworks with social objectives are often disenfranchised while frameworks that encourage economic growth are supported (Tasan-Kok & Baeten, 2011). The latter undermine the social objectives of spatial planning that were once laying the foundation for the disciplines and shift the attention away from comprehensive strategies to projects. Even though public sectors increasingly transfer responsibilities to civil society as well, the role and influence of residents in opaque arrangements between public and private sectors is often limited. The result is a growing rift between social and spatial interventions, with the latter catering particularly to the interests of the property development industry.

Due to shrinking public funds, physical restructuring in partnership with market parties may be inevitable. However, policymakers need to acquire new knowledge and tools to regulate and steer the process. They need to develop new instruments – which can range from techniques for collecting and analysing data, procedural arrangements enhancing inter-departmental collaboration within the public sector, legal requirements imposed on market parties – or methodologies for stakeholder engagement – to consciously link social and spatial objectives navigating the power dynamics at play. Thereby, the potential of areas and people designated as "problematic" should not be undervalued. They can provide well-established bottom-up dynamics, informal networks of support and residents with strong entrepreneurial drives (Tasan-Kok & Özogul, 2017). Community-based activities and bottom-up projects can be effective tools for policymakers, as they are directly linked to the neighbourhood and have a thorough understanding of people's needs if they are given the financial and physical means to function to their full potential (Tasan-Kok et al., 2017). Similarly, and despite their economic and social functions, commercial activities such as entrepreneurship and retail have long been overlooked, and explicit commercial objectives beneficial to the local population tend to lack, particularly in planning interventions targeting socio-economically weaker areas (Rankin & McLean, 2015). Sometimes, it is a matter of small changes to the built environment, rezoning areas into mixed-use to allow commercial functions or rent caps that can considerably improve the conditions for residents, bottom-up community groups or local entrepreneurs. Yet, if spatial interventions are primarily steered by private sector interests, there is a risk of creating unequal conditions in different areas by either enabling or hindering community and commercial activities (Özogul & Tasan-Kok, 2018).

vitäten und Bottom-up-Projekte können wirksame Werkzeuge für Entscheidungsträger sein, da sie einen direkten Bezug zur Nachbarschaft haben und die Bedürfnisse der Menschen genau verstehen, wenn sie die finanziellen und physischen Mittel erhalten, um ihr volles Potenzial ausschöpfen zu können (Tasan-Kok et al., 2017). Gleichermaßen – und trotz ihrer wirtschaftlichen und gesellschaftlichen Funktionen – sind unternehmerische Tätigkeiten und der Einzelhandel lange übersehen worden, und es fehlt an eindeutigen Wirtschaftszielen, die der lokalen Bevölkerung dienlich sind, insbesondere bei Planungsvorhaben, die auf sozioökonomisch schwächere Stadtteile abzielen (Rankin & McLean, 2015). Manchmal geht es um kleine Änderungen in einer bebauten Umgebung, um die Umwidmung in Mischgebiete, die gewerbliche Tätigkeiten ermöglichen soll, oder um Mietpreisobergrenzen, die die Bedingungen für Anwohnerinnen und Anwohner, Bottom-up-Nachbarschaftsgruppen oder lokale Unternehmen erheblich verbessern. Wenn raumpolitische Maßnahmen jedoch in erster Linie durch privatwirtschaftliche Interessen gelenkt werden, besteht das Risiko, ungleiche Bedingungen in unterschiedlichen Vierteln zu schaffen, indem Gemeinschafts- und wirtschaftliche Aktivitäten entweder ermöglicht oder behindert werden (Özogul & Tasan-Kok, 2018).

Können kleinteilige sozialpolitische Strategien in einer umfassenden Raumvision verankert werden?

Can fragmented social efforts be embedded in a comprehensive spatial vision?

Das Ungleichgewicht zwischen verschiedenen Stadtteilen innerhalb der Grenzen einer Stadt oder Metropolregion stellt infrage, ob die Wahl der Anwendung eines gebietsbasierten Ansatzes immer die beste ist. Die Berücksichtigung privatwirtschaftlicher Interessen an der städtischen Entwicklung mündet in projektorientierten Ansätzen und oft groß angelegten, unsystematisch durchgeführten Stadterneuerungsprojekten. Zur selben Zeit werden gebietsbasierte sozialpolitische Maßnahmen, Bürgerinitiativen und Placemaking-Konzepte, die sich an den Bedürfnissen der Bevölkerung vor Ort ausrichten, zunehmend gefördert und umgesetzt. Für die Raumplanung zuständige Abteilungen in den lokalen Verwaltungsbehörden haben sowohl mit sozialen Themen als auch mit Immobilienentwicklung zu tun, aber scheitern oft daran, die

The discrepancy between different places within the boundaries of a city or metropolitan region calls into question whether the choice to adopt area-based approaches is always the best one. The accommodation of private sector interests in urban development results in project-oriented approaches and often large-scale redevelopment projects that occur in an unsystematic manner. Simultaneously, area-based social interventions, citizen initiatives and place-making approaches that centre around the needs of local populations are increasingly promoted and adopted. Planning departments in local administrations deal with both social initiatives and property development but often fail to link the fragmented efforts to broader socio-spatial policy objectives. The micro-scale focus of social interventions proves beneficial to respond to context-specific needs

jeweiligen Maßnahmen mit breiter angelegten sozialräumlichen politischen Zie vorhaben zu verbinden. Der Fokus auf kleinteilige soziale Maßnahmen hat sich in vielen Fällen als nützlich erwiesen, da so auf kontextspezifische Bedürfnisse und lokale Herausforderungen eingegangen werden kann. Gleichzeitig kann er dazu beitragen, abträgliche zielgruppenspezifische Ansätze zu vermeiden und stattdessen integrierte Ansätze zu fördern.

Dennoch reicht es nicht aus, sich ausschließlich auf gute Nischenprojekte zu konzentrieren, ohne sie in Bezug zur übergeordneten Vision zu setzen (Palermo & Ponzini, 2014). Selbst theoretische sozialwissenschaftliche Forschung, insbesondere auf dem Gebiet Planungs- und Sozialgeografie, trägt nicht wirksam dazu bei, gebietsbasiert (auf die Mikro-Ebene) zugeschnittene Ansätze in umfassendere politische Ergebnisse zu übersetzen, da sie häufig kleinteilige Maßnahmen analysiert, ohne sie in den größeren Kontext einzubinden. Die aktuelle Placemaking-Entwicklung schafft es zum Beispiel nicht, ihrem proklamierten Potenzial gerecht zu werden, Gleichstellung und Gerechtigkeit durch die Verknüpfung sozialer und physischer Maßnahmen in abgegrenzten Gebieten zu verbessern (Fincher et al., 2016).

Wie das Leitbild der sozialen Mischung beispielhaft zeigt, ist die Verknüpfung gebietsbasierter Strategien mit einer umfassenden Raumplanungsvision von fundamentaler Bedeutung. Es ist zu einer beliebten Zielsetzung geworden, die soziale Kohäsion mittels Schaffung sozioökonomisch gemischter Nachbarschaften durch die Diversifizierung des Wohnungsbestandes in einem benachteiligten Gebiet zu verbessern. Die Leipzig Charta (2007) unterstützt, dass besonderes Augenmerk auf benachteiligte Nachbarschaften im Kontext der Stadt als Ganzes gelegt wird, aber in der Praxis wird diese Einbindung eher vernachlässigt. Strategien werden oft als erfolgreich dargestellt, wenn der Anteil der in Armut lebenden Personen in einem bestimmten Gebiet sinkt. Wie können wir aber von Verbesserungen sprechen, wenn der Anteil dadurch sinkt, dass Studierende, junge Kreative und Mittelschichtfamilien zuziehen? Wenn die Umstrukturierung einen Abbau von Sozialwohnungen beinhaltet, durch den insbesondere sozioökonomisch schwächer gestellte AnwohnerInnen aus ihren Wohnungen und in andere Gebiete verdrängt werden, muss die Frage gestellt werden, wie Ergebnisse oder Erfolg gemessen werden sollten und können. Forschungsergebnisse zeigen, dass in vielen europäischen und nordamerikanischen Städten die räumlichen Trennlinien entlang der Einkommensgrenzen immer deutlicher werden und dass es wachsende Besorgnis über die Suburbanisierung der Armut gibt (Hochstenbach & Musterd,

and local challenges in many cases and can be helpful to circumvent harmful target groups and facilitate policy integration. Nonetheless, it is not sufficient to purely focus on good niche projects without connecting them to an overarching vision (Palermo & Ponzini, 2014). Even theoretical efforts in the social sciences, particularly planning and social geography, do not effectively help to bring area-based (micro) scale approaches to wider policy outcomes, as they often analyse micro-scale interventions without embedding them in their wider context. Hence, there are severe shortcomings in, for example, the current place-making trend to live up to its proclaimed potential of enhancing equality and justice by linking social and physical interventions in delimited areas (Fincher et al., 2016).

The importance of linking area-based efforts to a comprehensive spatial vision is fundamental, as the example of social mix policies shows. It has become a popular target to improve social cohesion by means of creating a socio-economically mixed neighbourhood through the diversification of the housing stock in a deprived area. The Leipzig Charter (2007) promotes that special attention is given to deprived neighbourhoods within the context of the city as a whole, but in practice, this embeddedness tends to be neglected. These interventions are often presented as successful if the percentage of people living in poverty in a specific area is declining. However, can we speak of improvements if the rate is decreasing due to incoming students, young creatives and middle-class families? If the restructuring involves a reduction in social housing, relocation or pushing socio-economically weaker residents to different areas particularly, the question should be raised about how outcomes or "success" should and can be measured. Research shows that in many European and North American cities, spatial divides along income lines are deepening and there are growing concerns about the suburbanisation of poverty (Hochstenbach & Musterd, 2017), highlighting the need for comprehensive city- and region-wide perspectives.

A hyper-diversity perspective encourages researchers and policymakers to critically assess when it is useful to adopt a neighbourhood-based approach and when to adopt a wider frame beyond fixed and bounded neighbourhoods, for instance by targeting the scale of the city, a metropolitan area or region (DIVERCITIES Policy Brief, 2014). Policymakers should make use of the potential of local initiatives and area-based efforts to respond to the dynamic and multifaceted needs of diverse urban populations. The DIVERCITIES project's Handbook for Governing Hyper-diverse Cities (Tasan-Kok et al. 2017) provides a valuable resource in this respect as it contains insights and examples from research into over 140 local initiatives in its 14 case study cities. Nevertheless,

2017). Dies hebt die Notwendigkeit einer umfassenden Betrachtung einer ganzen Stadt oder Region hervor.

Eine Hyperdiversitätsperspektive fordert ForscherInnen und EntscheidungsträgerInnen dazu auf, kritisch zu hinterfragen, wann es sinnvoll ist, einen nachbarschaftsbasierten Ansatz zu wählen, und wann ein breiterer Rahmen gesteckt werden sollte, der über festgelegte und begrenzte Nachbarschaften hinausgeht – beispielsweise indem eine Stadt, ein Ballungsgebiet oder eine Region flächendeckend in den Fokus genommen wird (DIVERCITIES Policy Brief, 2014). EntscheidungsträgerInnen sollten das Potenzial lokaler Initiativen und die gebietsbasierter Ansätze nutzen, um auf die Dynamik und die facettenreichen Bedürfnisse einer vielfältigen Stadtbevölkerung zu reagieren. Das *Handbook for Governing Hyper-diverse Cities* (Tasan-Kok et al. 2017) des DIVERCITIES-Projekts ist hierfür eine wertvolle Ressource, da es Erkenntnisse und Ergebnisse der Untersuchung von mehr als 140 lokalen Initiativen in den 14 Fallstudienstädten enthält. Dennoch müssen EntscheidungsträgerInnen verstehen, wie gebietsbasierte Ansätze durch umfassendere institutionelle und regulatorische Rahmenbedingungen, umfangreichere Governance-Vereinbarungen und die Beteiligung der Privatwirtschaft an städtebaulicher Entwicklung beeinflusst werden, mit ihnen im Wechselspiel stehen und durch sie geprägt werden. Intensive Forschung kann dazu beitragen, die komplexen Wechselwirkungen in der heutigen städtischen Governance zu entwirren und informiertere politische Entscheidungen herbeizuführen. Die Herausforderung angesichts der zunehmenden Dynamik und Fragmentierung liegt darin, das Gesamtbild und die Vision trotz der Vielzahl an Projekten, Maßnahmen und Initiativen im Auge zu behalten und sie mit einem umfassenden Governance-System zu verknüpfen.

policymakers need to understand how area-based efforts are influenced by, interact with, and are shaped by wider institutional and regulatory frameworks, larger-scale governance arrangements and private sector involvement in urban development. In-depth research can help to disentangle the complex interdependencies in contemporary urban governance and lead to informed policy decisions. The challenge of increasing dynamism and fragmentation lies in retaining a bigger picture and vision amidst the multiplicity of projects, interventions and initiatives and their ability to link them to a comprehensive governance system.

Der Weg in die Zukunft

Moving forward

Einen integrierten Ansatz in einem fragmentierten Entwicklungsontext zu finden ist ein komplexes Unterfangen, ebenso wie die Governance urbaner Diversität. Komplexe soziale Identitäten und die Wirkungslosigkeit von Zielgruppenansätzen auf der Basis starrer Identitätskategorien sowie politischer und wirtschaftlicher Wandel, durch den Prioritäten verschoben und der Umfang und die Mittel lokaler Verwaltungen und ihre Zusammenarbeit mit externen Parteien beeinträchtigt werden,

Finding comprehensiveness in a fragmented policymaking environment is a complex undertaking, and so is governing urban diversity. Complex social identities and the ineffectiveness of target groups based on rigid identity categories, as well as political and economic changes shifting policy priorities and affecting the scope and means of local administrations and their interaction with external parties, pose new challenges to policymakers and professionals working in diverse quarters. The consequences for integrated urban

stellen EntscheidungsträgerInnen und ExpertInnen, die in vielfältigen Quartieren eingebunden sind, vor neue Herausforderungen. Die Auswirkungen auf die integrierte Stadtentwicklung sowie auf die Strategien zur Förderung sozialer Kohäsion sind vielschichtig und in höchstem Maße kontextabhängig. Im Anschluss an unsystematische Strategien für die Überwindung lokaler Herausforderungen besteht eine natürliche Tendenz darin, angesichts von Komplexität und Fragmentierung auf Maßnahmen im kleinen Maßstab zurückzugreifen. Aufgrund steigender Ungleichheit sowie vieler drängender Probleme in der heutigen Gesellschaft, die sich in Stadt- und Metropolregionen abzeichnen, werden umfassende, maßgeschneiderte Ansätze für die Governance städtischer Diversität jedoch unabdingbar. Zusammengefasst habe ich argumentiert, dass politische Ansätze und Maßnahmen, die auf eine vielfältige Stadtbevölkerung ausgerichtet sind, folgende Punkte berücksichtigen sollten:

- kritische Auseinandersetzung mit der Zielgruppe der Maßnahme und eventuell Anpassung der Zielgruppe basierend auf tatsächlichen Bedürfnissen anstelle einer unterstellten Identität;
- Identifizierung der Grundursachen eines Problems und der Versuch, das Problem zu lösen, anstatt nur seine Folgen zu bekämpfen;
- Abstimmung von Maßnahmen, die auf gesellschaftliche Prozesse in der Stadt ausgerichtet sind, mit Maßnahmen, die Auswirkungen auf die bebaute Umwelt haben;
- aktive Aufnahme und Nutzung lokaler Initiativen und gebietsbasierter Strategien, ohne dabei jedoch das große Ganze aus den Augen zu verlieren, insbesondere durch das Bewusstsein darüber, wie die Wirksamkeit dieser Maßnahmen durch groß angelegte Strategien, politische Entscheidungen sowie Finanzierungs- und Governance-Vereinbarungen beeinflusst wird.

Es gibt keine einfachen Lösungen für komplexe Fragestellungen. Aus diesem Grund sollte die Rolle des transformativen Lernens, insbesondere von individuellen gebietsbasierten Maßnahmen, in der heutigen städtischen Governance nicht unterschätzt werden. Das Ziel besteht nicht darin, die genau gleichen Strategien an anderer Stelle zu kopieren, sondern darin, die Art und Weise, wie Raumplanung mit den Bedürfnissen einer Gemeinschaft verknüpft ist und sich wesentlicher Gerechtigkeit und Menschenrechten verpflichtet, durch ein flexibles, anpassungsfähiges und dennoch umfassendes Governance-System zu ändern, das strukturelle Veränderungen bewirken kann.

development and efforts to enhance social cohesion are manifold, and highly context-dependent. A natural tendency facing complexity and fragmentation is to revert to small-scale efforts, following a piecemeal approach that attempts to tackle local challenges. Yet, with deepening inequalities and many pressing issues of contemporary societies crystallising in urban and metropolitan areas, comprehensive tailor-made approaches to governing urban diversity become indispensable. To summarise, I have argued that any policy intervention targeting diverse urban populations should:

- critically reflect on and potentially adjust the intervention's target group based on actual needs instead of assumed identity;
- identify and try to tackle the root causes of a problem instead of just its consequences;
- try to reconciliate interventions that target social processes in the city with those that affect the built environment;
- and actively incorporate and utilise local initiatives and area-based efforts while not losing sight of the bigger picture, especially by being aware of how their effectiveness is influenced by larger-scale policies, political decisions, financial and governance arrangements.

There are no simple solutions to complex challenges. Therefore, the role of transformative learning particularly from individual area-based efforts in today's fragmented urban governance should not be underestimated. The aim is not to replicate the exact same effort elsewhere, but to change the way spatial organisation is linked to community needs and committed to substantive justice and human rights by means of flexible, adaptive yet comprehensive governance system that is able to generate structural changes.

Quellen | References

Anthias, F. (2008). Thinking through the lens of translocational positionality: an intersectionality frame for understanding identity and belonging. *Translocations: Migration and Social Change*, *4*(1), 5–20.

Blanc, M. (2010). The Impact of Social Mix Policies in France. *Housing Studies*, *25*(2), 257–272.

DIVERCITIES Policy Brief (2014). *Governing Diversity*. <https://ec.europa.eu/research/social-sciences/pdf/policy_briefs/divercities_policy_brief_0214.pdf>.

DIVERCITIES Policy Brief (2015). *Living with Diversity*. <https://www.urbandivercities.eu/wp-content/uploads/2015/04/DIVERCITIES_Policy_Brief_4-FINAL.pdf>.

Fincher, R. & Iveson, K. (2008). *Planning and Diversity in the City: Redistribution, Recognition and Encounter*. Basingstoke: Palgrave Macmillan.

Fincher, R., Pardy, M. & Shaw, K. (2016). Place-making or place-masking? The everyday political economy of "making place". *Planning Theory & Practice*, *17*(4), 516–536.

Graham, E., Manley, D., Hiscock, R., Boyle, P., & Doherty, J. (2009). Mixing Housing Tenures: Is it Good for Social Well-being? *Urban Studies*, *46*(1), 139–165.

Hall, T. & Hubbard, P. (1996). The entrepreneurial city: new urban politics, new urban geographies? *Progress in Human Geography*, *20*(2), 153–174.

Harvey, D. (2010). *Social Justice and the City* (Revised Edition). Athens & London: The University of Georgia Press.

Hochstenbach, C. & Musterd, S. (2017). Gentrification and the Suburbanisation of Poverty: Changing Urban Geographies through Boom and Bust Periods. *Urban Geography*, *1*(17), 26–53.

Larner, W. (2000). Neo-liberalism: Policy, ideology, governmentality. *Studies in Political Economy*, *63*. <http://spe.library.utoronto.ca/index.php/spe/article/viewArticle/6724>.

Leipzig Charter on Sustainable European Cities (2007). Retrieved from the European Commission. <http://ec.europa.eu/regional_policy/archive/themes/urban/leipzig_charter.pdf>.

Michaels, W. B. (2007). *The Trouble with Diversity: How We Learned to Love Identity and Ignore Inequality*. New York: Metropolitan Books.

Musterd, S. (2005). Social and Ethnic Segregation in Europe: Levels, Causes and Effects. *Journal of Urban Affairs*, *27*(3), 331–348.

Netherlands | MIPEX 2015. (2015). <http://www.mipex.eu/netherlands> (17.10.2018).

Oosterlynck, S., Schuermans, N. & Loopmans, M. (2017). *Place, Diversity and Solidarity*. London & New York: Routledge.

Özogul, S. & T. Tasan-Kok (2018). Exploring Transformative Place-Making within the Comprehensive Spatial Governance of Toronto. *disP – The Planning Review*, *54*(4), 59–73.

Palermo, P. C. & Ponzini, D. (2014). *Place-making and Urban Development: New Challenges for Contemporary Planning and Design*. London & New York: Routledge.

Raco, M. (2009). From expectations to aspirations: State modernisation, urban policy, and the existential politics of welfare in the UK. *Political Geography*, *28*(7), 436–444.

Raco, M. (2018). *"Divercities": place-focused public policy and its impact on perceptions of diversity*. <http://blogs.lse.ac.uk/politicsandpolicy/diversity-and-the-local-experience-why-place-focused-public-policy-matters> (17.10.2018).

Rankin, K. N. & McLean, H. (2015). Governing the Commercial Streets of the City: New Terrains of Disinvestment and Gentrification in Toronto's Inner Suburbs. *Antipode*, *47*(1), 216–239.

Stead, D. & Meijers, E. (2009). Spatial Planning and Policy Integration: Concepts, Facilitators and Inhibitors. *Planning Theory & Practice*, *10*(3), 317–332.

Tasan-Kok, T. & Baeten, G. (Hrsg./Eds.) (2011). *Contradictions of Neoliberal Planning: Cities, Policies, and Politics*. Dodrecht: Springer Netherlands.

Tasan-Kok, T. & Özogul, S. (2017). *DIVERCITIES: Dealing with Urban Diversity – The case of Toronto*. Utrecht: Utrecht University.

Tasan-Kok, T., Van Kempen, R., Raco, M. & Bolt, G. (2014). *Towards Hyper-Diversified European Cities: A Critical Literature Review*. Utrecht: Utrecht University.

Tasan-Kok, T., Bolt, G., Plüss, L. & Schenkel, W. (2017). *A Handbook for Governing Hyper-diverse Cities*. Utrecht: Utrecht University, Faculty of Geosciences.

Titley, G. & Lentin, A. (2008). *The Politics of Diversity in Europe*. Strasbourg: Council of Europe.

Vertovec, S. (2007). Super-diversity and its implications. *Ethnic and Racial Studies*, *30*(6), 1024–1054.

3

BERND HALLENBERG

Gesellschaftliche Vielfalt transparent machen: die Rolle der Milieuforschung

Making Social Diversity Transparent: The Role of Milieu Research

Ungeachtet nationaler Besonderheiten, spezifischer Politikansätze oder unterschiedlicher Fragestellungen in den Quartieren zählt die möglichst präzise und handlungsorientierte Kenntnis über die Struktur der sozialen Vielfalt vor Ort zu den zentralen Erfolgsfaktoren für die Stärkung des sozialen Zusammenhalts.

Um diesem Anspruch gerecht zu werden, nutzt der vhw – Bundesverband für Wohnen und Stadtentwicklung e. V. bereits seit fast 20 Jahren das Instrument der „sozialen Milieus", einschließlich der Variante der „Migrantenmilieus", und die Möglichkeit, das Wissen über diese Milieus kleinräumig zu übertragen. Der vorliegende Beitrag stellt diesen Ansatz vor.

Regardless of national differences, specific policy approaches or varying local issues, the most precise and action-oriented knowledge possible about the structure of local social diversity is primarily linked to the core success factors for strengthening social cohesion.

In order to meet this demand, the vhw – Federal Association for Housing and Urban Development e. V. has been using "social milieus" as a reference, including the variant of "migrant milieus", and the possibility of transferring knowledge about these milieus on a small scale for almost 20 years. This article presents this approach.

Vielfalt kennen

Knowing diversity

Um mit Vielfalt umgehen zu können, bedarf es vor allem präziser und differenzierter Kenntnisse darüber, wie soziale beziehungsweise lebensweltliche Vielfalt heute aussieht und sich verändert hat. Insbesondere sollte bekannt sein, was diese Erkenntnisse für das gesellschaftliche Zusammenleben und den Zusammenhalt in Stadt und Quartier bedeuten und welche praktischen Folgerungen daraus für eine funktionierende Integrations- und Teilhabepolitik gezogen werden können – und müssen.

Wenn – wie die in den letzten Jahren geprägten Begriffe „Super-Diversity" (Vertovec, 2007; Grillo, 2015) und

In order to be able to deal with diversity, it is above all necessary to have precise and differentiated knowledge of what "social and milieu diversity" looks like today and how it has changed. In particular, it should be known what these findings mean for social coexistence and cohesion in cities and neighbourhoods and what practical conclusions can – and must – be drawn from them for integration and participation policy to function correctly.

The terms "super-diversity" (Vertovec, 2007; Grillo, 2015) or "hyper-diversity" (see Chapter 2 of this publication; Tasak-Kok et al., 2013), which have been coined in recent

„Hyper-Diversity" (siehe Kapitel 2 in dieser Publikation; Tasak-Kok et al., 2013) nahelegen – „Vielfalt" neue Formen angenommen und neue Dimensionen erreicht hat, so muss dies Folgen für eine sachgerechte analytische Durchdringung des im Grundsatz keineswegs neuen Phänomens haben.

Der Ansatz der Milieuforschung

Der Milieubegriff lässt sich wie folgt definieren beziehungsweise zusammenfassen: Milieus fassen „Gruppen Gleichgesinnter zusammen, die gemeinsame Werthaltungen und Mentalitäten aufweisen und auch die Art gemeinsam haben, ihre Beziehungen zu Mitmenschen einzurichten und ihre Umwelt in ähnlicher Weise zu sehen und zu gestalten" (Hradil, 2001, 45).

Diese Gruppen ähneln sich in ihrer Lebensgestaltung, ihren Beziehungen zu Mitmenschen und ihren Mentalitäten, also den Alltagseinstellungen unter anderem hinsichtlich Lebensziel, Arbeit, Gesellschaftsbild, Freizeit- und Konsumverhalten sowie ihrer sozialen Lage. Die Grenzen zwischen den Milieus sind jedoch fließend; Lebenswelten sind nicht exakt eingrenzbar. Zwischen den Milieus gibt es daher Berührungspunkte. Das Modell und dessen Darstellung lässt sich insofern mit tektonischen Platten vergleichen, die sich übereinander schieben oder auch kollidieren können. Durch gesellschaftliche Einflussfaktoren verändert sich die Milieulandschaft im Zeitablauf stetig, was in der Regel nach etwa einer Dekade in einem modifizierten Modell mündet.

Milieus hängen durchaus mit der Einkommenssituation und Schichtzugehörigkeit zusammen, sind allerdings keineswegs mit diesen identisch. Zwar gibt es typische Unterschicht-, Mittelschicht- und Oberschicht-Milieus; welche Werthaltungen und Mentalitäten ein Mensch aufweist, ist insofern auch eine Frage seiner Einkommenshöhe, seines Bildungsgrades und seiner beruflichen Stellung (Hradil, 2006), wie sie in der vertikalen Achse des Milieumodells (siehe Abbildung 1) deskriptiv abgebildet werden. Entscheidend für die Milieuzuordnung sind jedoch gemeinsame Wertorientierungen, typische Einstellungs- und Verhaltensmuster oder auch gemeinsam geteilte Konsumpräferenzen.

years, suggest that "diversity" has taken on new forms and reached new dimensions. If this is the case, it must have consequences for appropriate analysis of the phenomenon, which by its nature is by no means new.

The approach of milieu research

The term milieu can be defined or summarised as follows: Milieus summarise "groups of like-minded people who share common values and mentalities and also have a common way of establishing their relationships with others and seeing and shaping their environment in a similar way" (Hradil, 2001, 45).

These groups resemble each other in their way of life, in their relationships with fellow human beings and mentalities, i.e. in their everyday attitudes with regard to life goals, work, social image, leisure and consumer behaviour as well as their social situation. However, the boundaries between milieus are fluid, and these worlds cannot be precisely defined. There are points of contact between the milieus. The model and its design can therefore be compared with tectonic plates, which can slide over each other or collide. Social factors that play a role constantly change the milieu landscape over time, which usually leads to a modified model after about a decade.

Milieus are certainly related to income and class affiliation, but are by no means identical to these categories. Although there are typical lower class, middle class and upper class milieus, the values and mentalities of a person depend on their income, their level of education and their professional position (Hradil, 2006), as described in the vertical axis of the milieu model (see Figure 1) . However, common value orientations, typical attitudes and behaviour patterns or shared consumption preferences are decisive for determining a milieu.

Milieu research attempts to capture everyday consciousness and life as holistically as possible. It therefore includes influencing factors in its analysis, such as:

Die Milieuforschung versucht, das Alltagsbewusstsein und Alltagsleben möglichst ganzheitlich zu erfassen. Sie bezieht in ihre Analyse also Einflussfaktoren ein, etwa:

- **grundlegende Wertorientierungen**, also Werte, Lebensziele, moralische und ethische Vorstellungen von einem „guten" und „richtigen" Leben sowie die daraus resultierenden Wünsche, Bedürfnisse, Träume und Ängste;
- **Lebensstile**, das heißt Interessen, Gewohnheiten und Rituale sowie stilistische und ästhetische Vorlieben, Design-Präferenzen, Geschmack etc.;
- **sozialer Status**, der als komplexes Zusammenwirken von Bildungshintergrund, beruflicher Situation, Einkommen und anderer verfügbarer Mittel zu verstehen ist;
- **grundlegende soziokulturelle Prägungen**, die historisch-biografisch bedingt sind und die das Lebensgefühl und die Weltsicht von verschiedenen Alterskohorten dauerhaft beeinflussen (Kohorten- beziehungsweise Generationenzugehörigkeit).

- **basic value orientations**, i.e. values, goals in life, moral and ethical ideas of what defines a "good" and "correct" life, as well as the resulting wishes, needs, dreams and fears;
- **lifestyles**, i.e. interests, habits and rituals, as well as stylistic and aesthetic preferences, design preferences, taste etc.;
- **social status**, which is a complex interplay of educational background, professional background situation, income and other available resources;
- **fundamental socio-cultural imprints**, which are historical and biographical in nature, and which permanently influence the attitude to life and the world view of different age cohorts (cohort or generation affiliation).

The study of social milieus can lead to a better understanding of this diversity and the dynamics of how they change, without getting lost in complexity.

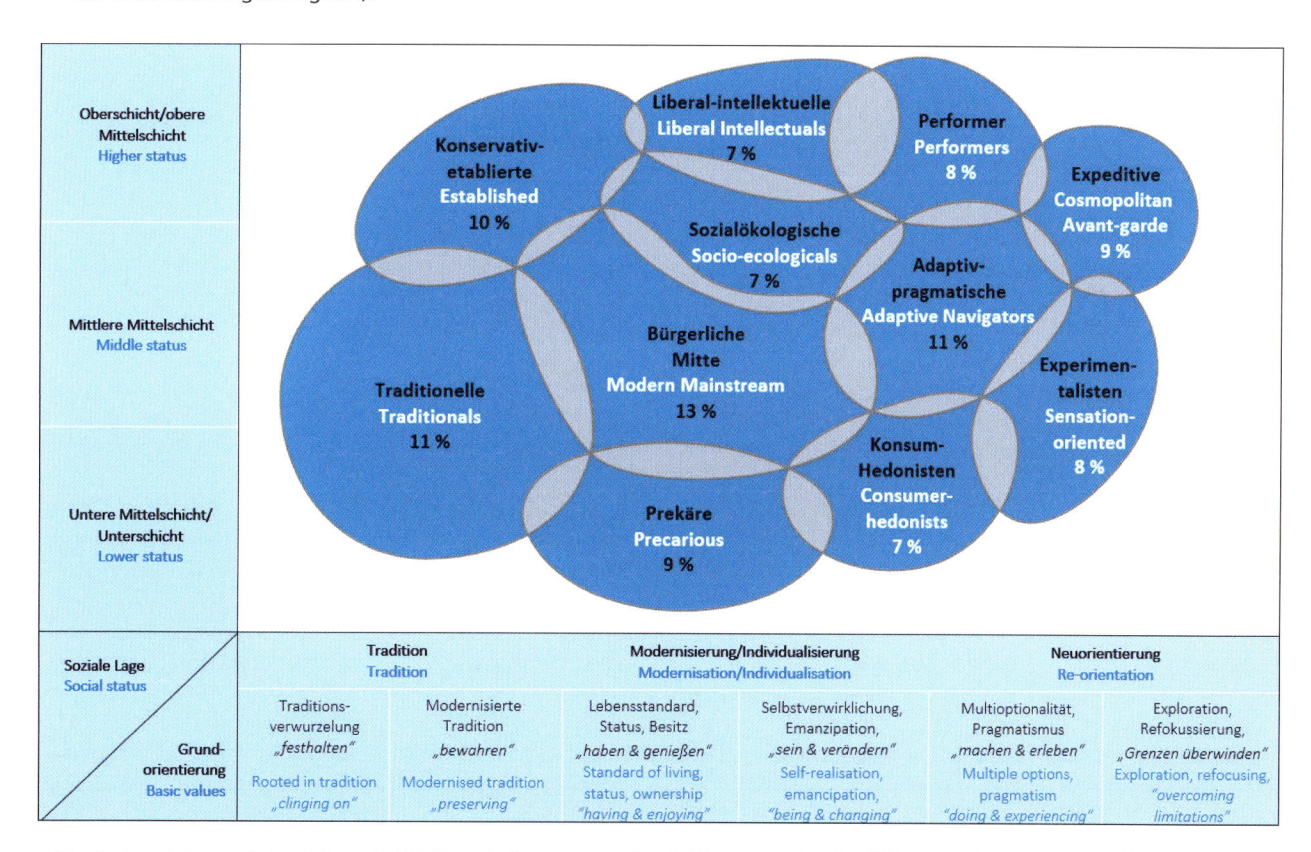

Abb. 1: Das Sinus-Milieu-Modell 2018 und die Anteile der Milieus an der Bevölkerung in Deutschland (Quelle: sinus/vhw 2018)

Fig. 1: The Sinus Milieu 2018 Model and share of milieus in the German population (Source: sinus/vhw 2018)

Die Erforschung sozialer Milieus kann zu einem besseren Verständnis dieser Vielfältigkeit und ihrer Veränderungsdynamik beitragen, ohne sich in ihrer Komplexität zu verlieren.

Das Sinus-Institut hat das Milieumodell in Milieusegmente unterteilt, um spezifische Fragestellungen, beispielsweise hinsichtlich Kommunikation, Partizipation und Engagement in der Stadtentwicklung, leichter bearbeiten zu können. Diese Milieusegmente fassen Milieus aufgrund ähnlicher Grundeinstellungen und/oder ihrer sozialen Lage zusammen. Einige Milieus ähneln sich stark, gerade in der sozialen Lage, aber auch hinsichtlich der Einstellungen zu Partizipation und Engagement, sodass es sinnvoll ist, aus diesen Milieus gemeinsame Segmente zu bilden. Insgesamt werden fünf Milieusegmente unterschieden (Abbildung 2).

The Sinus Institute has subdivided the milieu model into milieu segments in order to be able to deal more easily with specific issues such as communication, participation and involvement in urban development. These milieu segments group milieus based on similar basic attitudes and/or their social situation. Some milieus are very similar, especially in their social situation, but also in their attitudes towards participation and commitment, such that it makes sense to form common segments from these milieus. A total of five milieu segments are distinguished (Figure 2).

Die Erweiterung des Ansatzes durch die Migrantenmilieus

Extension of the approach by migrant milieus

Mitte der 2000er Jahre wuchs das Interesse an einer spezifischen Ermittlung der unterschiedlichen Lebenswelten in der Bevölkerung mit Migrationshintergrund, nicht zuletzt, um auf diese Weise differenzierten Bedürfnissen und Integrationsorientierungen besser gerecht werden zu können. Denn zuvor wurde die Bevölkerung mit Migrationshintergrund einer einheitlichen Kategorie als Migrantinnen und Migranten zugeordnet und ihre Alltagsorientierung und Lebenswelt ausschließlich in Abhängigkeit von der ethnischen Zugehörigkeit unterstellt (Wippermann & Flaig, 2009).

Angesichts dieser Lage haben der vhw und andere Interessierte 2008 die soziale Milieuforschung auch auf den Teil der Gesellschaft mit Zuwanderungsgeschichte übertragen. Mit dem Ansatz der Migrantenmilieuforschung werden nicht nur herkömmliche Differenzierungsmerkmale für diesen Bevölkerungsteil wie soziale Situation, Lebensphase sowie kulturelle oder staatliche Herkunft ergänzt und erweitert. Vielmehr haben schon die Ergebnisse der ersten Migrantenmilieustudie 2008 als zentrales Ergebnis festgehalten, dass lebensweltliche Orientierungen andere Merkmale wie Herkunft oder religiöse Zugehörigkeit überlagern und so bessere Voraussetzungen

In the mid-2000s, interest also grew in specific identification of the different milieus in the population with a migration background, not least in order to be able to better meet different needs and integration orientations. This is because the population with a migration background was previously assigned to a uniform category as migrants and their everyday orientation and day-to-day life were subordinated exclusively to their ethnic affiliation (Wippermann & Flaig, 2009).

In view of this situation, the vhw and other interested stakeholders also began focussing social milieu research on migrant society in 2008. The approach of migrant milieu research not only supplements and expands conventional differentiating features for this part of the population, such as social situation, phase of life and cultural or national origin. On the contrary, the results of the first migrant milieu study in 2008 have already established as a central finding that milieu orientations overlay other characteristics such as origin or religious affiliation and thus create better conditions for designing a life-like and needs-based integration and cohesion policy.

The migrant milieu model was later also used in various thematic studies, for example in the field of education. Criticism

Leitmilieus / *Leading milieus*	
KET – 10 % **Konservativ-etablierte** *Established*	Das klassische Establishment: Verantwortungs- und Erfolgsethik, Exklusivitäts- und Führungsansprüche versus Tendenz zu Rückzug und Abgrenzung. *The classic establishment. Ethics of responsibility and success, exclusivity and leadership claims as opposed to a tendency to retreat and isolate oneself.*
LIB – 7 % **Liberal-intellektuelle** *Liberal Intellectuals*	Die aufgeklärte Bildungselite mit liberaler Grundhaltung, postmateriellen Wurzeln, Wunsch nach selbstbestimmtem Leben und vielfältigen intellektuellen Interessen. *The enlightened educational elite with a liberal attitude, post-material roots, a desire for self-determined life and a wide range of intellectual interests.*
PER – 7 % **Performer** *Performers*	Die multi-optionale, effizienzorientierte Leistungselite mit global-ökonomischem Denken und stilistischem Avantgarde-anspruch. *The multi-optional, efficiency-oriented performance elite with global-economic thinking and stylistic avant-garde aspirations.*
Kreative / *Creatives*	
EPE – 6 % **Expeditive** *Cosmopolitan Avant-garde*	Die stark individualistisch geprägte digitale Avantgarde: unkonventionell, kreativ, mental und geografisch mobil und immer auf der Suche nach neuen Grenzen und nach Veränderung. *The strongly individualistic digital avant-garde: unconventional, creative, mentally and geographically mobile and always in search of new boundaries and change.*
HEXP – 7 % **Experimentalisten** *Sensation-oriented*	Das individualistische Segment der unteren Mittelschicht/modernen Unterschicht mit ausgeprägter Lebens- und Experimen-tierfreude: Vorliebe für Unkonventionelles, Distanz zum popkulturellen Mainstream, Leben in Szenen und Netzwerken. *The individualistic segment of the lower middle class/modern lower class with a pronounced zest for life and experimentation: preference for the unconventional, distance from the pop-cultural mainstream, living in scenes and networks.*
Mainstream / *Mainstream*	
BUM – 14 % **Bürgerliche Mitte** *Modern Mainstream*	Der leistungs- und anpassungsbereite bürgerliche Mainstream: generelle Bejahung der gesellschaftlichen Ordnung, Streben nach beruflicher und sozialer Etablierung, nach gesicherten und harmonischen Verhältnissen. *The bourgeois mainstream ready to perform and adapt: general validation of the social order; striving for professional and social establishment, for secure and harmonious conditions.*
PRA – 9 % **Adaptiv-pragmatische** *Adaptive Navigators*	Die mobile, zielstrebige junge Mitte der Gesellschaft mit ausgeprägtem Lebenspragmatismus und Nutzenkalkühl: erfolgs-orientiert und kompromissbereit, hedonistisch und konventionell, starkes Bedürfnis nach „Flexicurity" (Flexibilität und Sicherheit). *The mobile, determined young middle of society with pronounced life pragmatism and benefit calculation: success-oriented and willing to compromise, hedonistic and conventional, strong need for "flexicurity" (flexibility and security).*
SOK – 7 % **Sozialökologische** *Socio-ecologicals*	Idealistisches, konsumkritisches/-bewusstes Milieu mit ausgeprägtem ökologischen und sozialen Gewissen: Globalisierugsskeptiker, Bannerträger von Political Correctness und Diversity. *Idealistic milieu with a strong ecological and social conscience. Critical and conscious of consumption. Globalisation sceptics, banner bearers of political correctness and diversity.*
Traditionelle / *Traditionals*	
TRA – 15 % **Traditionelle** *Traditionals*	Die Sicherheit und Ordnung liebende Kriegs-/Nachkriegsgeneration: in der alten kleinbürgerlichen Welt beziehungsweise in der traditionellen Arbeiterkultur verhaftet. *The war/post-war generation valuing security and order: stuck in the old petty bourgeois world or in the traditional blue-collar culture.*
Prekäre / *Precarious*	
PRE – 9 % **Prekäres Milieu** *Precarious*	Die Teilhabe und Orientierung suchende Unterschicht mit starken Zukunftsängsten und Ressentiments: bemüht, Anschluss zu halten an die Konsumstandards der breiten Mitte als Kompensationsversuch sozialer Benachteiligungen, geringe Aufstiegs-perspektiven und delegative/reaktive Grundhaltung, Rückzug ins eigene soziale Umfeld. *The participation- and orientation-seeking lower class with strong fears for the future and resentment: efforts to keep up with the consumption standards of the broad middle class as an attempt to compensate for social disadvantages; low prospects for advancement and delegative/reactive basic attitude, withdrawal into one's own social environment.*
HKON – 8 % **Konsum-Hedonisten** *Consumer-hedonists*	Das auf Fun und Entertainment gepolte Segment der modernen Unterschicht/unteren Mittelschicht mit wachsenden so-zialen Ängsten: wenig Planung und Kontrolle, Bildungs- und Leistungsfatalismus, Identifikation mit dem jeweils aktuellen Lifestyle. Leben im Hier und Jetzt, Verweigerung von Konventionen und Verhaltenserwartungen der Leistungsgesellschaft. *The segment of the modern lower class/lower middle class with growing social fears: little planning and control, educational and performance fatalism, identification with the current lifestyle. Life in the here and now, denial of conventions and expectations of behaviour of the performance-oriented society.*

Abb. 2: Kurzbeschreibungen der Milieus aus dem Sinus-Milieu-Modell 2018 (Quelle: sinus/vhw 2018)

Fig. 2: Short description of the milieus from the Sinus Milieu 2018 Model (Source: sinus/vhw 2018)

für eine lebensnahe und bedürfnisgerechte Gestaltung von Integrations- und Kohäsionspolitik darstellen.

Das Migrantenmilieumodell wurde später auch in diversen thematischen Studien genutzt, etwa im Bereich Bildung. Kritik blieb zwar nicht ganz aus. Diese richtete sich insbesondere auf die vermeintliche Vernachlässigung der sozialen Wirkungsmacht von ethnischer Herkunft und sozialer Lage, die im Milieumodell durch eine „postethnische Vision" ersetzt werde. Tatsächlich fand sich jedoch – als eindeutiger Nachweis für den Vorrang lebensweltlicher Zuordnungen – in nahezu allen ethnischen oder religiösen Gruppen die Gesamtheit der Lebenswelten wieder; Orthodoxe, katholische Christen oder Muslime können somit einer traditionellen, postmodernen, bürgerlichen oder hedonistischen Lebenswelt angehören – und vice versa. Faktoren wie ethnische Zugehörigkeit, Religion und Zuwanderungsgeschichte beeinflussen zwar die Alltagskultur, sind aber nicht milieuprägend. Kurzum: Menschen des gleichen Milieus mit unterschiedlichem Migrationshintergrund verbindet mehr miteinander, als Menschen mit demselben Migrationshintergrund, die aus verschiedenen Milieus stammen.

Insofern wird auch die große Vielfalt der Herkunftsländer und -kulturen sowie der spezifischen gesellschaftlichen Entwicklungen reflektiert. Es reicht vom Festhalten an vormodernen, bäuerlich geprägten Traditionen über das Streben nach materieller Sicherheit und Konsumteilhabe, das Streben nach Erfolg und gesellschaftlichem Aufstieg, das Streben nach individueller Selbstverwirklichung und Emanzipation bis hin zu Entwurzelung und Unangepasstheit. In der Migrantenpopulation lassen sich somit sowohl traditionellere als auch soziokulturell modernere Segmente als bei einheimischen Deutschen ausmachen.

did not fail to materialise. This was directed in particular towards the alleged neglect of the social power of ethnic origin and social situation, which in the milieu model was replaced by a "post-ethnic vision". In fact, all milieus were found to be represented in almost all ethnic or religious groups – as clear evidence of the precedence of milieu in everyday life. Orthodox, Catholic Christians or Muslims can thus belong to a traditional, post-modern, bourgeois or hedonistic milieu – and vice versa. Factors such as ethnicity, religion and migrant background influence everyday culture but do not influence the milieu. In short: People from the same milieu but with different migration backgrounds connect more with each other than with the rest of their fellow countrymen from other milieus.

In this respect, the huge diversity of countries, cultures and specific social developments of origin is also reflected. It ranges from adherence to pre-modern, peasant traditions, the pursuit of material security and consumer participation, the pursuit of success and social advancement, the pursuit of individual self-realisation and emancipation to non-conformity and not considering any one place as home. In the migrant population, it is thus possible to identify with both more traditional as well as socio-culturally more modern segments than with native Germans.

Das neue Migranten-milieumodell 2018

The new migrant milieu model 2018

Aufgrund umfangreicher Migrationsprozesse mit abweichenden Herkunftsschwerpunkten, einer Vielzahl neuer gesellschaftlicher Einflussfaktoren sowie unterschiedlicher sozialer Entwicklungen erschien es nach zehn Jahren angezeigt, auch das Migrantenmilieumodell anzupassen. Dazu wurde von 2016 bis 2018 eine dreistufige Studie konzipiert und umgesetzt (Hallenberg, 2018).

Aufbauend auf der qualitativ-ethnografischen Leitstudie wurde eine repräsentative Untersuchung der Migrantenpopulation in Deutschland durchgeführt. Die Leitstudie diente dazu, neue beziehungsweise sich wandelnde

Due to extensive migration processes with different focuses of origin, a multitude of new social influencing factors as well as different social developments, it seemed appropriate after ten years to also adapt the migrant milieu model. To this end, a three-stage study was designed and implemented from 2016 to 2018 (Hallenberg, 2018).

Based on the qualitative-ethnographic lead study, a representative study of the migrant population in Germany was conducted. The lead study served to identify new or changing themes, and changing values/lifestyles of migrants. Based on this, milieu and integration indicators as well as thematic

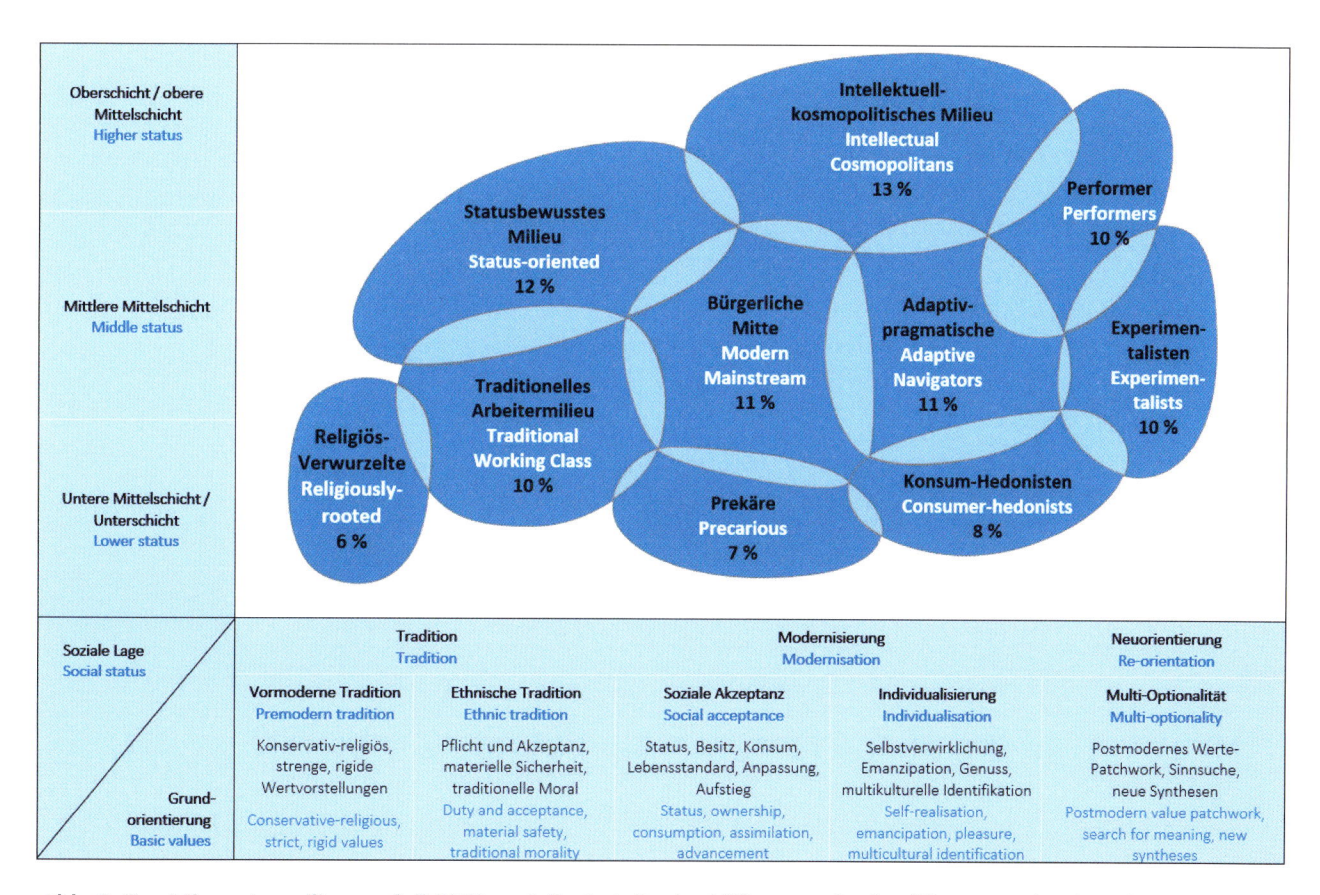

Abb. 3: Das Migrantenmilieumodell 2018 und die Anteile der Milieus an der Bevölkerung mit Migrationshintergrund in Deutschland (Quelle: sinus/vhw 2018)

Fig. 3: Die Migrant Milieu Model 2018 and the share of milieus in the German population with a migration background (Source: sinus/vhw 2018)

Themengebiete und Veränderungen in den Werthaltungen und Lebensweisen der Migrantinnen und Migranten zu identifizieren. Auf dieser Basis konnten Milieu- und Integrationsindikatoren ebenso wie thematische Fragestellungen aktualisiert werden. Das Ergebnis war die Identifikation und Beschreibung von zehn unterschiedlichen Migrantenmilieus, ihrer Lebensziele, Wertebilder, Lebensstile und Integrationsniveaus.

Die repräsentative Untersuchung, deren Feldforschung von Sommer bis Herbst 2017 durchgeführt wurde, diente der Überprüfung und Quantifizierung des in der Leitstudie entwickelten Modells und der Aktualisierung und Erweiterung des thematischen Wissens über die Bevölkerung mit Migrationshintergrund beziehungsweise die Migrantenmilieus.

Die repräsentative Stichprobe (n = 2053) basiert auf der Bevölkerung mit Migrationshintergrund ab 15 Jahren mit einem geklärten Aufenthaltsstatus entsprechend der Definition des Statistischen Bundesamtes. Dazu wurden die Ergebnisse des Mikrozensus 2016 herangezogen. Insgesamt basiert die Repräsentativität auf acht Quotenmerkmalen: Herkunftsland und Migrationshintergrund, Staatsangehörigkeit, Aufenthaltsdauer in Deutschland, Geschlecht, Alter, Bildung sowie regionale Verteilung und Ortsgröße. Die Datenerhebung erfolgte in Form computergestützter persönlicher Interviews (CAPI), ergänzt um schriftliche Selbstausfüller. Dabei kamen – neben Deutsch – acht weitere Sprachen zum Einsatz: Englisch, Türkisch, Russisch, Arabisch, Dari, Französisch, Rumänisch und Spanisch.

In der quantitativ-repräsentativen Studie wurden die Ergebnisse der Leitstudie und damit das neue Milieumodell sowohl in der Anzahl der Milieus – zehn – als auch in der lebensweltlichen Grundstruktur weitgehend bestätigt. Im Modell waren nur einige kleinere Nachjustierungen erforderlich. Zu diesen gehört die nunmehr etwas abweichende Positionierung einiger Milieus im Modell (siehe Abbildung 3). Dies betrifft zum einen das Milieu der *Performer,* das nach der quantitativen Studie eine höhere soziale Lage aufweist. Zum anderen dehnt sich das *Statusbewusste Milieu* aus; es ist nun breiter und zugleich traditioneller positioniert. Aufgrund dessen tauchen in der Modellvisualisierung traditionelle Werte auch verstärkt in der Mittelschicht auf. Darüber hinaus sind die Milieus der *Statusbewussten* und der *Adaptiv-pragmatischen* insgesamt größer als zunächst vermutet wurde. Bestätigt wurde dagegen der Schrumpfungsprozess des *Traditionellen Arbeitermilieus,* zu dem viele Zugewanderte der ersten Generation gehören.

issues were able to be updated. The result was the identification and description of ten different migrant milieus their life goals, values, lifestyles, and levels of integration.

The representative study, for which field research was carried out from summer to autumn in 2017, served to review and quantify the model developed in the lead study and to update and expand the thematic knowledge about populations with a migration background and the migrant milieus.

The representative sample (n = 2,053) is based on the population with a migrant background aged 15 and over with a clarified residence status as defined by the Federal Statistics Office. The results of the 2016 microcensus were used for this purpose. Overall, representativeness is based on eight quota characteristics: country of origin and migration background, nationality, length of stay in Germany, gender, age, education, as well as regional distribution and size of the town or city. The data was collected in the form of computer-based personal interviews (CAPI), supplemented by written questionnaires. In addition to German, eight other languages were used: English, Turkish, Russian, Arabic, Dari, French, Romanian and Spanish.

In the quantitative-representative study, the results of the lead study and thus the new milieu model were largely confirmed both in the number of milieus (ten) and in the basic structure of everyday life. In the model, only a few minor readjustments were necessary. These now include slightly different positioning of some milieus in the model (see Figure 3). On the one hand, this concerns the milieu of the *Performers,* which, according to the quantitative study, has a higher social situation. On the other hand, the *Status-oriented milieu* is expanding; it is now positioned more broadly and at the same time more traditionally. As a result, the model visualisation also includes more traditional values in the middle class. Furthermore, the milieus of the *Status-oriented* and the *Adaptive Navigators* are larger overall than was initially assumed. On the other hand, the shrinking process of the *Traditional Working Class milieu,* to which many immigrants of the first generation belong, was confirmed.

Die neuen Migrantenmilieus 2018

Die beiden Teilstudien haben verdeutlicht, dass der soziokulturelle Wandel den migrantischen Teil der Gesellschaft ebenso betrifft wie den autochthonen Teil. Die Pluralisierung der Gesellschaft setzt sich auch in der migrantischen Bevölkerung unvermindert fort. Dabei driften die Lebens- und Wertewelten weiter auseinander; zugleich entstehen jedoch auch neue Synthesen.

Die von Globalisierung, Digitalisierung, Individualisierung sowie wachsenden sozialen Ungleichheiten und den entsprechenden Gegen- und Abwehrreaktionen getriebene Modernisierungsdynamik führt zu Veränderungen in der Milieulandschaft, die sich in allen Segmenten zeigen. So ist bei den sozial schwachen Teilen der migrantischen Bevölkerung eine wachsende Prekarisierung zu beobachten, die durch einen Rückzug in ethnische Enklaven mit deutlich verstärkten Segregationstendenzen im Vergleich zur ersten Studie 2008 gekennzeichnet ist. Gründe sind Ausgrenzungserfahrungen, geringe Ressourcen, Sprachprobleme, Arbeitslosigkeit, Wohnen in ethnisch homogen strukturierten Wohnumfeldern sowie eine generelle Integrationsresignation, aber auch externe Impulse, die zu neuen Identifikationsmustern geführt haben. Das *Hedonistisch-subkulturelle Milieu* aus dem Modell 2008 differenziert sich in ein junges individualistisch-nonkonformistisches Segment – als Milieu der *Experimentalisten* – und ein unterschichtiges konsum-materialistisches Segment – das Milieu der *Konsum-Hedonisten* aus.

In der – sozialen und lebensweltlichen – Mitte der Milieulandschaft und in den modernen Milieus der Migrantenpopulation ist eine zunehmende Konvergenz zu beobachten: Die autochthone und die migrantische Bevölkerung in diesem Segment unterscheiden sich lebensweltlich zunehmend weniger voneinander, wie das Beispiel der *Bürgerlichen Mitte* verdeutlicht. Im neuen Modell wird das vormalige *Adaptive Bürgerliche Milieu* analog zum gesamtgesellschaftlichen Modell in ein älteres bürgerlich-etabliertes Segment – die *Bürgerliche Mitte* – und ein jüngeres adaptiv-pragmatisches Segment ausdifferenziert.

In den traditionell orientierten Milieus ist dagegen eine zunehmende Divergenz festzustellen, und zwar vornehmlich, aber nicht ausschließlich, in den sozial benachteiligten Lagen. Diese Re-Traditionalisierung ist in den

The new migrant milieus in 2018

The two partial studies have made it clear that socio-cultural change affects both the migrant part of society and the indigenous part. The pluralisation of society continues unabated in the migrant population as well. The worlds of milieus and values drift further apart, but at the same time new combinations emerge.

The dynamics of modernisation driven by globalisation, digitalisation, individualisation, growing social inequalities and the corresponding counter and defence reactions are leading to changes in the milieu landscape that are evident in all segments. Thus, a growing precariat can be observed among the socially weak sections of the migrant population, which is characterised by a retreat into ethnic enclaves with clearly increased tendencies towards segregation compared to the first study in 2008. The reasons are experiences of exclusion, limited resources, language problems, unemployment, living in ethnically homogeneously structured living environments and a general resignation towards integration, but also external impulses that have led to new identification patterns. The *Hedonistic Subcultural milieu* from the 2008 model differentiates itself into a young individualistic non-conformist segment – the *Experimentalist milieu* – and a lower-class consumer-materialist segment – the *Consumer-hedonist milieu*.

In contrast, increasing convergence can be observed in the middle of the milieu landscape, and in the modern milieus of the migrant population. The indigenous and migrant populations in this segment increasingly differ less from each other in their everyday lives, as the example of the middle class illustrates. In the new model, the former *Adaptive Bourgeois* milieus differentiated into an older bourgeois-established segment – the *Modern Mainstream* – and a younger adaptive-ragmatic segment, namely the *Adaptive Navigators,* analogous to the model of society as a whole.

In the traditionally oriented milieus, on the other hand, increasing divergence can be observed, primarily but not exclusively in the socially disadvantaged areas. This re-traditionalisation manifests differently in the milieus and is characterised above all by strong isolation and retreat among the religiously rooted. They in particular show an extraordinarily high degree of deviation in many core life orientations in comparison to the other milieus.

Milieus unterschiedlich ausgeprägt und vor allem bei den *Religiös-Verwurzelten* durch starke Isolation sowie Rückzug gekennzeichnet. Gerade bei ihnen ist ein außerordentlich hohes Maß an Abweichung in vielen zentralen Lebensorientierungen im Vergleich zu den übrigen Milieus festzustellen.

Davon abweichend ist bei den *Statusbewussten* eher eine kulturelle Distinktion zu beobachten. Man will alle „rationalen" Integrationsaspekte erfüllen, etwa ein gutes Sprachniveau, Integration in den Arbeitsmarkt und Einhaltung von Regeln und Gesetzen. Zugleich wird aber kein „Heimatgefühl" entwickelt, sondern man distanziert sich eher selbstbewusst von der „deutschen" Kultur und pflegt kulturelle Traditionen – solange diese nicht in Konflikt mit dem sozialen Aufstiegswillen geraten.

Deviating from this, a cultural distinction can be observed among the *Status-oriented*. They want to fulfil all "rational" aspects of integration, such as good language skills, integration into the labour market and adherence to rules and laws. At the same time, however, no "feeling of home" ever develops. Instead, they distance themselves self-confidently from the "German" culture and cultivate cultural traditions – as long as these do not come into conflict with their will to social advancement.

Integration unter den Bedingungen von Vielfalt

Integration under the conditions of diversity

Neben der Zuwanderungswelle der vergangenen Jahre hat auch die Bewertung der neuen gesellschaftlichen Vielfalt maßgeblich zur Forderung nach einem an diese mehrdimensionale Vielfalt angepassten Aufnahme- und Integrationsverständnis beigetragen. Sowohl die veränderte Struktur und der Umfang der Zuwanderung als auch die sich heterogener entwickelnden Aufnahmegesellschaften haben zu dieser Anpassungsforderung beigetragen. Dabei wird der Begriff Integration inzwischen überwiegend – ungeachtet fortbestehender Kontroversen über seinen Gehalt – als Minimalkonsens bezogen auf Teilhabe und Einbeziehung der Zugewanderten in der Aufnahmegesellschaft gesehen. Eine andere Definition von Integration orientiert sich am Prozess, nach dem Migrantinnen und Migranten in einer Gesellschaft akzeptiert werden (Grzymala-Kazlowska & Phillimore, 2018, 187).

Insgesamt bleibt der Integrationsbegriff jedoch insofern vage, als er keine präzise Zielsetzung benennt, sondern auf unterschiedliche Perspektiven verweist, die mit Zuwanderung, Zusammenleben und Zusammenhalt in der Gesellschaft verbunden sind (vgl. Scherr & Inan, 2018). In Abgrenzung zu den Extremen eines monistischen Assimilationsbegriffs (siehe auch Esser, 2009) auf der einen Seite und andererseits der Forderung, den Begriff und das Konzept der Integration grundsätzlich abzuschaffen,

In addition to the wave of immigration in recent years, the evaluation of the new social diversity has also contributed significantly to the demand for an understanding of reception and integration adapted to this multi-dimensional diversity. Both the changing structure and scale of immigration and the more heterogeneous host societies have contributed to this need for adjustment. In the meantime, the term "integration" has been seen predominantly as a minimum consensus on the participation and inclusion of immigrants in the host society, irrespective of continuing controversies about its content. Another definition of integration is based on the process by which migrants are accepted into a society (Grzymala-Kazlowska & Phillimore, 2018, 187).

Overall, however, the concept of integration remains vague to the extent that it does not specify a precise objective but refers to different perspectives associated with immigration, coexistence and cohesion in society (cf. Scherr & Inan, 2018). On the one hand are the extremes of a monistic concept of assimilation (see also Esser, 2009), and on the other hand is the demand to abolish the terms and concepts of integration in principle, since integration is always an attempt to cement or create a "dominant relationship" between immigrants and the host society. In contrast to this, the "simple recognition of diversity" was proposed as a basis for integration, since this concept is based on "the idea of the participation of all people and social groups in a society as equitably as

da Integration immer der Versuch sei, ein „Dominanzverhältnis" zwischen Zugewanderten und Aufnahmegesellschaft zu zementieren oder zu schaffen, wurde die „einfache Anerkennung von Vielfalt" als Integrationsbasis vorgeschlagen, da dieses Konzept „an dem Gedanken der möglichst chancengerechten Teilhabe aller Menschen und sozialen Gruppen einer Gesellschaft" ansetze (Pries, 2015, 24). Im öffentlichen Diskurs werden die verschiedenen Formen von Akkulturation weiterhin vermengt beziehungsweise in ihrer inhaltlichen Substanz unterschiedlich ausgestaltet. Dies gilt nicht zuletzt für die Begriffe Assimilation und Integration: „Auch wenn Integration und Assimilation nicht zwangsläufig identisch sein müssen, wird in den Medien und in der Politik meist von Integration gesprochen, egal ob Integration oder Assimilation gemeint ist" (Koopmans, 2017; Duyvendak & Scholten, 2011). Dieser Befund ist nicht zuletzt deshalb erstaunlich, weil Berry (1980) in seinen wegweisenden Studien zur Akkulturation bereits in den 1980er Jahren eine eindeutige Abgrenzung der Erscheinungsformen vorgelegt hat, welche breiten und fortbestehenden Einfluss auf die Integrationsforschung genommen hat.

Vor diesem Hintergrund sind die Ergebnisse besonders interessant. So bewerten – ungeachtet der negativen Begleiterscheinungen der Fluchtzuwanderung ab 2015 – zwei Drittel der für den Survey Befragten die Qualität des Zusammenlebens als „eher gut" oder sogar „sehr gut". Dieses Muster ist in allen Milieus festzustellen – mit Ausnahme der *Religiös-Verwurzelten*. Schlechter als im Durchschnitt aller Befragten fällt das Urteil auch bei den sozial schwächeren Milieus der *Prekären* und *Konsum-Hedonisten* aus. Bildungsstand und Alter fallen bei der Bewertung dagegen wenig ins Gewicht. Es fällt aber auf, dass Befragte mit gehobener Bildung etwas häufiger ein verschlechtertes Zusammenleben wahrnehmen als weniger gebildete Befragte. Offenbar bezieht das *Intellektuell-kosmopolitische Milieu* das gesellschaftliche Gesamtklima stärker und kritischer mit ein. Auch die Religionszugehörigkeit und die persönliche Religiosität beeinflussen die Bewertung kaum: Der Anteil der Katholiken, Protestanten oder Muslime, die das Zusammenleben eher positiv bewerten, ist fast identisch.

possible" (Pries, 2015, 24). In public discourse, the various forms of acculturation continue to be blended or shaped differently in their substance. This applies not least to the concepts of assimilation and integration: "Even if integration and assimilation do not necessarily have to be identical, the media and politics usually speak of integration, regardless of whether integration or assimilation is meant (Koopmans, 2017; Duyvendak & Scholten, 2011). This finding is astonishing not least because Berry (1980), in his groundbreaking studies on acculturation in the 1980s, already presented a clear demarcation of manifestations, which had a broad and continuing influence on integration research.

The results are particularly interesting in light of this. Thus – irrespective of the negative side effects of migrants fleeing to other regions starting in 2015 – two thirds of the respondents to the survey rate the quality of living together as "rather good" or even "very good". This pattern can be observed in all milieus – with the exception of those with religious roots. However, the assessment is also worse than the average for all respondents among the socially weaker milieus of the precariats and consumer hedonists. In contrast, educational attainment and age are of little importance in the assessment. It is noticeable, however, that respondents with a high level of education perceive a deterioration in living together somewhat more frequently than less educated respondents. Obviously, the cosmopolitan-intellectual milieu includes the overall social climate more strongly and critically. Also worth mentioning is that religious affiliation and personal religion hardly influence the evaluation. The proportion of Catholics, Protestants or Muslims who tend to view coexistence positively is almost identical.

Viele Kontakte – gutes Verhältnis

Eindeutig besteht ein enger Zusammenhang zwischen Kontakthäufigkeit und der empfundenen Qualität des Zusammenlebens. Besonders schlecht bewerten Befragte das Zusammenleben, wenn sie so gut wie keine Kontakte zu Einheimischen haben: Nur ein Viertel von ihnen empfindet das Zusammenleben als positiv. Dieses negative Urteil ist häufig bei Befragten anzutreffen, die ausschließlich in der Nachbarschaft Kontakte zu Einheimischen haben. Am positivsten beurteilen jene Befragten das Miteinander, die Kontakte zu Einheimischen sowohl am Arbeitsplatz beziehungsweise in der Universität als auch im Freundes- und Bekanntenkreis haben. Kaum Unterschiede gibt es zwischen Befragten mit täglichen und solchen mit allenfalls monatlichen Kontakten. Insofern ist dies eine eindeutige Bestätigung der Bedeutung von sozialer Teilhabe und Sprachkompetenz für ein positives Zusammenleben.

Auch die Meinungen darüber, ob das Zusammenleben in den letzten Jahren besser oder schlechter geworden ist, laufen auseinander: Ein knappes Viertel findet, das Zusammenleben habe sich verbessert, ein gutes Drittel hält jedoch das Gegenteil für zutreffend. Diejenigen, die eine Verschlechterung sehen, sind in allen Segmenten zu finden, sowohl bei den modernen Milieus als auch im bürgerlichen Mainstream, bei den *Prekären* und den *Religiös-Verwurzelten*. Die *Performer* und das *Traditionelle Arbeitermilieu* beurteilen die Entwicklung des Miteinanders etwas positiver. Interessant ist der Einfluss der räumlichen Wohnlage: Befragte in Innenstädten bewerten das Zusammenleben zu 30 Prozent als (eher) schlecht. Bewohnerinnen und Bewohner von Vororten oder ländlichen Gemeinden sehen das nur zu 21 Prozent so. Mit anderen Worten: In kleineren Orten scheint das Zusammenleben für viele besser zu klappen.

Lots of contact – good relationship

There is clearly a close connection between frequency of contact and the perceived quality of living together. The interviewees rate living together particularly badly when they have virtually no contact with the locals. Only a quarter of them feel that living together is positive. A negative verdict is often found among respondents who have contacts with locals in their neighbourhood exclusively. The interviewees with the most positive view of interactions are those who have contact with locals both at work and at university as well as among friends and acquaintances. There are hardly any differences between respondents with daily contact and those with monthly contact. In this respect, this is a clear confirmation of the importance of social participation and language competence for positive coexistence.

The assessments as to whether living together has become better or worse in recent years also diverge. Just under a quarter of all respondents think that living together has improved, but a good third think the opposite is true. Those who see a deterioration are found in all segments, both among the modern milieus and in the bourgeois mainstream, among the precariats and the religiously rooted. The *Performers* and the *Traditional Working Class milieu* assess the development of togetherness somewhat more positively. The influence of spatial aspects of residential areas is interesting. Respondents in inner cities rated 30 percent of living together as (rather) poor. Whereas only 21 percent of residents in suburbs or rural communities think it's positive. In other words, living together seems to work out better for many in smaller towns.

Raumübertragung und operative Nutzung

Die Studie hat eine Vielzahl weiterer Ergebnisse produziert, und zwar in vielen handlungsrelevanten Bereichen. Von der Mediennutzung für die Information über kommunale Vorgänge, die Mitgliedschaft in Vereinen und Verbänden, die Bewertung kommunaler Politik und Institutionen bis hin zu Fragen der Nutzung des öffentlichen Raums oder der Ansprüche und Wünsche an die eigene Wohnsituation. Viele dieser Erkenntnisse lassen sich in Weichenstellungen und aktives Handeln vor Ort übertragen.

Dazu dient die letzte Stufe der Studie: die räumliche Übertragung auch dieses Milieumodells, nachdem bereits das gesamtgesellschaftliche Modell der Sinus-Milieus und das erste Migrantenmilieumodell mikrogeografisch umgesetzt worden waren. Dabei handelt es sich um ein komplexes Datenmodell, bei dem vielfältige vorhandene Informationen über die Haushalte im Lande und deren Ausstattung, Konsumgewohnheiten und vieles andere mehr zu einer Berechnung der Wahrscheinlichkeit einem der auf der Meta-Ebene entwickelten Milieu anzugehören, genutzt werden. Durch Abgleich mit strukturellen Rauminformationen werden raumscharfe Zugehörigkeitsmodelle entwickelt, welche die Milieuanteile und Milieustrukturen auch auf Quartiersebene abbilden (siehe Abbildung 4).

Mithilfe dieser Daten können Handlungsschwerpunkte identifiziert, Voraussetzungen für einzelne Maßnahmen geprüft oder kommunikative Zugänge zu unterschiedlichen Milieus abgeleitet werden.

Der mehrschichtige Milieuansatz ermöglicht insofern nicht nur einen veränderten Blick auf Stand und Entwicklung der gesellschaftlichen und sozialen Vielfalt, sondern erlaubt auch die operative Nutzung des Wissens im Rahmen von Integrations- oder Kohäsionsansätzen.

Damit schafft die Milieuforschung eine erweiterte Grundlage für die Konzeption zukunftsfähiger und integrierter Stadtentwicklungspolitik.

Transfer into spatial and operational use

The study has produced a large number of other results in many areas relevant to action. From media use for information about municipal processes, membership in associations and federations, the evaluation of municipal politics and institutions to questions about the use of public space or the demands and wishes placed on one's own housing situation – many of these findings can be transferred over to the process of setting the course and active action of local stakeholders.

The last stage of the study serves precisely this purpose: The spatial transfer of this milieu model, too, after the overall social model of the sinus milieus and the first migrant milieu model had already been implemented microgeographically. This is a complex data model in which a variety of available information about the households in the country and their equipment, consumption habits and much more is used to calculate the probability of belonging to one of the milieus developed at the meta-level. Through comparison with structural spatial information, spatially accurate models of belonging are developed which also give a picture of the milieu components and milieu structures at neighbourhood level (see Figure 4).

This data can be used to identify focal points for action, to examine the prerequisites for individual measures or to derive communicative approaches to different milieus.

In this respect, the multi-layered milieu approach not only enables a changed view of the status and development of social and societal diversity but also permits the operative use of knowledge within the framework of integration and cohesion approaches.

Milieu research thus creates an expanded basis for the conception of sustainable and integrated urban development policy.

Keine Anteile
No shares

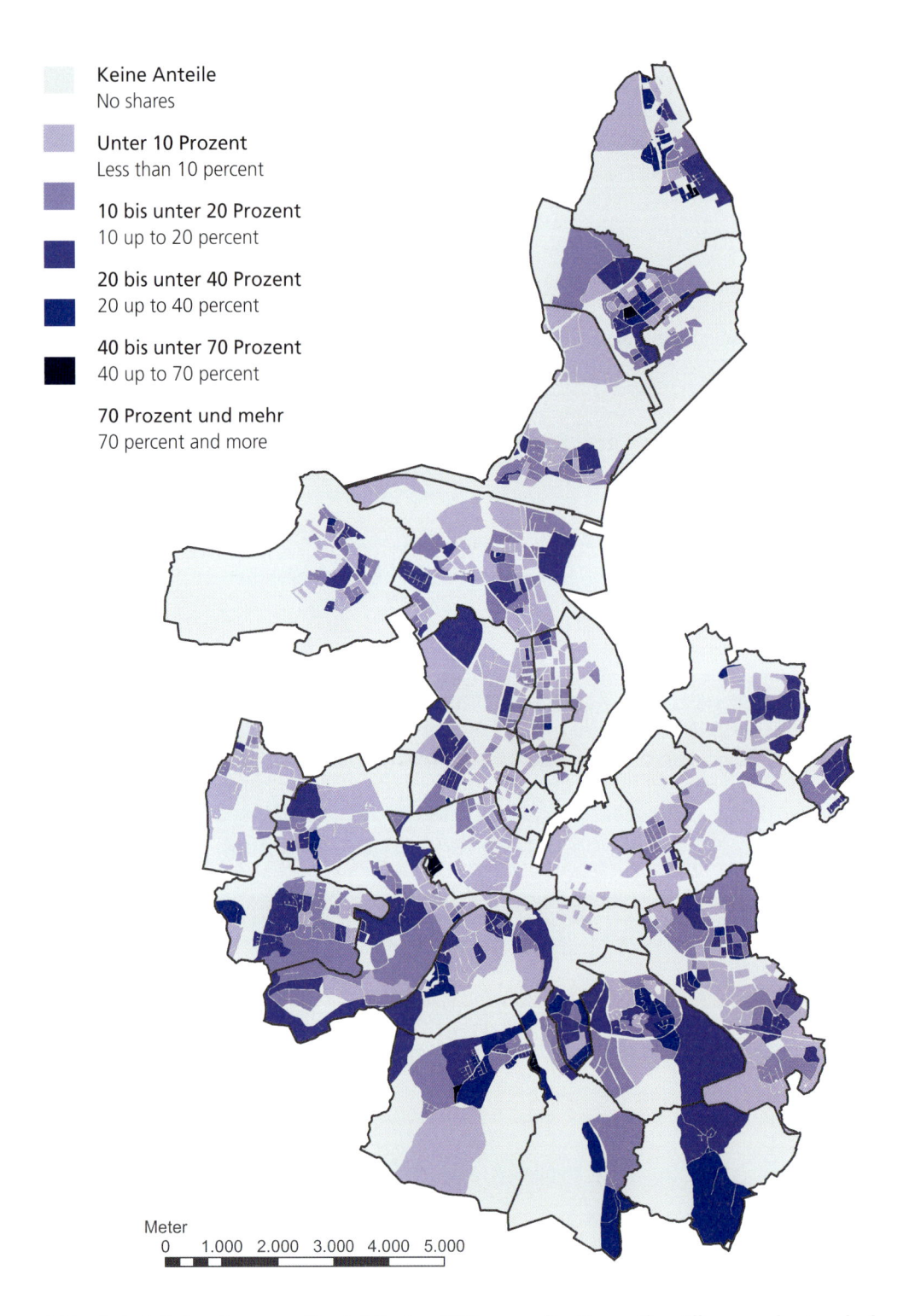

Unter 10 Prozent
Less than 10 percent

10 bis unter 20 Prozent
10 up to 20 percent

20 bis unter 40 Prozent
20 up to 40 percent

40 bis unter 70 Prozent
40 up to 70 percent

70 Prozent und mehr
70 percent and more

Meter
0 1.000 2.000 3.000 4.000 5.000

Abb. 4: Anteil des *Konservativ-etablierten Milieus* an der Gesamtbevölkerung der Landeshauptstadt Kiel. Darstellung auf Blockebene (Quelle: vhw/sinus 2019)

Fig. 4: Share of the *Established milieu* in the population of the provincial capital of Kiel. Depiction by residential quarters (Source: vhw/sinus 2019)

Quellen | References

Berry, J. W. (1980). Acculturation as varieties of adaptation. In Padilla, A. (Hrsg./Eds.), *Acculturation: Theory, models and some new findings* (9–25). Boulder, USA: Westview Press.

Duyvendak, J. W. & Scholten, P. W. A. (2011). Beyond the Dutch "Multicultural Model". The Coproduction of Integration Policy Frames in the Netherlands. *International Migration & Integration, 12*, 331–348.

Esser, H. (2009). Pluralisierung oder Assimilation? Effekte der multiplen Inklusion auf die Integration von Migranten. *Zeitschrift für Soziologie, 38*(5), 358–378.

Grillo, R. (2015). *Reflections on Super-Diversity by an Urban Anthropologist*. Berlin: Super-diversity Academy.

Hallenberg, B. (2018). Menschen mit Zuwanderungsgeschichte in Deutschland – vhw-Migrantenmilieu-Survey 2018. *vhw-Schriftenreihe, 10.*

Hradil, S. (2001). *Soziale Ungleichheit in Deutschland*. Wiesbaden: Springer VS.

Hradil, S. (2006). Soziale Milieus – eine praxisorientierte Forschungsperspektive, *Aus Politik und Zeitgeschichte, 44/45*, 3–10.

Koopmans, R. (2017). *Assimilation oder Multikulturalismus? Bedingungen gelungener Integration*. Münster: Lit Verlag.

Pries, L. (2015). Teilhabe in der Migrationsgesellschaft: Zwischen Assimilation und Abschaffung des Integrationsbegriffs. *IMIS Beiträge, 47*. Osnabrück: Universität Osnabrück, 7–35.

Scherr, A. & Inan, C. (2018). Leitbilder in der politischen Debatte: Integration, Multikulturalismus und Diversity. In Gesemann, F. & Roth, R. (Hrsg./Eds.), *Handbuch Lokale Integrationspolitik* (201–226). Wiesbaden: Springer VS.

Tasan-Kok, T., van Kempen, R., Raco, M. & Bolt, G. (2013). *Towards Hyper-Diversified European Cities: A Critical Literature Review*. Utrecht: Utrecht University.

Vertovec, S. (2007). Super-Diversity and Its Implications. *Ethnic and Racial Studies, 30*(6), 1024–1054. vhw (2009). Die Migranten-Milieus. *vhw-Schriftenreihe, 1.*

Wippermann, C. & Flaig, B. (2009). Lebenswelten von Migrantinnen und Migranten. *Aus Politik und Zeitgeschichte, 5*, 3–11.

4

NAOMI ALCAIDE, CHRISTIAN HÖCKE, THOMAS KUDER

Bürgerbeteiligung als Beitrag zur sozialen Kohäsion? Herausforderungen und Möglichkeiten

Civic Participation as a Contribution to Social Cohesion? Challenges and Opportunities

Soziale Kohäsion wird mitunter als Qualität und Fähigkeit einer Gesellschaft bezeichnet, für alle Individuen, Institutionen und sozialen Einrichtungen den offenen Zugang und eine gleichberechtigte Beteiligungschance am gesellschaftlichen Leben zu gewährleisten. Dies erfordert eine Sozialintegration und eine Systemintegration möglichst aller Bürgerinnen und Bürger. Damit verbunden ist die unbeschränkte Möglichkeit für Individuen, im Rahmen der sozialen Ordnung Beziehungen und Bindungen mit anderen eingehen und sich in sozialen Einrichtungen engagieren zu können. Für Institutionen ist es erforderlich, dass sie sich entfalten und in ein mehr oder weniger einvernehmliches gesellschaftliches Ganzes einfügen können (Möller, 2013). Soziale Kohäsion steht damit zugleich auch für einige sehr wichtige Leistungskriterien im Zusammenleben einer Gesellschaft, zum Beispiel das Vertrauen in andere, das gemeinsame Handeln mit anderen, die gemeinsamen sozialen Normen, das Gefühl der Verbundenheit mit Heimat, Quartier und Nachbarschaft oder die allgemeine Zufriedenheit der Menschen (Allmendinger, 2015).

Es ist demnach offensichtlich, dass eine leistungsstarke soziale Kohäsion auch den offenen Zugang und eine gleichberechtigte Teilhabe beziehungsweise Beteiligung im Bereich des Politischen umfasst. Dazu gehört einmal die repräsentative Demokratie mit der Möglichkeit, an der

Social cohesion is sometimes described as the quality and ability of a society to guarantee open access and equal opportunities to participate in social life for all individuals and social institutions. A requirement of this is the integration of as many citizens as possible into the social system. This is associated with individuals having the unrestricted ability to form relationships and bonds with other members of society and to become involved in social institutions. These, again, have to be able to develop and adapt themselves freely while fitting into society at large (Möller, 2013). Social cohesion therefore also stands for a number of very important performance criteria in the coexistence of a society, e.g. trust in others, acting together with others, common social norms, the feeling of solidarity with home and neighbourhood, and the satisfaction of people in general (Allmendinger, 2015).

It is therefore clear that effective social cohesion also entails open access and equal participation in the political sphere. This includes representative democracy with the possibility of participating in political decision-making, e.g. in political parties or interest groups, and of exercising the universal right to vote, either actively or passively. Furthermore, this includes the possibility of participating in direct democratic decision-making processes and – the aspect which this article will focus on – the possibility of becoming involved in all possible forms of civic participation and dialogue.

politischen Willensbildung teilzunehmen, zum Beispiel in Parteien oder Interessengruppen, sowie aktiv oder passiv das allgemeine Wahlrecht in Anspruch nehmen zu können. Des Weiteren gehört dazu die Teilnahmemöglichkeit an direktdemokratischen Entscheidungsprozessen sowie – dieser Aspekt soll in diesem Beitrag im Vordergrund stehen – die Möglichkeit, sich in alle Formen der Bürgerbeteiligung und des Bürgerdialoges einzubringen.

Nur wenn sich alle Bürgerinnen und Bürger sowie zivilgesellschaftliche Institutionen im Rahmen vorgegebener demokratischer Standards politisch betätigen und einbringen können, gelten die hohen Anforderungen an eine Demokratie als erfüllt. Vor diesem Hintergrund untersucht der vorliegende Beitrag aus deutscher Perspektive im Kontext des Politischen die Leistungsfähigkeit der Bürgerbeteiligung als Form des Empowerments und damit als wichtiger Beitrag zur sozialen Kohäsion sowie die Möglichkeiten und Herausforderungen, die mit diesem hohen Anspruch verbunden sind.

Only if all citizens and civil society institutions are politically active and able to contribute within the framework of given democratic standards can the high demands placed on a democracy be considered fulfilled. Against this background, the following article examines the efficiency of civic participation as a form of empowerment in the context of politics from a German perspective. The article will look at participation as a tool to strengthen social cohesion, while examining the challenges and opportunities that come with this high expectation.

Bürgerbeteiligung heute

Civic participation today

Die Beteiligung von Bürgerinnen und Bürgern in der Bundesrepublik Deutschland ist seit vielen Jahren ein fester Bestandteil des Baurechts sowie zahlreicher Förderinstrumente wie der Städtebauförderung des Bundes und der Länder. Immer öfter gilt in den Programmen der Städtebauförderung die Regel: Ohne Beteiligung der Bevölkerung keine Förderung! Auch ist die Zahl informeller Beteiligungsverfahren zuletzt kontinuierlich angestiegen, und viele Kommunen haben in den vergangenen Jahren konkrete Leitlinien oder Regeln zu den Verfahrensweisen und zur Qualitätssicherung von Beteiligung entwickelt, die von kurzen pointierten Broschüren bis zu umfassenden Ausarbeitungen reichen (vgl. Krüger, 2018). Auch neue Planstellen und Referate zur personellen Koordinierung, Steuerung und Umsetzung von Beteiligung wurden geschaffen. Somit scheint auf den ersten Blick ein guter Weg für mehr und bessere Bürgerbeteiligung gezeichnet, und man könnte durchaus den Eindruck gewinnen, dass sich unsere repräsentative Demokratie in einem Prozess des Wandels befindet, bei dem die klassische demokratische Mitwirkung weiterentwickelt wird.

Bürgerbeteiligung in der Stadtentwicklung kann ganz unterschiedliche Funktionen einnehmen. Ein Aspekt ist die Verbesserung der Qualität und der Ergebnisse der

For many years, the participation of citizens has been an integral part of German construction law, for example, as well as of numerous funding instruments such as federal and state urban development funding. The rule that is increasingly being applied in urban development programmes: No support without the participation of the population! The number of informal participation procedures has also been rising continuously recently, and many municipalities have developed concrete guidelines or rules on the procedures and quality assurance of participation in recent years, ranging from short, pointed brochures to elaborate and comprehensive works (see Krüger, 2018). New posts and units have also been created to coordinate, manage and implement participation. At first glance, this seems to represent a good way for increased and improved citizen participation, and one could easily get the impression that our representative democracy is simply in a process of change, characterised by the further development of classic democratic participation.

Civic participation in urban development can have a diverse range of functions. One aspect is to improve the quality and results of planning projects by aligning them more closely with the interests of future users and incorporating the local population's expert knowledge. At the same time, they can increase planning security by identifying and moderating

Abb. 1: Workshop mit Initiativen aus der Zivilgesellschaft und Vertreterinnen und Vertretern aus Politik und Verwaltung in Berlin (Quelle: Torsten George)

Fig. 1: Workshop with civil bottom-up initiatives, local politicians and members of public services in Berlin (Source: Torsten George)

Planungsvorhaben, indem diese stärker an den Interessen zukünftiger Nutzerinnen und Nutzer ausgerichtet sind und das lokale Wissen der Bevölkerung als Expertinnen und Experten vor Ort einfließen lassen. Gleichzeitig können sie die Planungssicherheit erhöhen, indem Konflikte frühzeitig erkannt und moderiert werden, und so die Akzeptanz des Vorhabens gesteigert wird. Nicht zuletzt wird der Bürgerbeteiligung als Ausdruck lebendiger Demokratie ein hohes Maß an Bedeutung beigemessen; im Idealfall fördert sie eine konstruktive Kooperation zwischen der beteiligten Bürgerschaft und den Akteurinnen und Akteuren aus Politik und Verwaltung und stärkt das gegenseitige Vertrauen.

Bürgerbeteiligung als Ausdruck einer lebendigen Demokratie, die das Gemeinwesen und das Vertrauen zwischen Repräsentierenden und Repräsentierten stärkt, kann als besondere Aufgabe gesehen werden. Dem zugrunde liegen jedoch ganz neue Herausforderungen für das repräsentative demokratische System, denn vor allem die klassischen Formen der politischen Willensbildung und Teilhabe, die Mitarbeit in Parteien und die Beteiligung an Wahlen haben in der Vergangenheit in der Bundesrepublik vielerorts an Bedeutung verloren, auf kommunaler sogar noch stärker als auf nationaler Ebene (Schäfer, 2015).

conflicts at an early stage, thus increasing the acceptance of the project. Last but not least, a high degree of importance is attached to civic participation as an expression of living democracy, which ideally promotes constructive cooperation between the citizens involved and political or administrative stakeholders, strengthening mutual trust.

Civic participation as an expression of a living democracy that strengthens both the community and the trust between representatives and those represented can be seen as a special task. This, however, is based on entirely new challenges for the representative democratic system. The classic forms of political decision-making and participation, engagement in political parties and in elections have lost importance in many places in the past – even more so at the municipal level than at the national level (Schäfer, 2015).

Krisenphänomene und Verwerfungen

Konnten die politischen Parteien zu Beginn der 1990er Jahre in der Bundesrepublik Deutschland noch auf circa 2,4 Millionen Mitglieder verweisen, haben sie nach neueren Studien inzwischen rund die Hälfte ihrer Mitglieder verloren (Niedermayer 2018). Insbesondere auf kommunaler Ebene erfahren sie signifikante Bedeutungseinbußen, womit auch kollektive Organisationen, denen viele Menschen lange Zeit ein hohes Maß an Vertrauen entgegenbrachten, an Einfluss verloren haben. Darauf deuten auch die repräsentativen Ergebnisse einer bundesweiten Sinus-Trendstudie (vhw, 2015) hin, wenn zum Beispiel nur ein Viertel der rund 2100 Befragten die Arbeit von Parteien als zuverlässig wahrnimmt oder sich mit eigenen Anliegen an lokale Parteien wenden würde.

Offensichtlich, wenngleich vielschichtiger, sind die Bedeutungseinbußen bei Wahlen. Diese haben im Trend der letzten Jahrzehnte relativ kontinuierlich Rückgänge bei der Wahlbeteiligung hervorgebracht. Vor allem zeigt sich der Bedeutungsverlust von Wahlen daran, dass heute fast regelmäßig die Gruppe der Nichtwählerinnen und Nichtwähler die „stärkste Partei" stellt. Selbst bei der häufig als „Schicksalswahl für Europa" bezeichneten und mit einer erfreulich hohen Wahlbeteiligung aufwartenden Europawahl im Mai 2019 betrug die Wahlenthaltung in Deutschland 38,6 Prozent, womit Nichtwählerinnen und Nichtwähler, wie Abbildung 2 verdeutlicht, mit großem Abstand die größte Wählergruppe stellen.

Erschwerend kommt die zunehmende sozialräumliche Spaltung bei der demokratischen Mitwirkung durch Wahlen hinzu, die deutliche Zusammenhänge zwischen der finanziellen Leistungsstärke und Milieuzugehörigkeit der Haushalte in verschiedenen Stadträumen und der Höhe der jeweiligen Wahlbeteiligung erkennen lässt (Hallenberg, 2014).

Die repräsentative Demokratie steckt angesichts dessen, so die zentrale These im wissenschaftlichen Diskurs um die „Postdemokratie", in einer handfesten Krise. Einige Politikwissenschaftler erkennen unter anderem in dem benannten Mitgliederschwund bei den Parteien und in der langfristig sinkenden Wahlbeteiligung eine langsame Aushöhlung der Demokratie (zum Beispiel Crouch, 1996). Politische Amtsinhabende vereinen angesichts dessen oftmals nicht länger einen repräsentativen Teil

Crisis phenomena and distortions

At the beginning of the 1990s, political parties in the Federal Republic of Germany still had around 2.4 million members, but according to recent studies they have now lost around half of these (Niedermayer, 2018). At the local level in particular, they are experiencing a significant loss of significance, with local clubs and societies, in which many people for a long time had a high degree of trust, losing influence. This is also evidenced by the representative results of a nationwide Sinus Trend Study (vhw, 2015), where, for example, only a quarter of the approximately 2,100 respondents perceive the work of parties as reliable or turn to local parties with their own concerns.

The loss of significance in elections is also obvious, although much more complex. This has led to a relatively steady decline in voter turnout in recent decades. The loss of importance of elections is especially evident from the fact that the party with the biggest majority nowadays is almost always the "non-voters' party". Even in the European elections in May 2019, which were often referred to as "the election of fate for Europe" and which attracted a pleasingly high turnout, the abstention rate in Germany was ultimately 38.6 percent, making non-voters by far the largest voter group, as figure 2 shows.

This is aggravated by the increasing socio-spatial divide in democratic participation through elections, which reveals clear connections between financial performance and milieu affiliation of households in different urban areas and the level of voter turnout (Hallenberg, 2014).

In view of this, the central thesis in the scientific discourse on "post-democracy" is that representative democracy is experiencing a real crisis. Some political scientists suspect, among other things, a slow erosion of democracy due to the decline in party membership and the long-term decline in voter turnout (e.g. Crouch, 1996). With this in mind, political incumbents often no longer unite a representative proportion of citizens behind them, which also calls into question the legitimacy of their representative role.

The consequences are varied. They range from a further aversion to political participation to a strengthening of populist forces. At the same time, a stronger commitment of the citizens can be observed at the local level (forsa, 2015), as well as the desire for more local political participation and co-determination.

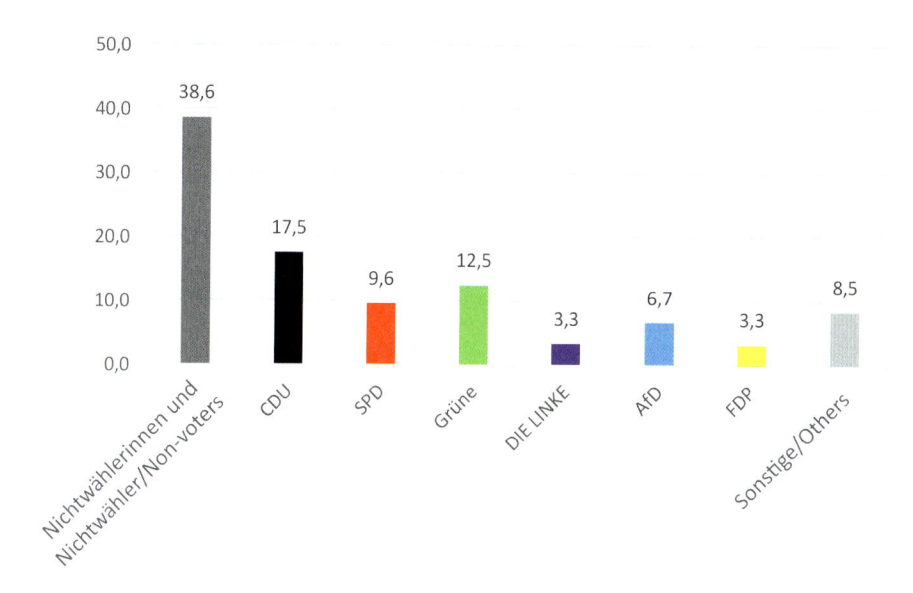

38,6	Nichtwählerinnen und Nichtwähler/Non-voters
17,5	CDU
9,6	SPD
12,5	Grüne
3,3	DIE LINKE
6,7	AfD
3,3	FDP
8,5	Sonstige/Others

Abb. 2: Ergebnisse der Europawahl in Deutschland in Prozent, inklusive der Nichtwählerinnen und Nichtwähler. Wahlbeteiligung: 61,4 Prozent (Quelle: Der Bundeswahlleiter, Wiesbaden 2019)

Fig. 2: Results of the European elections in Germany in percent, including non-voters. Voter turnout: 61.4 percent (Source: The Federal Election Commissioner, Wiesbaden 2019)

der Bürgerinnen und Bürger hinter sich, was unter anderem auch die Legitimität ihrer repräsentativen Rolle infrage stellt.

Die Folgen sind unterschiedlich. Sie reichen von einer weiteren Abwendung von politischer Teilhabe bis zu einem Erstarken populistischer Kräfte. Gleichzeitig ist auf kommunaler Ebene der Wunsch nach einem Mehr an kommunalpolitischer Mitsprache und Mitbestimmung zu beobachten (forsa, 2015).

Versteht man Bürgerbeteiligung nunmehr als ein wichtiges Instrument zur Stärkung des gesellschaftlichen Zusammenhalts, muss der Blick insbesondere darauf gerichtet werden, wer sich beteiligt und wer nicht. Und dabei steht der Selbstzufriedenheit vieler Städte über hohe Teilnehmerzahlen in meist professionell abgewickelten Verfahren eine nicht minder deutliche Kritik gegenüber. Diese richtet sich, neben allgemeinen Qualitätsdefiziten der herkömmlichen Bürgerbeteiligung, vornehmlich gegen die darin reproduzierte politische Ungleichheit. So kranken Beteiligungsverfahren häufig an einer vorab „von oben" festgelegten Themensetzung, bei der die komplexen lebensweltlichen Interessen vieler Menschen oft außen vor bleiben. Und sie leiden unter einem Beteiligungsverständnis, das sich auf „Informieren und Mitnehmen" beschränkt, eine öffentliche Beratschlagung auf

If civic participation is now seen as an important instrument for strengthening social cohesion, the focus must be on who participates and who does not. And the complacency of many cities about the high number of participants in mostly professionally executed procedures is met with an equal degree of criticism. In addition to the general quality deficits of traditional citizen participation, this is primarily directed against the political inequality reproduced therein. Participation procedures can suffer from a pre-defined topic "from above", in which the complex everyday interests of many people are often ignored. And they suffer from an understanding of participation which is limited to merely informing, while public consultation "at eye level" and transparent, comprehensible decision-making for all people is neglected or considered unnecessary.

Above all, according to the critics, these procedures often have democratic biases (Jörke, 2011). Civic participation is dominated by members of the social establishment who are socially better off and have strong arguments. The design of conventional participation procedures, which are based on free speech and open discussions, make communicative skills particularly in demand. This is especially advantageous to people with better rhetorical skills and higher self-confidence. Social groups that live under difficult, sometimes precarious social conditions, participate less and less. According to critics, even in elections with low voter turnout

Abb. 3: Zukunftskonferenz 2015 in Ludwigsburg (Quelle: Reiner Pfisterer)
Fig. 3: Future Conference 2015 in Ludwigsburg (Source: Reiner Pfisterer)

Augenhöhe oder eine transparente, nachvollziehbare Entscheidungsfindung für alle Menschen jedoch vernachlässigt oder für unnötig erachtet.

Vor allem weisen diese Verfahren, so die Kritik, oftmals demokratische Schräglagen auf (Jörke, 2011). Sozial besser gestellte, argumentationsstarke Angehörige der gesellschaftlich Etablierten dominieren die Bürgerbeteiligung. Durch die Gestaltung der klassischen Beteiligungsverfahren, die auf freien Redebeiträgen und offenen Diskussionen basieren, sind vor allem kommunikative Fähigkeiten besonders gefragt; somit werden Personen mit besseren rhetorischen Fähigkeiten und höherem Selbstbewusstsein bevorteilt. Sozialgruppen, die unter schwierigen, teils prekären sozialen Verhältnissen leben, nehmen dagegen immer weniger daran teil. Selbst bei Wahlen mit geringer Wahlbeteiligung bei den sozial Schwächeren, so die Kritik, lässt sich ein höheres Maß an Repräsentativität erzielen als bei herkömmlichen Beteiligungsprozessen (Jörke, 2010; Bertelsmann, 2014).

So dürften eine einseitige Themensetzung aus Expertensicht, Beteiligungsformate, die auf den besser gebildeten Teil der Menschen zugeschnitten sind und eine für Laien unverständliche Fachsprache den Ausschluss sozial

among socially weaker groups, a higher degree of representativeness can be achieved than in conventional participation processes (Jörke, 2010; Bertelsmann, 2014).

A one-sided setting of topics from the perspective of experts, participation formats that are tailored to the better educated part of the population and technical language that is incomprehensible to laypersons are all likely to considerably reinforce the exclusion of socially weaker groups and a one-sided assertion of interests. Asymmetrical participation procedures thus carry the risk of weakening social cohesion and strengthening the polarisation between "top" and "bottom". The consequences, according to critics, are the threat of exclusion, resignation and political aversion of those affected (e.g. Öztürk, 2011).

This criticism is also supported empirically by the Sinus Trend Study 2015. The dissatisfaction of socially weaker milieus became particularly clear, along with the feeling that they were not welcome at events and that their concerns were not of interest. While, for example, 54 percent of the conservatively established upper classes are satisfied with local citizen participation, only 25 percent are satisfied among people with precarious living conditions. And while only 12 percent of liberal intellectuals do not feel welcome, 55 percent of

schwächerer Bürgerinnen und Bürger und eine einseitige Interessendurchsetzung erheblich verstärken. Damit bergen asymmetrische Beteiligungsverfahren das Risiko, gerade auch den sozialen Zusammenhalt zu schwächen und die Polarisierung zwischen „oben" und „unten" zu stärken. Als Folgen, so die Kritikerinnen und Kritiker, drohen Ausgrenzung, Resignation und politische Abwendung der Betroffenen (zum Beispiel Öztürk, 2011).

Auch diese Kritik lässt sich anhand der Sinus-Trendstudie 2015 empirisch unterlegen. Besonders deutlich wurde dabei die Unzufriedenheit sozial schwächerer Milieus einhergehend mit dem Gefühl, sie seien in Bürgerveranstaltungen nicht willkommen und ihre Belange seien nicht von Interesse. Während zum Beispiel 54 Prozent der konservativ-etablierten Oberschicht mit der lokalen Bürgerbeteiligung zufrieden sind, gilt dies nur zu 25 Prozent für Menschen mit prekären Lebensbedingungen. Und während sich nur 12 Prozent der Liberal-Intellektuellen nicht willkommen fühlen, gilt dies für 55 Prozent der jungen, sozial schwächer gestellten Konsum-Hedonisten. Zu guter Letzt glauben über 60 Prozent der Konsum-Hedonisten und Menschen mit prekären Lebensbedingungen, dass sich bei der Bürgerbeteiligung niemand für ihre Belange interessiert. Versteht man die gleichberechtigte Mitwirkung

young, socially weaker consumer hedonists report the same. Last but not least, over 60 percent of consumer hedonists and people with precarious living conditions believe that no one cares about their interests when it comes to civic participation.

If one understands the equal participation of all citizens as an important concern of social cohesion, as was argued at the beginning, then classical citizen participation with its tendency towards exclusive self-recruitment is more likely to lead to a loss of cohesion. As a result, the task is to make citizen participation with its structural non-inclusion of parts of society significantly more inclusive, also in order to strengthen social cohesion.

aller Bürgerinnen und Bürger als ein wichtiges Anliegen der sozialen Kohäsion, wie eingangs argumentiert wurde, dann droht die klassische Bürgerbeteiligung mit ihrer Tendenz zur exklusiven Selbstrekrutierung eher zu einem Verlust an Zusammenhalt beizutragen. Es stellt sich in der Folge die Aufgabe, die klassische Bürgerbeteiligung mit ihrer strukturellen Nicht-Einbeziehung von Teilen der Gesellschaft deutlich inklusiver zu gestalten, auch um darüber die soziale Kohäsion zu stärken.

Bürgerbeteiligung als Beitrag zur sozialen Kohäsion

Im Folgenden wollen wir innovative Möglichkeiten skizzieren, die dem Dilemma der sozialen Selektivität und politischen Ungleichheit Abhilfe schaffen und Bürgerbeteiligung als ein Instrument zur Stärkung der sozialen Kohäsion qualifizieren können. Wir blicken dabei zurück auf reichhaltige empirische Erfahrungen, die in zahlreichen innovativen Beteiligungsprozessen im engen Zusammenspiel mit Vertreterinnen und Vertretern aus kommunalen Institutionen und der Wissenschaft gesammelt werden konnten (Kuder, 2017).

Mit der Gründung eines vhw-Netzwerkes von Städten in Deutschland wurde 2010 das Ziel gesetzt, die lokale Demokratie in den Kommunen durch Beteiligungsprozesse in der Stadtentwicklung zu stärken. Die im Rahmen des Städtenetzwerks durchgeführten Beteiligungsverfahren und Stadtentwicklungsprozesse sollten sich besonders dadurch auszeichnen, die bürgerschaftlichen Interessen und Bedarfe stärker in den stadtentwicklungspolitischen Fokus zu rücken und in den Planungsprozessen zu verankern. Die Bürgerinnen und Bürger sollten dabei in ihrer Rolle in den lokalen Aushandlungsprozessen gestärkt und insgesamt sollte das Zusammenspiel zwischen Verwaltung, Wirtschaft, Zivilgesellschaft und Bürgerschaft verbessert werden.

Dieser akteursübergreifende Ansatz städtischer Entwicklung sollte sich auch räumlich und thematisch in einer Weise öffnen, wie es dem Leitbild der nachhaltigen, integrierten Stadtentwicklung entspricht, das im Jahr 2007 in der Leipzig Charta zur nachhaltigen europäischen Stadt festgehalten wurde. Es sollte damit einem europäischen

Civic participation as a contribution to social cohesion

In the following we will therefore outline innovative possibilities that can remedy the dilemma of social selectivity and political inequality and qualify citizen participation as an instrument for strengthening social cohesion. We can look back on rich empirical experiences gained in numerous innovative participation processes in close cooperation with local stakeholders and representatives of science (Kuder, 2017).

With the founding of a vhw network of cities in Germany in 2010, the goal was set to strengthen local democracy in municipalities through participation processes in urban development. The participation procedures and urban development processes carried out within the framework of the city network should be characterised by focussing urban development policy on the interests and needs of the citizens and anchoring them in the process of planning. Citizens should be strengthened in their role in local negotiation processes, and the overall interaction between administration, the economy, civil society and citizenship should be improved.

This multi-stakeholder approach to urban development should also open up spatially and thematically in line with the concept of sustainable, integrated urban development, as set out in the Leipzig Charter on Sustainable European Cities in 2007. It should thus correspond to a European ideal of urban development that is characterised internally and externally by a high degree of coordination and participation, thus making it not only sustainable, but also inclusive, democratic and oriented towards the common good.

Abb. 4: Workshop im Rahmen eines Bürgerbeteiligungsverfahrens im Hamburger Stadtteil Wilhelmsburg (Quelle: Sebastian Beck)

Fig. 4: Civic participation workshop in the Wilhelmsburg neighbourhood in Hamburg (Source: Sebastian Beck)

Stadtentwicklungsideal entsprechen, das sich nach innen und nach außen durch ein hohes Maß an funktionierender Koordination, Abstimmung und Partizipation auszeichnet und sich somit nicht nur nachhaltig, sondern auch inklusiv, demokratisch und gemeinwohlorientiert ausrichtet.

Über die eher kleinteiligen Ansätze hinaus, die sich auf die Verbesserung des Ablaufs des Dialoges selbst konzentrieren – also das öffentliche Forum und dessen Gestaltung für mehr Niedrigschwelligkeit und einen erleichterten Zugang für alle gesellschaftlichen Gruppen – war die Arbeit im Städtenetzwerk umfassender angelegt. Der Fokus richtete sich auf einen innovativen Mix an Zugangsweisen, durch die möglichst alle unterschiedlichen Anliegen und Interessen der Stadtgesellschaft in die Beteiligungsverfahren einbezogen werden sollten.

Folgende Beteiligungselemente und Vorgehensweisen, die sich vielfach bewährt haben und zunehmend verbessert werden konnten, gehören heute zum Repertoire der gemeinsamen Städteprojekte:

In addition to the generally small-scale approaches that concentrate on improving the course of the dialogue itself, i.e. the public forum and its design for lower thresholds and easier access for all social groups, the work in the city network was also more comprehensive. The focus was on an innovative mix of approaches to include as many different concerns and interests of the urban society as possible in participation procedures.

The following participation elements and approaches, which have proven themselves many times over and have increasingly been improved, are now part of the repertoire of joint urban projects.

First of all, the interests and concerns of citizens must be identified at an early stage before the actual participation process begins. This will allow them to be coordinated with municipality planning objectives and incorporated into the agenda. The process involves carrying out quantitative analyses "from the outside" and qualitative analyses that are carried out "from the inside" to look at the respective urban spaces and their inhabitants to whom the respective procedures relate. In particular, two important instruments were used:

Abb. 5: Stadtspaziergang mit Bürgerinnen und Bürgern in Berlin (Quelle: Torsten George)
Fig. 5: Urban walking tour with citizens in Berlin (Source: Torsten George)

Zunächst gilt es, bereits zu einem frühen Zeitpunkt und vor Beginn des eigentlichen Beteiligungsverfahrens die Interessen und Anliegen der Bürgerschaft zu ermitteln, um sie mit den Planungszielen der Kommunen abstimmen zu können und in die Agenda des Verfahrens einfließen zu lassen. Dabei wird „von außen" durch quantitative Analysen und „von innen" durch qualitative Analysen auf die jeweiligen Stadträume und deren Bewohnerinnen und Bewohner geschaut, auf die sich die jeweiligen Verfahren beziehen. Dabei kommen insbesondere zwei wichtige Instrumente zum Einsatz: zum einen die Milieuforschung und zum anderen die Durchführung von Interviews und Fokusgruppengesprächen, deren Ergebnisse in sogenannten Stimmungsbildern niedergelegt und öffentlich gemacht werden.

Der Einsatz der analytischen Milieuforschung ermöglicht die Unterscheidung der Gesellschaft nach Lebensstilen, Werteorientierungen und sozialen Lagen (siehe den Beitrag von Bernd Hallenberg in diesem Band). Das Milieuwissen beinhaltet dabei auch ein durch repräsentative Befragungen hergestelltes stadtentwicklungsrelevantes Wissen, etwa das Mobilitätsverhalten, die Einstellung zur Bürgerbeteiligung oder das sozial-ökologische Bewusst-

milieu research, and interviews and focus group discussions, the results of which were recorded on "mood charts" and made public.

The use of analytical milieu research makes it possible to distinguish society according to lifestyles, value orientations and social situations (see Hallenberg in this volume). The milieu knowledge also includes knowledge relevant to urban development produced by representative surveys, such as mobility behaviour, attitudes towards citizen participation or the social-ecological awareness of the milieus, and much more. Microgeography can also be used to locate this knowledge on a small scale and link it to statistical social data. Thus, this knowledge offers a much deeper and more selective image of urban spaces and their inhabitants. This also enables an initial orientation of potential needs and possible local problems with regard to questions relevant to urban development.

In addition, mood charts are produced within the framework of qualitative social research. Residents of an area are interviewed in order to collect in-depth information on life in the neighbourhood, interests, wishes and needs in the context of the city, and neighbourhood development. This

sein der Milieus und vieles mehr. Mithilfe der Mikrogeografie lässt sich dieses Wissen zudem kleinräumig verorten und mit Sozialdaten der Statistik verknüpfen. Damit bietet dieses Wissen ein weitaus tieferes und trennschärferes Abbild der Stadträume und ihrer Bewohnerschaft. Dies ermöglicht auch zu den stadtentwicklungsrelevanten Fragen eine erste Orientierung über potenzielle Bedarfe und mögliche lokale Problemlagen.

Ergänzend werden im Rahmen qualitativer Sozialforschung sogenannte Stimmungsbilder angefertigt. Das heißt, dass durch Interviews mit Bewohnerinnen und Bewohnern eines Gebietes vertiefende Informationen zum Leben im Quartier, zu Interessen, Wünschen und Bedarfen im Kontext der Stadt und Quartiersentwicklung gesammelt werden. Dieses Vorgehen bietet die Möglichkeit, die Perspektiven der schwer für Dialoge zu gewinnenden Bevölkerungsgruppen systematischer und in einer ausreichenden Tiefe aufzunehmen. Hierfür haben sich unter anderem Milieugruppengespräche bewährt.

Zweifelsohne ist dieses Vorgehen aufwendig. Es bietet aber einen entscheidenden Vorteil gegenüber Verfahren, in denen sich Bürgerschaft, Politik und Verwaltung das erste Mal und womöglich konfliktbehaftet im Rahmen einer öffentlichen Dialogveranstaltung begegnen. Das aufgezeigte Vorgehen kann frühzeitig für den Prozess sensibilisieren und durch das lokale, aus erster Hand gewonnene Wissen besser auf die Anliegen und Bedarfe der Bürgerschaft verweisen. Zudem kann der sozialen Selektivität bei Beteiligung zumindest entgegengewirkt werden, da die Bürgerinnen und Bürger direkt und persönlich angesprochen und erreicht werden und ihre Interessen und Anliegen zudem öffentlich gemacht und eingebunden werden. Auch wenn insbesondere zu Beginn eines Prozesses nur eine begrenzte Einbeziehung dieser Gruppen gelingen mag, können – abgesehen von den Langfristeffekten des Empowerments und der Vertrauensbildung – ihre Anliegen auf diesem Weg angemessen einbezogen werden.

Die Formatgestaltung des eigentlichen öffentlichen Forums, bei dem Zivilgesellschaft, Politik, Verwaltung, Planerinnen und Planer, Intermediäre und andere Handelnde zusammenkommen, bietet dank der vorgeschalteten Schritte der Beteiligung ein deutliches Mehr an Flexibilität. Schlüsselthemen und lokale Bedürfnisse konnten bereits durch das Stimmungsbild erhoben werden und ermöglichen so mehr Raum für die Vertiefung wichtiger Anliegen der Bürgerinnen und Bürger sowie die Entwicklung von Lösungsansätzen. Durch die öffentliche Präsentation und Diskussion des Stimmungsbildes sowie das Einbeziehen

approach offers the opportunity to take a more systematic and in-depth look at the perspectives of population groups that are difficult to win over for dialogue. Milieu group discussions, among other things, have proven valuable for this purpose.

There is no doubt that this procedure is costly. However, it offers a decisive advantage over procedures in which citizens, politicians and administrations meet for the first time and possibly in conflict within the framework of a public dialogue event. The approach presented can raise awareness of the process at an early stage and, through first-hand local knowledge, can better point to the concerns and needs of citizens. In addition, social selectivity in participation can at least be counteracted, as citizens are addressed and reached directly and personally, and their interests and concerns are integrated and made public. Even if only a limited involvement of these groups may succeed, especially at the beginning of a process, their concerns can be adequately included in this way, on top of the accompanying long-term effects of empowerment and confidence-building.

The format of the actual public forum, which brings together civil society, politics, administration, planners, intermediaries and other stakeholders, offers a clear increase in flexibility thanks to the upstream nature of the participation steps. Key issues and local needs have already been identified using the mood charts, and thus allow more space for deepening important citizen concerns and the development of solutions. By presenting and discussing the mood chart in public, as well as including local needs through active listening in interviews and conversations, performance demands are distributed among the various elements of the participation process. This in no way means that the indispensable public forum loses any weight. On the contrary, the combination of different elements of participation can reach and integrate significantly more social groups, which strengthens the legitimacy of the central public forums in particular.

It is important that there are quality standards for the overall process and for the individual formats (forum, focus group discussions, interviews, decentralised events, etc.) in order to ensure that the modules mesh. These include in particular:

- clarity regarding the content of objectives, framework conditions and restrictions on the procedure;
- existence of scope for design and decision-making options;
- transparency about administrative actions and the handling of obtained results;
- open and consultative formats with neutral moderation that enable all different concerns to be integrated;
- public relations;

lokaler Bedürfnisse durch aktives Zuhören in den Interviews und Gesprächen verteilt sich zudem der Anspruch und Leistungsdruck auf die verschiedenen Elemente des Beteiligungsverfahrens. Das soll keinesfalls bedeuten, dass das unverzichtbare öffentliche Forum an Gewicht verliert. Vielmehr kann die Kombination verschiedener Beteiligungselemente mehr Sozialgruppen erreichen und einbinden, womit insbesondere die Legitimationskraft der zentralen öffentlichen Foren deutlich gestärkt wird.

Dabei gilt, dass es für den Gesamtprozess und für die einzelnen Formate (Forum, Fokusgruppengespräche, Interviews, dezentrale Veranstaltungen etc.) Qualitätsmaßstäbe geben muss, um das Ineinandergreifen der Module zu gewährleisten. Dazu gehören insbesondere:

- inhaltliche Klarheit über Ziele, Rahmenbedingungen und Restriktionen des Verfahrens;
- Vorhandensein von Gestaltungsspielräumen und Entscheidungsmöglichkeiten;
- a milieu-appropriate approach to potential and actual participants and communication (see Kuder, 2016).

A further important element in the procedure, which should be mentioned here in conclusion, is control of the overall process. For this purpose, control committees composed of different groups of stakeholders – politics and administration, citizens, economic stakeholders and civil society – are used in the vhw procedures. As the "guardian of the process", this group has the task of preparing the content of the process, ensuring inclusion and quality, bringing together the various individual modules and ensuring transparency, commitment and feedback of the results to the citizens. Politics and administration must support the organisational, content and financial implementation of the individual modules and assume responsibility for the result and the associated political handling (Kuder, 2016).

This approach results in a complex overall process composed of several building blocks, which can at least partially improve

Abb. 6: Beteiligungsverfahren in Bremen (Quelle: Thomas Kuder)

Fig. 6: Participation workshop in Bremen (Source: Thomas Kuder)

- Transparenz über das Verwaltungshandeln und den Umgang mit den gewonnenen Ergebnissen;
- offene und beratschlagende Formate mit neutraler Moderation, die eine Einbindung aller unterschiedlichen Anliegen ermöglichen;
- Öffentlichkeitsarbeit;
- eine milieugerechte Ansprache und Kommunikation mit potenziellen und tatsächlich Beteiligten (vgl. Kuder, 2016).

Ein weiteres wichtiges Element im Verfahren – das sei an dieser Stelle abschließend erwähnt – stellt zudem die Steuerung des Gesamtprozesses dar. Hierfür werden in den Verfahren des vhw Steuerungsgruppen eingesetzt, die sich aus unterschiedlichen Akteursgruppen zusammensetzen: Politik und Verwaltung, Bürgerschaft, Wirtschaft und Zivilgesellschaft. Dieser Gruppe kommt als „Hüterin des Verfahrens" die Aufgabe zu, den Prozess inhaltlich vorzubereiten, Inklusion und Qualität zu gewährleisten, die verschiedenen Einzelbausteine

social inclusion through its target-group-specific strategies. If, however, a mood chart is created in this context or if group discussions are held with fellow citizens, who are generally at war with citizens' assemblies, in a private room, e.g. with migrants in the community centre tearoom or with a group of senior citizens in a nursing home, then the question must also be answered as to how the results obtained in this quiet setting can be made transparent and argumentatively effective in a public forum. Another question which can justifiably be raised is the extent to which such a fragmentation of the participation process is conducive to the overall democratic process and its recognition by the general public, as well as its legitimacy.

In order to achieve a high-quality, universally recognised result in a complex, decentralised opinion-forming process brought together in a public forum, the following evidence in particular should be provided in a transparent public form:

zusammenzuführen und für Transparenz, Verbindlichkeit und Rückkopplung der Ergebnisse an die Bürgerinnen und Bürger zu sorgen. Politik und Verwaltung müssen dabei die organisatorische, inhaltliche und finanzielle Umsetzung der Einzelbausteine mittragen und Verantwortung für das Ergebnis und den damit verbundenen politischen Umgang übernehmen (Kuder, 2016).

Insgesamt resultiert aus diesem Vorgehen ein komplexer, aus mehreren Bausteinen zusammengesetzter Gesamtprozess, der durch seine zielgruppenspezifischen Strategien die gesellschaftliche Inklusion zumindest in Teilen verbessern kann. Erstellt man allerdings in diesem Kontext ein Stimmungsbild oder führt mit Mitbürgerinnen und Mitbürgern, die mit Bürgerversammlungen generell auf dem Kriegsfuß stehen, in einem abgeschirmten Raum Gruppengespräche, zum Beispiel mit Migrantinnen in der Teestube ihres Gemeindezentrums oder einer Seniorengruppe im Pflegestift, dann muss auch die Frage beantwortet werden, wie diese im „stillen Kämmerlein" ermittelten Ergebnisse in einem öffentlichen Forum transparent und argumentativ wirksam gemacht werden können. Und es kann die berechtigte Frage aufgeworfen werden, inwiefern eine derartige Zerstückelung des Beteiligungsverfahrens dem demokratischen Gesamtprozess und dessen Anerkennung durch die Allgemeinheit sowie dessen Legitimation zuträglich ist.

Um in einem komplexen, dezentral aufgebauten und im öffentlichen Forum zusammengeführten Prozess der Meinungsbildung ein hochwertiges, allseits anerkanntes Ergebnis zu erzielen, dürften insbesondere folgende Nachweise in transparenter öffentlicher Form zu erbringen sein:

1. die Qualitäten und Leistungen der einzelnen Beteiligungselemente, des Gesamtverfahrens und der Ergebnisse,
2. das erzielte Maß an gesellschaftlicher Inklusion und
3. die allgemeine Anerkennung des Verfahrens und der Ergebnisse durch die Bürgerinnen und Bürger.

Alles in allem dürfte auf diese Weise – um abschließend auf die Eingangsfragestellung zurückzukommen – eine angemessene Einbeziehung aller Bürgerinnen und Bürger in den vielschichtigen Bereich des Politischen sowie eine Selbstwirksamkeit zu gewährleisten sein, die einen nicht unwesentlichen Beitrag zur Stärkung der sozialen Kohäsion zu leisten vermögen.

Abb. 7: Bürgerbeteiligung in Kiel (Quelle: Christian Höcke)

Fig. 7: Public participation in Kiel (Source: Christian Höcke)

1. the qualities and performance of the individual participation elements, the overall procedure and the results,
2. the degree of social inclusion achieved and
3. general recognition by citizens of the procedure and its results.

All in all, in order to come back to the initial question, it should be possible to ensure the appropriate involvement and self-efficacy of all citizens in the multi-faceted field of politics, which can make a significant contribution to strengthening social cohesion.

Quellen | References

Allmendinger (2015). Soziale Ungleichheit, Diversität und soziale Kohäsion als gesellschaftliche Herausforderung. *Forum Wohnen und Stadtentwicklung, 3.*

Bertelsmann-Stiftung (Hrsg./Eds.) (2014). *Vielfältige Demokratie. Kernergebnisse der Studie „Partizipation im Wandel – Unsere Demokratie zwischen Wählen, Mitmachen und Entscheiden"*. Gütersloh: Bertelsmann Stiftung.

Crouch, C. (2008). *Postdemokratie*. Frankfurt am Main: Suhrkamp.

forsa (2015). *Meinungen zum Thema Bürgerbeteiligung.* Berlin: Forsa Gesellschaft für Sozialforschung und statistische Analysen mbH. <https://www.wissenschaftsjahr.de/fc20562046260ace6d39ac9e5fbbc57d75fc45b7/3eaf4c63-89ae-f4e9-692aa8126f589586/tap2_vNhYXr_dec/150526-Ergebnisse-Forsa-Umfrage-Buergerbeteiligung-Wissenschaftsjahr-Zukunftsstadt.pdf>.

Hallenberg, B. (2014). „Prekäre Wahlen?" – Ja, aber! *Forum Wohnen und Stadtentwicklung, 2.*

Jörke, D. (2011). Bürgerbeteiligung in der Postdemokratie. *Aus Politik und Zeitgeschichte, 1/2.*

Jörke, D. (2010). Die Versprechen der Demokratie und die Grenzen der Deliberation. *Zeitschrift für Politikwissenschaft, 3/4.*

Kuder, T. (2016). Starke Lokale Demokratie: Leitlinien für eine hochwertige, inklusive Bürgerbeteiligung. *vhw werkSTADT, 8.*

Kuder, T. (2017). Bürgerbeteiligung neu justiert! Fair, informiert und gleichberechtigt zum „besseren" Ergebnis. *vhw werkSTADT, 16.*

Krüger, K. (2018). Im Vergleich: Leitlinien zur Bürgerbeteiligung. Eine Dokumentenanalyse von Qualitätskriterien zur Bürgerbeteiligung. *vhw werkSTADT, 19.*

Möller, K. (2013). Kohäsion? Integration? Inklusion? *Aus Politik und Zeitgeschichte, 13/14.*

Niedermayer, O. (2018). Parteimitglieder in Deutschland: Version 2018. *Arbeitshefte aus dem Otto-Stammer-Zentrum, 29.* <https://refubium.fu-berlin.de/c10a1f052a72769208a64ced57feab84ca88fa6/3eaf4c63-89ae-f4e9-692a-a8126f589586/tap2_pmWTwN_dec/P-PMIT18_Nr_29.pdf>.

Öztürk, A. (2011). Editorial. *Aus Politik und Zeitgeschichte, 1/2.* Schäfer, A. (2015). *Der Verlust politischer Gleichheit. Warum die sinkende Wahlbeteiligung der Demokratie schadet.* Frankfurt am Main: Campus.

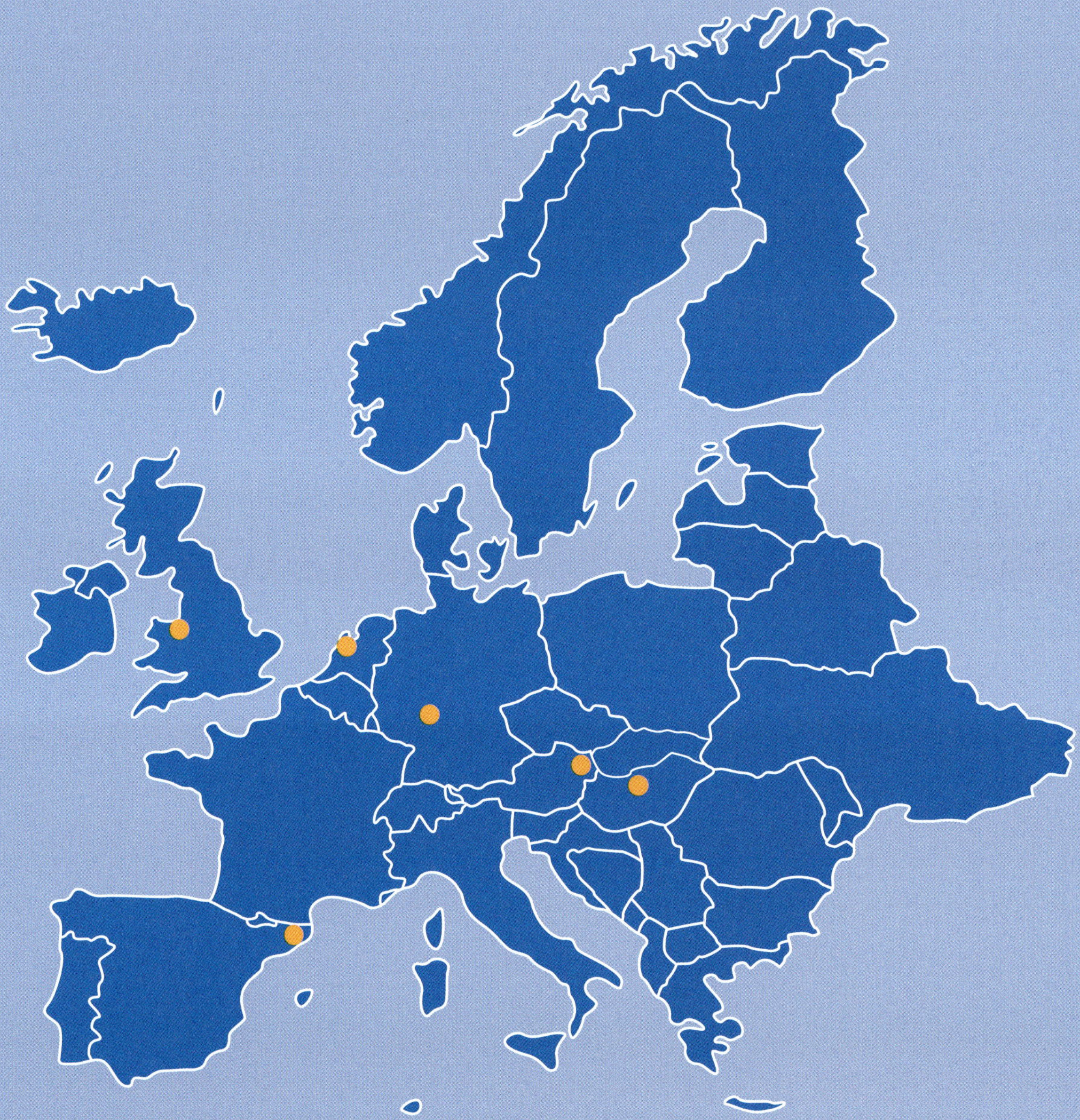

Teil 2
Praxisbeispiele aus den Städten

Part 2
Practical Examples from the Cities

5

Offenbach am Main

MATTHIAS SCHULZE-BÖING

„Arrival City" Offenbach am Main: Herausforderungen für Stadtentwicklung und Integrationsstrategien

"Arrival City" Offenbach am Main: Challenges for Urban Development and Integration Policies

Einwanderung und die Rolle der Städte

Immigration and the role of cities

Einwanderung ist in Deutschland, wie auch in anderen europäischen Ländern, zu einem zentralen Thema der Politik und der öffentlichen Debatten geworden. Das Land beginnt zu begreifen, dass die Einwanderung seine Zukunft maßgeblich gestalten wird. Zunehmend wächst auch die Einsicht, dass Deutschland einen realistischen Ansatz braucht, der sowohl die Fallen eines fehlgeleiteten Multikulturalismus als auch den Anachronismus eines geschlossenen Konzepts der nationalen Identität vermeidet.

Städte sind als gesellschaftliche Teilsysteme für den Erfolg einer Integrationspolitik von entscheidender Bedeutung (IOM, 2016). Zumindest in Deutschland und Europa sind sie das vorrangige Ziel bestehender Migrationsströme. Historisch betrachtet sind sie durch jahrhundertelange Zuwanderung geprägte soziale Systeme und, wie Heitmeyer (1998) es ausdrückte, „Integrationsmaschinen".

Mit seinem Bestseller *Arrival City* (2011) hat der kanadische Journalist Doug Saunders diese Problematik vor einigen Jahren mit der eingängigen Bezeichnung der „Ankunftsstadt" verknüpft, womit sich verschiedene theoretische und praktische Perspektiven eröffneten.

Immigration has become a key issue of politics and debates in Germany as well as in other European countries. The country is starting to realize that immigration will be a factor that shapes its future. There is also a growing sense that Germany needs a realistic approach, one that avoids the traps of a misguided multiculturalism as well as the anachronism of a closed concept of national identity.

Cities are societal subsystems, which are crucial for the success of any integration policy (IOM, 2016). At least in Germany and Europe, they are the predominant target of existing migration flows. They are social systems historically shaped by immigration over centuries and, as Heitmeyer (1998) put it, "integration machines".

A few years ago, the bestseller *Arrival City* by the Canadian journalist Doug Saunders (2011) gave this issue a catchy label that opened various theoretical and practical perspectives. In his regard, migration is one of the most important drivers of the economic and social development of cities, although the patterns of coping with migration and capitalising on the opportunities that immigration flows are opening up vary significantly among cities and urban agglomerations worldwide.

Für ihn ist Migration einer der wichtigsten Antriebe für die wirtschaftliche und soziale Entwicklung von Städten, auch wenn die Muster hinsichtlich der Bewältigung der Migration und der Nutzung von Chancen, die sich aus der Einwanderung ergeben, in den Städten und Ballungsräumen weltweit sehr unterschiedlich sind.

Nahezu jeder Aspekt des städtischen Systems (Verwaltung, Regeln und Gesetze, physische Umgebung, Marktordnung, Struktur und Dynamik von Stadtvierteln, Bildung und nicht zuletzt die Einstellung zur Vielfalt) spielt beim Entstehen von „Arrival Cities" eine Rolle. Saunders umgeht keineswegs kontroverse Themen der Stadtentwicklung, zum Beispiel die räumliche und kulturelle Segregation, die in seinen Augen kein Hindernis, sondern vielmehr einen Katalysator für die Integration von Einwanderinnen und Einwanderern in die Aufnahmegesellschaften darstellt.

Was auch immer man von den konkreten Erkenntnissen Saunders halten mag, er hat sehr eindrucksvoll den Fokus auf die Unabdingbarkeit des Potenzials von Städten für eine produktive Strukturierung von Migrationsprozessen gelenkt und einen Anstoß gegeben, das Migrationsmanagement in einem urbanen Kontext zu überdenken.

Nearly every aspect of the urban system (governance, regulations, market regimes, built environment, structure and dynamics of neighbourhoods, education and not least attitudes towards diversity) matter with regard to the emergence of arrival cities. Saunders does not leave out controversial issues of urban development, such as spatial and cultural segregation, which in his eyes are not obstacles to, but rather catalysts for, the integration of immigrants into host societies.

Whatever one may think of Saunders' specific findings, he has very impressively set the focus on the indispensability of the potential of cities for a productive structuring of migration processes and has given a stimulus to rethink the management of migration in an urban context.

Offenbach am Main – „Arrival City"

Offenbach am Main – "Arrival City"

Offenbach am Main, eine schnell wachsende Stadt von derzeit knapp über 136.000 Einwanderinnen und Einwanderern, ist eine der Kernstädte der Region Frankfurt/Rhein-Main und eine der 30 „Schwarmstädte" Deutschlands (Recking et al., 2016). Sie verkörpert in idealtypischer Weise, was Doug Saunders die „Arrival City" nennt. Offenbach ist bundesweit die Stadt mit der größten ethnischen Vielfalt, dem höchsten Anteil nichtdeutscher Bevölkerung (derzeit rund 36 Prozent) und dem höchsten Anteil an Bürgerinnen und Bürgern mit Migrationshintergrund (über 60 Prozent).

Die Stadt weist eine positive (transnationale) Außenbilanz und eine negative (inländische) Binnenbilanz der (nichtdeutschen) Zugewanderten auf (Abbildung 1). Dies stellt sich als ein sich im Zeitverlauf änderndes, aber im Prinzip stabiles Muster heraus – ein sehr klarer Indikator für ein Ankommensgebiet.

Offenbach am Main, a fast-growing city of currently just over 136,000 inhabitants, one of the core cities of the Frankfurt/Rhine-Main metropolitan region and one of Germany's 30 "swarm cities" (Recking et al., 2016), embodies what Doug Saunders called the "arrival city" in an ideal-typical way. In Germany, Offenbach is the city with the biggest ethnic diversity, the highest proportion of foreigners (currently about 36 percent) and the highest proportion of citizens with a migration background (over 60 percent).

The city has a positive external balance (transnational) and a negative internal (domestic) balance of immigrant (non-German) population movements (Figure 1). This turns out to be a changing but in principle stable pattern over time – a very clear indicator for a territory of arrivals.

Further characteristics of Offenbach are a high population turnover (at 11 percent per year one of the highest rates in

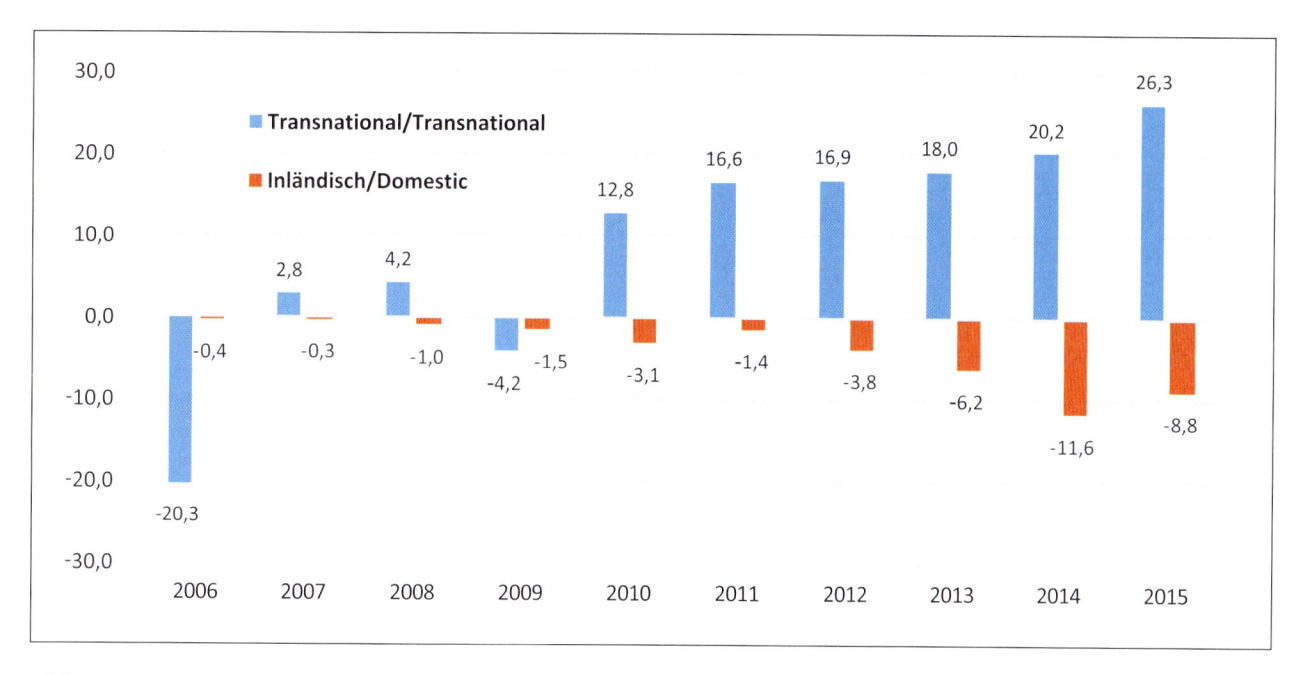

Abb. 1: Bewegungen der nichtdeutschen Bevölkerung in Offenbach am Main (Prozent)
(Quelle: Bundesinstitut für Bau-, Stadt- und Raumforschung BBSR, INKAR-Datenbank: www.inkar.de)

Fig. 1: Movements of non-German population in Offenbach am Main (as a percentage)
(Source: Federal Institute for Urban and Regional Research BBSR, INKAR database: www.inkar.de)

Weitere Merkmale von Offenbach sind eine hohe Bevölkerungsfluktuation (mit 11 Prozent pro Jahr eine der höchsten in Deutschland), eine hohe Bevölkerungsdichte, eine strukturelle Dichte im innerstädtischen Raum mit räumlicher Nähe von Wohn- und Gewerbegebieten sowie ausgeprägte soziale Probleme, die sich an der Quote der Transferleistungsbezüge zur Abdeckung der Grundbedürfnisse (SGB II[1]) in der Gesamtbevölkerung messen lassen. Mit einer Quote von 16 Prozent liegt Offenbach im Ranking der deutschen Städte im oberen Fünftel. Die Arbeitslosenquote ist ebenfalls überdurchschnittlich hoch. Nach den neuesten Daten liegt sie bei 8,9 Prozent, der nationale Durchschnitt bei 5,2 Prozent (Stadt Offenbach am Main, 2019; Bundesagentur für Arbeit, 2019).

Germany), high population density, structural density in the inner city area with close proximity of residential and commercial areas, and a high density of social problems, which can be measured as the rate of recipients of basic protection benefits (SGB II[1]) among the entire population. This rate stands at 16 percent, which puts Offenbach in the upper quintile in the ranking of German cities. The unemployment rate is also above average. According to the most recent data, it stands at 8.9 percent, while the national average is 5.2 percent (Stadt Offenbach am Main, 2019; Bundesagentur für Arbeit, 2019).

---

[1] Sozialgesetzbuch II

[1] SGB II stands for Sozialgesetzbuch II (Social Security Code II).

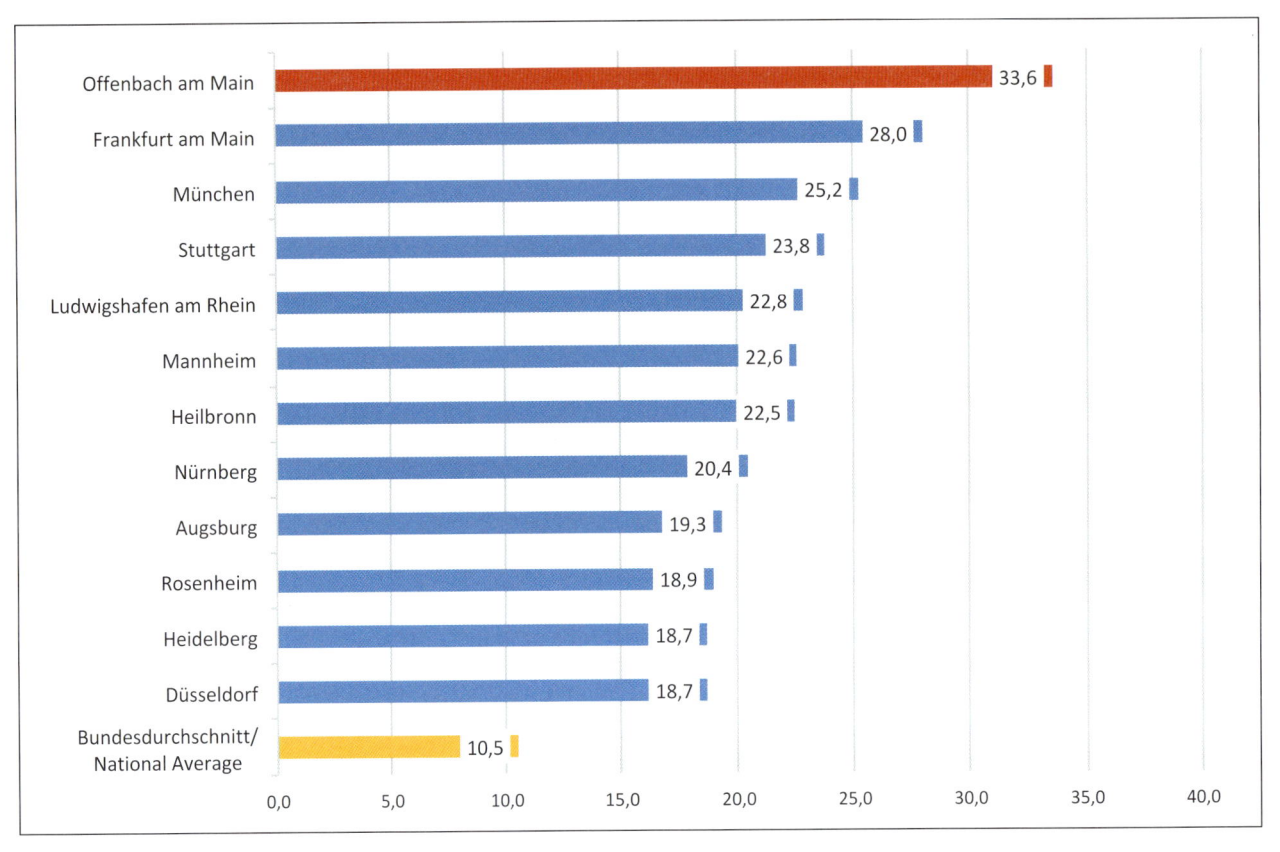

Abb. 2: Anteil der nichtdeutschen Bevölkerung 2015, deutsche Großstädte, Top 12 (Prozent) (Quelle: BBSR, INKAR-Datenbank: www.inkar.de)

Fig. 2: Proportion of non-German population 2015, big German cities, Top 12 (as a percentage) (Source: BBSR, INKAR database: www.inkar.de)

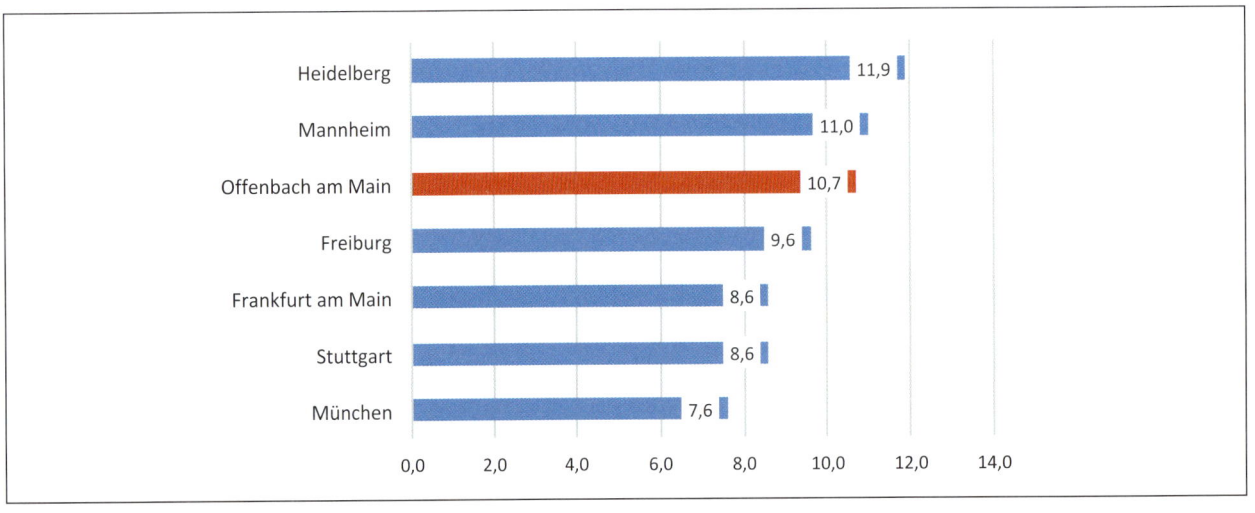

Stadt	Prozent
Offenbach am Main	33,6
Frankfurt am Main	28,0
München	25,2
Stuttgart	23,8
Ludwigshafen am Rhein	22,8
Mannheim	22,6
Heilbronn	22,5
Nürnberg	20,4
Augsburg	19,3
Rosenheim	18,9
Heidelberg	18,7
Düsseldorf	18,7
Bundesdurchschnitt/National Average	10,5

Abb. 3: Fluktuationsrate 2015, ausgewählte Städte (Prozent) (Quelle: BBSR, INKAR-Datenbank: www.inkar.de)

Fig. 3: Fluctuation rate 2015, selected cities (as a percentage) (Source: BBSR, INKAR database: www.inkar.de)

Stadt	Prozent
Heidelberg	11,9
Mannheim	11,0
Offenbach am Main	10,7
Freiburg	9,6
Frankfurt am Main	8,6
Stuttgart	8,6
München	7,6

Für die Beurteilung der Lage in Offenbach sind zwei Perspektiven wichtig. Erstens ist Offenbach sehr eng mit der Region Frankfurt/Rhein-Main verknüpft, dem am stärksten international geprägten städtischen Ballungsgebiet in Deutschland mit dem höchsten Anteil an Migrantinnen und Migranten in der Bevölkerung (Abbildung 2). Die beiden Städte Frankfurt und Offenbach bilden zusammen sozusagen die „Innenstadt der Region", in der sich Zuwanderungsprozesse konzentrieren. Zweitens weisen auch die Innenstadtbezirke von Offenbach besonders hohe Migrationsraten von bis zu 80 Prozent der Bevölkerung auf.

Die statistisch messbare Segregation, das heißt die ungleiche räumliche Verteilung, beträgt 21,1 Prozent für die gesamte ausländische Bevölkerung, ist jedoch für einzelne Bevölkerungsgruppen wie Bulgaren, Rumänen und Griechen mit 32, 22 und 28 Prozent bedeutend höher (Schulze-Böing, 2017). Für die Türken, die größte Einzelgruppe Nichtdeutscher, weist der Segregationsindex[2] einen Wert auf, der mit knapp 12 Prozent deutlich unter dem Durchschnitt liegt.

Bei näherer Betrachtung der Fluktuation der Bevölkerung zeigt sich, dass die Fluktuationsrate unter den Nichtdeutschen im Jahr 2016 mit gut 18 Prozent mehr als dreimal so hoch war wie die der Deutschen mit 5,7 Prozent (Abbildung 3). Des Weiteren zeigen sich auch erhebliche Unterschiede innerhalb der ausländischen Bevölkerung, deren Fluktuationsrate von über 50 Prozent (bei den Afghanen) bis zu unter 6 Prozent (bei den Türken) reicht (Abbildung 4). Fluktuationsraten variieren auch über die Zeit erheblich. In der Regel weist die Gruppe der jeweils letzten Einwanderungswelle den höchsten Anteil an Bewegung auf. Sobald sich die Gruppe in der Bevölkerung etabliert hat, nimmt die Fluktuation ab.

Two perspectives are important for the assessment of Offenbach's situation. Firstly, Offenbach is very closely interlinked with the Frankfurt/Rhine-Main region, the most international urban agglomeration in Germany with the highest proportion of migrants within the population (Figure 2). Taken together, the cities of Frankfurt and Offenbach are, so to speak, the "inner city of the region" in which immigration processes are concentrated. Secondly, the inner city districts of Offenbach also show particularly high migration rates of up to 80 percent of the population.

The statistically measurable segregation, i.e. the unequal spatial distribution, is 21.1 percent for the foreign population as a whole, but significantly higher for individual population groups such as Bulgarians, Romanians and Greeks with 32, 22 and 28 percent (Schulze-Böing, 2017). For the Turks, the largest single group of non-Germans, the segregation index[2] shows a clearly below-average value of just 12 percent.

A closer look at the fluctuation of the population will reveal that the turnover rate among non-Germans in 2016, at a good 18 percent, is more than three times higher than that among Germans, which was 5.7 percent (Figure 3). A closer look will also reveal considerable differences among non-Germans, ranging from over 50 percent among Afghans, for example, to under 6 percent among Turks (Figure 4). Turnover rates also vary quite significantly over time. As a rule, the group of the most recent wave of immigration shows the highest percentage of movement. Once the group becomes established in the population structure, the fluctuation decreases.

---

[2] Der Segregationsindex ist ein Maß für die Ungleichmäßigkeit der Verteilung eines bestimmten Merkmals in der Grundbevölkerung. Index = 0 würde eine völlig gleichmäßige Verteilung anzeigen, Index = 1 eine völlig ungleichmäßige Verteilung, bei der alle Personen mit dem Merkmal A den Raum beziehungsweise die Kategorie 1 belegen und alle Personen mit dem Merkmal 2 den Raum beziehungsweise die Kategorie 2.

[2] The segregation index is a measure of the unevenness of a distribution of a certain feature among a basic population. Index = 0 indicates a completely even distribution, index = 1 a completely uneven distribution, where all individuals with feature A are occupying space/category 1 and all individuals with feature 2 occupy space/category 2.

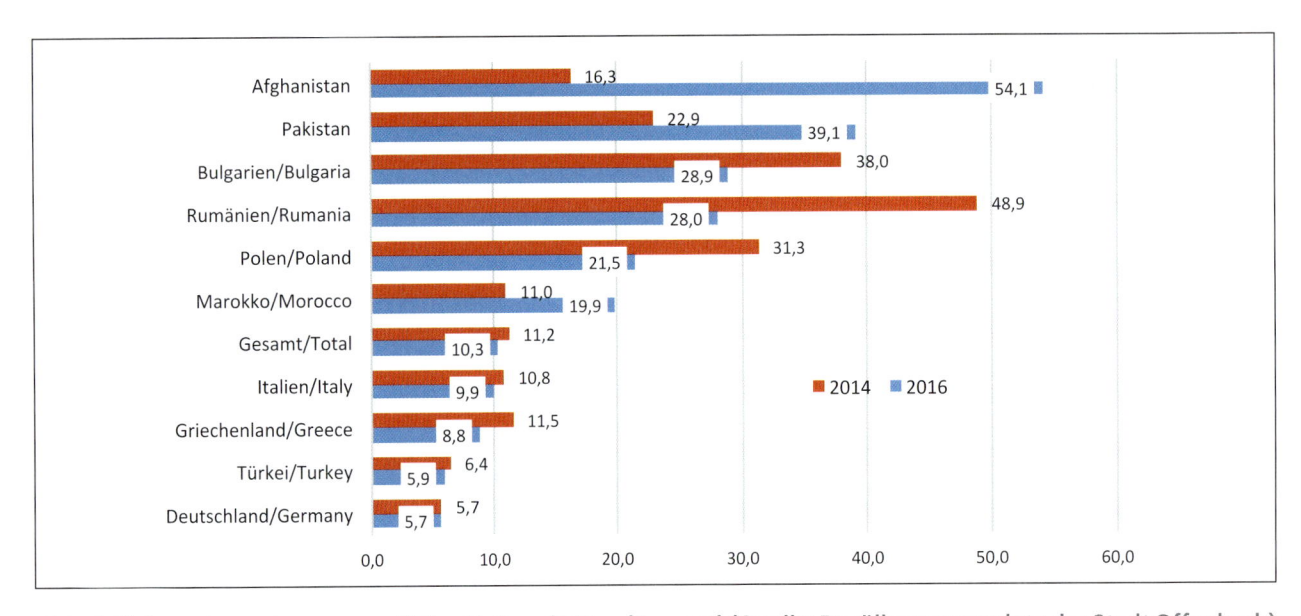

Abb. 4: Fluktuationsraten ausgewählter Nationalitäten (Prozent) (Quelle: Bevölkerungsupdate der Stadt Offenbach)

Fig. 4: Fluctuation rates of selected nationalities (as a percentage) (Source: Population update of the City of Offenbach)

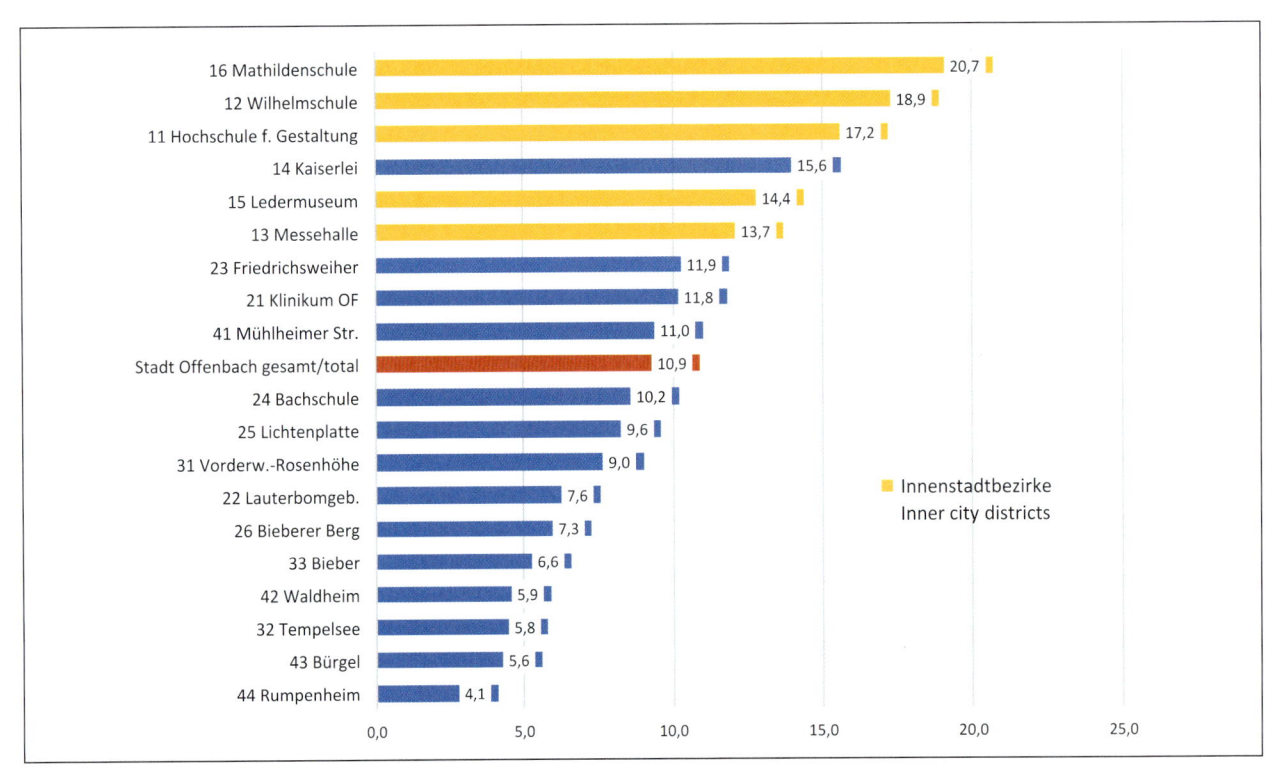

Nationalität	2014	2016
Afghanistan	16,3	54,1
Pakistan	22,9	39,1
Bulgarien/Bulgaria	38,0	28,9
Rumänien/Rumania	48,9	28,0
Polen/Poland	31,3	21,5
Marokko/Morocco	11,0	19,9
Gesamt/Total	11,2	10,3
Italien/Italy	10,8	9,9
Griechenland/Greece	11,5	8,8
Türkei/Turkey	6,4	5,9
Deutschland/Germany	5,7	5,7

Abb. 5: Fluktuationsraten 2016, statistische Bezirke in Offenbach am Main (Prozent) (Quelle: Bevölkerungsupdate der Stadt Offenbach)

Fig. 5: Turnover rates 2016, statistical districts in Offenbach am Main (as a percentage) (Source: Population update of the City of Offenbach)

Bezirk	%
16 Mathildenschule	20,7
12 Wilhelmschule	18,9
11 Hochschule f. Gestaltung	17,2
14 Kaiserlei	15,6
15 Ledermuseum	14,4
13 Messehalle	13,7
23 Friedrichsweiher	11,9
21 Klinikum OF	11,8
41 Mühlheimer Str.	11,0
Stadt Offenbach gesamt/total	10,9
24 Bachschule	10,2
25 Lichtenplatte	9,6
31 Vorderw.-Rosenhöhe	9,0
22 Lauterbomgeb.	7,6
26 Bieberer Berg	7,3
33 Bieber	6,6
42 Waldheim	5,9
32 Tempelsee	5,8
43 Bürgel	5,6
44 Rumpenheim	4,1

Innenstadtbezirke / Inner city districts

Betrachtet man die Fluktuation in ihrer innerstädtischen räumlichen Differenzierung, verwundert es nicht, dass die Innenstadtbezirke besonders hohe Fluktuationsraten zwischen 13 und über 20 Prozent aufweisen (Abbildung 5).

Hohe Fluktuationen verringern das Potenzial für sozialen Zusammenhalt und die Entwicklung von Bindungen der Bürgerinnen und Bürger an eine Stadt oder einen Bezirk. Es ist zu erwarten, dass dies eine hemmende Wirkung auf die soziale Entwicklung eines Gebiets hat, da die Zielgruppen sozialer Interventionen nicht stabil sind. Des Weiteren steht die Fluktuation der Festigung von Vertrauen und kooperativen Beziehungen zwischen den Bürgerinnen und Bürgern entgegen, denn dafür braucht es Zeit.

Offenbach sieht sich besonderen Belastungen im Bereich der Sozialpolitik und im Rahmen seiner Verantwortlichkeiten für die soziale Absicherung ausgesetzt, die sich in einer chronisch angespannten Finanzlage mit hohen Haushaltsdefiziten und einem hohen Verschuldungsgrad niederschlagen. Dennoch gilt die Stadt als positives Referenzmodell für ein (einigermaßen) erfolgreiches Zusammenleben in kultureller Vielfalt und für eine erfolgreiche Integration (Bither et al., 2016; Schulze-Böing, 2018; Schmal et al., 2016).

Die Tatsache, dass sich die Zuwanderung in Offenbach auf eine relativ große Anzahl von Nationalitäten und ethnischen Gruppen verteilt (Abbildung 6), mag ein die Integration begünstigender Faktor sein. Es gibt keine große Konzentration einzelner ethnischer Gruppen. Dies kann der Bildung geschlossener Milieus entgegenwirken und den ankommenden Menschen verdeutlichen, dass zum Beispiel die Beherrschung der deutschen Sprache große Vorteile im Alltag bringt.

If one looks at the fluctuation in inner-city spatial differentiation, it is not surprising that the inner city districts show particularly high turnover rates between 13 and over 20 percent (Figure 5).

High fluctuation rates reduce the potential for social cohesion and the development of bonds to a city or district among its citizens. It can be expected to have a restrictive effect on the social development of a territory as target groups of social interventions are not stable. Further on there is a trade-off for the development of trust and cooperative relations among citizens, which, in general need time to mature on one hand and fluctuation on the other.

Offenbach has to carry particular burdens with regard to social policy and social protection responsibilities, which is reflected in a chronically strained financial situation with high budget deficits and a high level of debt. Nevertheless, the city is considered a positive reference model for (reasonably) successful cohabitation of its citizens in cultural diversity and for successful integration (Bither et al., 2016; Schulze-Böing, 2018; Schmal et al., 2016).

The fact that the immigrant population in Offenbach is spread over a relatively large number of nationalities and ethnic groups (Figure 6), may be a favourable factor with regard to integration. There is no large concentration of individual ethnic groups. This may counteract the formation of closed milieus and make it clear to incoming people that a command of the German language, for example, also brings great advantages in everyday life.

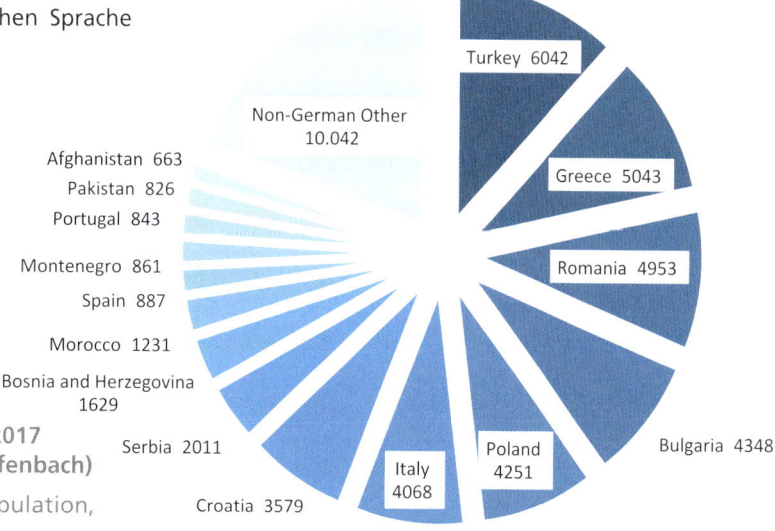

Abb. 6: „Hyperdiversität" – ausländische Bevölkerung, Anteil nach Herkunftsland, 2017 (Quelle: Bevölkerungsupdate der Stadt Offenbach)

Fig. 6: "Hyper-diversity" – Non-German population, shares per country of origin, 2017 (Source: Population update of the City of Offenbach)

Kommunale Integrationspolitik – Strategie und Praxis

Municipal integration policies – strategy and practice

Es ist wichtig, dass die Integrationspolitik in einer Stadt wie dieser ein sich durch alle Politikbereiche ziehendes Thema ist. Es gibt kaum eine kommunale Aufgabenstellung, kaum eine städtische Abteilung, die sich nicht in irgendeiner Form mit Integrationsfragen befassen muss. Besonders wichtige Politikbereiche sind natürlich Arbeit, Bildung, Wohnen und das Zusammenleben in den Stadtvierteln.

In einer ganzheitlichen Kommunalstrategie steht daher die Integration explizit und implizit im Fokus sehr unterschiedlicher Handlungsfelder (Abbildung 7). In Bezug auf die Integration sollte eine gute Stadtregierung stets sensibel auf Vielfalt reagieren und in der Lage sein, angemessen damit umzugehen. Es wird immer notwendig sein, eine zielgruppenspezifische Politik mit dem Grundsatz der auf die Allgemeinheit ausgerichteten Dienstleistungen und mit einer Politik für alle Bürgerinnen und Bürger zu vereinen. Die Regel sollte sein, dass zielgruppenspezifische politische Maßnahmen so oft wie nötig, aber nicht öfter, implementiert werden. Auf der anderen Seite

It is important for integration policy in a city of this kind to be a cross-cutting issue across all policy areas. There is hardly a municipal task or a department that does not have to deal with integration-related issues of some sort. Particularly important policy areas are, of course, work, education, housing and living together in the neighbourhoods.

In a holistic municipal strategy, integration is therefore the focus of very different fields of action, both explicitly and implicitly (Figure 7). With respect to integration, good governance should always be sensitive to diversity and capable of dealing with it properly. There will always be a need to balance targeted policies against the principle of inclusive services and policies for all citizens. The rule should be that targeted policies are implemented as much as necessary (but not more). On the other hand, mainstreamed quality services for all citizens should be the standard as much as possible. Overly targeted policies always carry the risk of fragmenting urban systems even more. Inclusion strategies should be aware of this.

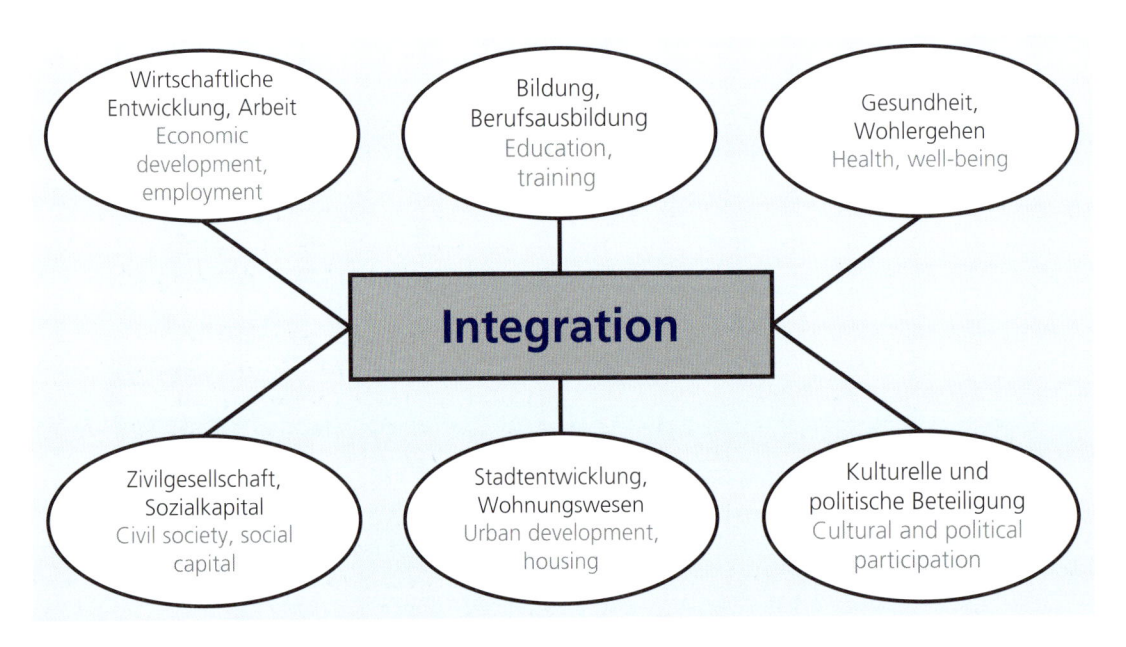

Abb. 7: Urbane Integrationsstrategie (UIS) – eine horizontale politische Frage (Quelle: Autor)

Fig. 7: Urban Integration Strategy (UIS) – a horizontal policy issue (Source: author)

sollten reguläre, vom Mainstream bestimmte qualitätsvolle Dienstleistungen für alle Bürgerinnen und Bürger so weit wie möglich der Standard sein. Politische Maßnahmen, die zu sehr auf einzelne Gruppen zugeschnitten sind, bergen immer das Risiko, städtische Systeme noch stärker zu fragmentieren. Inklusionsstrategien sollten sich dessen bewusst sein.

Gute kommunale Dienstleistungen berücksichtigen die besonderen Lebensbedingungen von Zugewanderten und anderen Gruppen, nutzen interkulturelle Kompetenz und tragen der Vielfalt der Bevölkerung durch die personelle Zusammensetzung der Verwaltung Rechnung. In einer von Vielfalt geprägten Stadt sollte die Verwaltung diese Vielfalt in gewisser Weise auch widerspiegeln. Beispielsweise könnte die Schulung und Rekrutierung von Personen mit Migrationshintergrund für administrative Funktionen ein guter Weg sein, um dies zu erreichen.

Eine ausgewogene Strategie zur sozialen Entwicklung ist auch eine Strategie zur Integration. Mit anderen Worten: Eine Integrationspolitik, die sich nur um Eingewanderte kümmert, würde ihren Zweck verfehlen. Integration muss als Teil der sozialen Entwicklung einer Stadt in all ihren Formen und Handlungsfeldern gesehen werden (Abbildung 8). Eine Strategie zur sozialen Entwicklung

Good municipal services take account of the special living conditions of immigrants and other groups, make use of intercultural competence and take account of the diversity of the population through the composition of the administration's employees. In a city characterised by diversity, the administration should reflect this diversity in a certain way. For instance, training and recruiting of people with a migration background for administrative functions could be a good way to achieve this.

A balanced social development strategy is also a strategy for integration. In other words, an integration policy that only takes care of immigrants would miss the point. Integration has to be seen as part of the social development of the city in all its forms and fields of action (Figure 8). A social development strategy should, of course, address the most important fields of action, urban development, education, living together, work, occupation and economy in a coordinated, integrated manner.

	Bildung *Education*	**Stadtentwicklung** *Urban Development*	**Sozialer Zusammenhalt** *Social Cohesion*	**Arbeit** *Employment*
politische Maßnahmen und Handlungsfelder *Policies and fields of action*	• Strategische Planung *Strategic planning* • Beratung *Counselling* • Frühintervention (Sprachschulung im Kindesalter) *Early intervention (language training for children)* • Sozialarbeit in Schulen *Social work at schools* • Outreach *Outreach*	• Eindämmung von Segregation *Limiting segregation* • Neuausrichtung der Sozialstruktur *Re-balancing social structure* • Gestaltung der Stadtdichte *Shaping urban density* • Anregung und Unterstützung der Berufsentwicklung und der sozialen Mobilität von Zugewanderten *Encouraging and supporting immigrant careers and social mobility*	• Quartiersmanagement *Neighbourhood management* • Integration von Migrantengemeinschaften in die Zivilgesellschaft *Making migrant communities part of civil society* • Neue Formate der Kommunikation *New communication formats* • Sozialen Frieden und Ordnung im Auge behalten *Keeping an eye on peace and order*	• Örtliches Jobcenter *Local job centre* • Unternehmensförderung *Supporting entrepreneurship* • Qualifikationsstrategie *Skills strategy* • Management des Wechsels von Schulabgängern in das Berufsleben *Management of school-to-work transitions*

Abb. 8: Integration – strategische Politikbereiche (Quelle: Autor)

Fig. 8: Integration – Strategic policy areas (Source: author)

Abb. 9: Luftbild der Innenstadt von Offenbach am Main (Quelle: Stadt Offenbach)
Fig. 9: Aerial picture of the city centre Offenbach am Main (Source: City of Offenbach)

sollte natürlich Stadtentwicklung, Bildung, Zusammenleben, Arbeit, Beruf und Wirtschaft als die wichtigsten Handlungsfelder koordinierend und integrierend ansprechen.

Jede dieser „Säulen" der Integrationspolitik in der Stadt Offenbach basiert auf einem spezifischen, über viele Jahre erarbeiteten entwicklungspolitischen Konzept. Besonders zu erwähnen sind hier:

- Das Konzept der „Bildungsstrategie": Mit der finanziellen Unterstützung des Bundes wurden Programme wie „Lernende Regionen" entwickelt und implementiert, deren Ziel in Anbetracht entscheidender Veränderungen im Bildungssystem die Integration verschiedener Bildungsbereiche in ein zusammenhängendes Gesamtkonzept ist. Dies beinhaltet die laufende Koordination der relevanten Bildungsakteure in der Stadt und die kontinuierliche Überwachung der Bildungsergebnisse.
- Die Strategien der sozialen Stadt- und Quartiersentwicklung mit den Maßnahmen des Programms „Soziale Stadt", des Quartiersmanagements und der wohnungspolitischen Leitlinien der Stadt Offenbach.

Each of these "pillars" of integration policy in the City of Offenbach is grounded in a specific concept of development policy worked out over many years. The following are particularly worth mentioning here:

- The "Educational Strategy" concept: With the help of federal funding programmes such as "Lernende Regionen" (Regions of Learning), the concept of integrating the various critical areas of education into one coherent framework alongside critical transitions in the education system was developed and implemented. This includes ongoing coordination of the relevant educational actors in the city and continuous monitoring of educational outcomes.
- The strategies of social urban development and neighbourhood development with the programmes of the "Social City Programme" (German: Programm Soziale Stadt), neighbourhood management and the housing policy guidelines of the City of Offenbach.
- More than ten years ago, an initial concept for integration in the City of Offenbach has been approved by the City Council with a focus on securing the coexistence of different cultures in a peaceful and constructive way. This concept was relaunched in 2014. However, living together is

- Vor über zehn Jahren hat der Rat der Stadt einem ersten Konzept für die Integration in der Stadt Offenbach zugestimmt, mit dem Ziel, das Zusammenleben verschiedener Kulturen auf friedliche und konstruktive Weise zu gewährleisten. Dieses Konzept wurde 2014 neu aufgelegt. Zusammenleben ist jedoch nicht nur eine „weiche" Frage der Kommunikation und des Dialogs. Besonderes Gewicht wird auch auf eine konsequente Politik zur Förderung der öffentlichen Ordnung, Sicherheit und Rechtsstaatlichkeit gelegt. Es gibt einen sehr konsequenten Ansatz gegen den Missbrauch von Sozialleistungen, gegen illegale Arbeit und Unrechtmäßigkeiten auf dem Wohnungsmarkt, verbunden mit einer effektiven Zusammenarbeit zwischen den Behörden über den Bereich der Kommunalverwaltung hinaus.
- Die Förderung zivilgesellschaftlicher Organisationen innerhalb der Migrantenbevölkerung (sogenannte Migrantenselbstorganisationen) ist ein weiterer Schwerpunkt dieses Arbeitsbereichs.
- Es versteht sich von selbst, dass eine erfolgreiche soziale Integration eng mit der Integration in den Arbeitsmarkt verbunden ist. Zu diesem Zweck hat die Stadt Offenbach 2012 das Jobcenter kommunalisiert und als Bestandteil einer übergreifenden Politik sozialer Entwicklung etabliert. Die Stadt mobilisiert das wirtschaftliche Potenzial von Zugewanderten, indem sie eine differenzierte Starthilfe zur Unternehmungsgründung zur Verfügung stellt. So ist Offenbach heute eine der Städte mit der höchsten Unternehmerquote innerhalb der Erwerbsbevölkerung (Schulze-Böing, 2018).

Alle diese strategischen Handlungsfelder stützen sich auf effektive Netzwerke sowohl innerhalb der Stadtverwaltung als auch mit externen Behörden und Akteuren, einschließlich Organisationen des dritten Sektors und der Zivilgesellschaft. Diese Netzwerke wurden in allen für die Integration relevanten Themenbereichen eingerichtet. Dazu gehören Handels- und Handwerkskammern, Arbeitgeberverbände, Gewerkschaften, Schulen, Arbeitsämter und die Polizei, aber auch zivilgesellschaftliche Organisationen wie Selbstorganisationen von Immigrantengemeinschaften, darunter Kirchen, Moscheenvereine, Kulturvereine etc.

Die Rechenschaftslegung der Kommunalpolitik ist ein weiteres Schlüsselelement. Die Stadt Offenbach hat eine Reihe von Formaten (soziale Entwicklung, Bildung, Integration) zur kontinuierlichen Berichterstattung bestimmt, die Entwicklungen einschätzen und Ergebnisse der Stadtpolitik bewerten (Schulze-Böing, 2017).

not only a "soft" issue of communication and dialogue. Specific emphasis is also put on a consistent policy to promote public order, security and rule of law. There is a very consistent approach against the abuse of social benefits, illegal work and exploitation in the housing market, combined with effective cooperation between the authorities beyond the boundaries of local government.
- The promotion of civil society organisations amongst the migrant population (so-called "migrant self-organisations") is another focus of this work area.
- It goes without saying that successful social integration is closely connected with integration into the labour market. The City of Offenbach municipalised the local job centre for this purpose in 2012 and set it up as part of an overall social development policy. The city is mobilising the economic potential of immigrants by providing differentiated start-up support and by now is one of the cities with the highest rate of entrepreneurs among its working population (Schulze-Böing, 2018).

All these strategic fields of action are based on effective networks, both within the city government and with external authorities and actors, including third sector and civil society organisations. These networks have been established in all thematic areas relevant to integration. These include chambers of commerce and crafts, employers' associations, trade unions, schools, employment agencies and the police, but also civil society organisations such as self-organisations of immigrant communities, including churches, mosque associations, cultural associations and so on.

Accountability of municipal policies is another key element. The City of Offenbach has set up a number of continuous reporting formats (social development, education, integration) which assess developments and evaluate outcomes of city policies (Schulze-Böing, 2017).

Neighbourhood development – a key element of integration policies

The emergence of diverse and even "hyper-diverse"[3] neighbourhoods in the process of immigration is a challenge for urban development processes. As the place of residence very often turns out to be a predictor of educational achievements of children, employment opportunities and life chances in general, it is a principal purpose of urban policies to tackle social inequities in the spatial dimension, contain the unwelcome consequences of social segregation and protect neighbourhoods with social problems from further decline.

In 2002, the City of Offenbach began setting up a neighbourhood management system as part of the planning aspect of the "Social City Programme"[4]. This involved the eastern inner city, a district with special development needs, a special concentration of social problems and a high proportion of immigrants. This neighbourhood management proved so successful that it was subsequently introduced in other districts independently of the "Social City Programme". Meanwhile, there are four neighbourhood offices and four neighbourhood management districts. The neighbourhood offices are designed as small centres for services, e.g. migration counselling, job centre outreach activities or learning groups for disadvantaged young people, and activities by

---

[3] The concept of "hyper-diversity" refers to the fact that there is a multitude of diversities to be dealt with in a social and particularly an urban context – ethnicity, social status, gender, habits, lifestyles etc. These particular features overlap. They create a multidimensional space of diversity, which makes it even more difficult for policies to address the related issues. The concept of "milieus" (see the article by Hallenberg in this volume) is a tool for analysing multi-diverse social realities. It may also turn out to be an instrument for shaping policies at local level, which fit better into urban realities than concepts that rely on highly aggregate social categories (see Tasan-Kok et al., 2017).

[4] Germany's national programme "Soziale Stadt" (the Social City Programme) is an instrument that supports local strategies for improving deprived neighbourhoods. It has a multidisciplinary approach, linking traditional urban development instruments with social, economic, and cultural development. Diversity and integration policies are also key areas in the implementation of the programme. The programme is funded by the federal government, the federal states and the municipalities in equal shares, allowing for some flexibility within the regional states. It was launched in 1999 as an experimental programme and is now well established in national urban development policies. Meanwhile it has become part of Germany's building code (Baugesetzbuch).

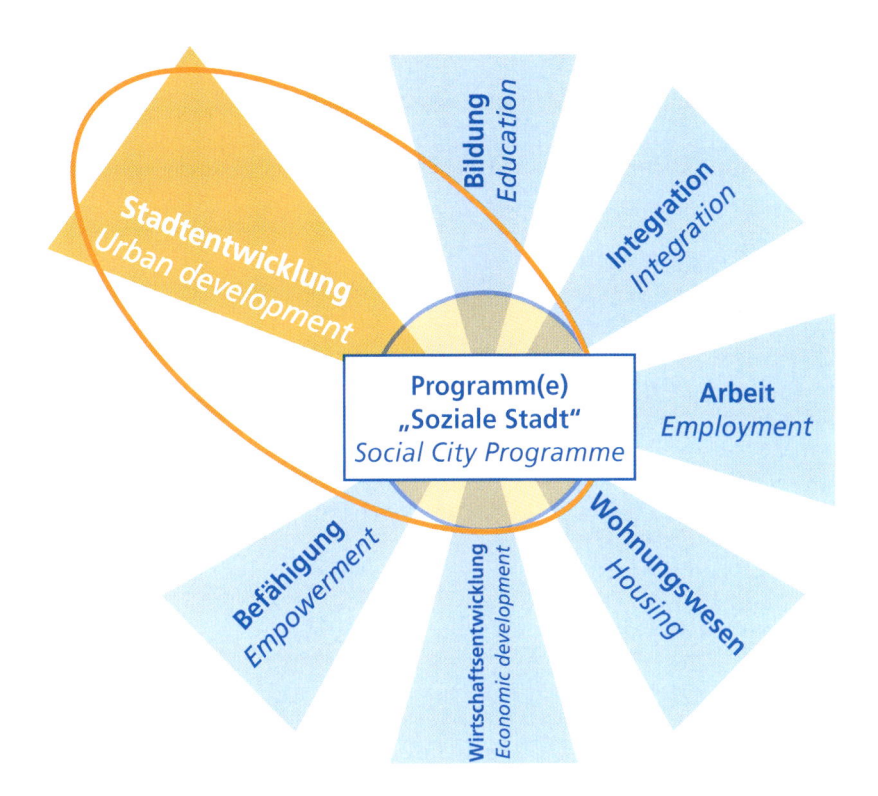

Abb. 10: Die Logik des Programms „Soziale Stadt" – interdisziplinäre Strategie mit dem Fokus Stadtentwicklung (Quelle: Stadt Offenbach am Main, Amt 81)

Fig. 10: The Logic of the "Soziale Stadt" Programme – interdisciplinary strategy with a focus on urban development (Source: City of Offenbach am Main, Department 81)

Dieses Quartiersmanagement erwies sich als so erfolgreich, dass es später unabhängig vom Programm „Soziale Stadt" auch in anderen Stadtteilen eingeführt wurde. Mittlerweile gibt es vier Nachbarschaftsbüros und vier Nachbarschaftsverwaltungsbezirke. Die Nachbarschaftsbüros sind als kleine Dienstleistungszentren konzipiert, zum Beispiel zur Einwanderungsberatung, für Outreach-Aktivitäten des Jobcenters oder Lerngruppen für benachteiligte junge Menschen sowie für Aktivitäten von Gruppen der Bewohnerschaft.

Ziel ist es, auf spezifische soziale Belange einzugehen, aber auch ein verbindendes „soziales Kapital" in der Nachbarschaft zu fördern. Das Quartiersmanagement bezweckt, die Bewohnerinnen und Bewohner zu aktivieren. Seine Methodik basiert auf dem Konzept der Koproduktion sozialer Güter. Mit einem relativ kleinen Budget wurde viel für die Nachbarschaften und für die Integration erreicht. Raumbezogene Sozialmaßnahmen sind daher zu zentralen Bausteinen der Integrationsstrategie der Stadt geworden.

resident groups. The aim is to address specific social concerns, but also to promote "bridging social capital" in the neighbourhood. The aim of neighbourhood management is to activate residents. Its methodology is based on the concept of co-production of social goods. With a relatively small budget, a great deal has been achieved for the neighbourhoods and for integration. Social space-related measures have therefore become central building blocks of the city's integration strategy.

The long-term evaluation of the city's neighbourhood strategy shows that in almost all measurable dimensions the desired effects have so far been achieved at least in part (e.g. improving the infrastructure, reducing poverty, rebalancing the social structure of the district and raising the image of the neighbourhood). The SGB II rate, in the inner city and in the neighbourhoods of the "Social City Programme", has fallen much more than in the city as a whole. There are indicators that the population mix has improved and is now more resilient towards economic downturns. The segregation rate is declining, as is the number of registered crimes – according to

Die Langzeitbewertung der Nachbarschaftsstrategie zeigt, dass auf nahezu allen messbaren Ebenen die angestrebten Effekte zumindest teilweise erreicht wurden (zum Beispiel Verbesserung der Infrastruktur, Verringerung der Armut, Stabilisierung einer ausgeglichenen sozialen Struktur und Imageaufwertung der Nachbarschaft). Die SGB-II-Quote ist in der Innenstadt und in den Stadtteilen des Programms „Soziale Stadt" deutlich stärker gesunken als in der Gesamtstadt. Es gibt Anzeichen dafür, dass sich die Bevölkerungszusammensetzung verbessert hat und nun widerstandsfähiger gegenüber wirtschaftlichen Abschwüngen ist. Die Segregationsrate sinkt ebenso wie die Anzahl der registrierten Straftaten – so wies die Stadt Offenbach laut Helbig und Jähnen (2018) zwischen 2005 und 2014 den stärksten Rückgang an sozialer Segregation unter 74 Großstädten auf, die für eine Datenbank des Bundesinstituts für Bau-, Stadt- und Raumforschung (BBSR) Vergleichsdaten zur innerstädtischen Stadtentwicklung lieferten. Gleichzeitig hat sich das Image der oben genannten Gebiete deutlich verbessert (Schulze-Böing, 2018).

Helbig and Jähnen (2018), the City of Offenbach showed the biggest decline in social segregation between 2005 and 2014 amongst 74 major cities that provided data for the Federal Institute of Urban and Territorial Research (BBSR). Meanwhile, the abovementioned districts' image has improved significantly (Schulze-Böing, 2018).

Strategien zur städtischen Integration: Was ist noch zu tun?

Urban integration strategies: what else is to be done?

Sowohl die positiven Auswirkungen als auch die Probleme und Herausforderungen der Einwanderung treten konzentriert in den Städten auf. Dies gilt insbesondere für die „Arrival Cities", an die Doug Saunders denkt: Städte mit hohem Einwanderungsanteil, hoher Fluktuation, Bildungsrückständen, Arbeitslosigkeit, Armut und sozialem Handlungsbedarf.

Städte sind (und waren schon immer!) Ankunftsorte, Drehscheiben der Mobilität und Orte der Vielfalt, aber auch Labore für soziale Experimente, Schauplätze für Konfliktlösung und Interessensverhandlungen. Es ist ein Gesetz des Lebens, dass diese Prozesse nicht reibungslos, ohne Konflikte und Belastungen verlaufen. Wenn sie sich den Herausforderungen der Einwanderung stellen wollen, müssen Städte in Wohnraum, Bildung, Arbeit, in die Entwicklung von durch die Einwanderung besonders betroffenen Nachbarschaften, in Sozialarbeit und Infrastruktur investieren. Dies ist trotz des hohen Einwanderungsdrucks eine Grundvoraussetzung für die Sicherung

Both the positive effects and the problems and challenges of immigration are concentrated in the cities. This is especially true in the "arrival cities" that Doug Saunders has in mind, cities with a high proportion of immigrants, high fluctuation, educational backlogs, unemployment, poverty and a need for social action.

Cities are (and always have been!) places of arrival, hubs of mobility and places of diversity, but also laboratories for social experiments, arenas for conflict resolution and negotiation of interests. It is a law of life that these processes do not run smoothly, without conflicts and burdens. If they want to meet the challenges of immigration, cities must invest in housing, education, employment, development of neighbourhoods particularly affected by immigration, social work and infrastructure. This is a basic requirement for securing social peace in an urban context despite high immigration pressure; especially when resources are scarce, as is often the case in cities with high poverty rates, high population turnover and high demand for social transfers.

Abb. 11: Wochenmarkt in Offenbach am Main (Quelle: Stadt Offenbach)
Fig. 11: Farmer's market in Offenbach am Main (Source: City of Offenbach)

des sozialen Friedens im städtischen Kontext; vor allem wenn die Ressourcen knapp sind, wie es in Städten mit einer hohen Armutsquote, einer hohen Bevölkerungsfluktuation und einer hohen Nachfrage nach Sozialtransferleistungen häufig der Fall ist.

Die Funktionstüchtigkeit von Städten und Ankunftsgebieten kann nicht einfach vorausgesetzt werden. Sie bedarf gezielter Förderung: So braucht es Maßnahmen zum Schutz vor übermäßiger Überlastung, zum Beispiel durch die Schaffung von Möglichkeiten, den Zuzug durch Einwanderung zumindest für einen bestimmten Zeitraum nach ihrer Ankunft zu kontrollieren. Maßnahmen wie das Programm „Soziale Stadt" im Bereich der Stadt- und Quartiersentwicklung können dazu beitragen, Ankunftsgebiete in Städten zu stärken, städtebauliche Defizite zu schließen und die soziale und wirtschaftliche Entwicklung dieser Gebiete zu fördern. Will man den Zerfall der „Arrival Cities" verhindern, sind wirksame finanzielle Umverteilungsmechanismen erforderlich, um die mit der

The functionality of cities and arrival districts cannot simply be assumed. It needs targeted support. It needs precautions to protect them against excessive overload, e.g. by creating opportunities to control the influx of immigrants, at least for a certain period after their arrival. Programmes such as the "Social City Programme" in the area of urban and neighbourhood development can help strengthen arrival districts in cities, eliminating urban planning deficits and promoting the social and economic development of these districts. In order to prevent the disintegration of arrival cities, effective financial redistribution mechanisms are necessary to compensate for specific burdens related to immigration.

After all, arrival cities need particularly good municipal management with a strong capability of building and managing networks and with an integrated view on the problems related to diversity. However, it is also the task of arrival cities to ensure a balance between arrival processes and stable population by means of a suitable urban development policy. This involves both prevention of segregation and fostering of

Abb. 12: Mathildenviertel in Offenbach am Main (Quelle: Stadt Offenbach)

Fig. 12: Mathilden quarter in Offenbach am Main (Source: City of Offenbach)

Einwanderung verbundenen spezifischen Belastungen auszugleichen. Zudem brauchen „Arrival Cities" ein besonders gutes kommunales Management mit einer robusten Fähigkeit zum Aufbau und zur Verwaltung von Netzwerken und mit einer integrierten Sichtweise auf die mit der Vielfalt einhergehenden Probleme.

Es ist jedoch auch Aufgabe der „Arrival Cities", durch eine geeignete Stadtentwicklungspolitik ein Gleichgewicht zwischen Ankunftsprozessen und einer stabilen Bevölkerung zu gewährleisten. Dies beinhaltet die Verhinderung von Segregation wie auch die Förderung gemischter Nachbarschaften, sowohl ethnisch als auch sozial. Darüber hinaus sollte es ein Ziel der Städtepolitik sein, geschlossene Milieus zu verhindern, die möglicherweise nicht nur das friedliche Zusammenleben im städtischen Kontext gefährden, sondern auch die Freiheit und die Lebensperspektiven der Menschen, die in diesen Milieus leben müssen.

mixed neighbourhoods, both ethnically and socially. Furthermore, it should be a purpose of urban policies to prevent closed milieus, which may be a threat not only to peaceful living together in an urban context, but also to the freedom and life perspectives of the individuals who have to live in these milieus.

Quellen | References

Bither, J., Küppers, I. & Ziebarth, A. (2016). *A Tale of Three Cities: New migration and integration realities in Istanbul, Offenbach and Tangier.* Berlin & Eschborn: German Marshall Funds of the United States/Gesellschaft für Internationale Zusammenarbeit.

Bundesagentur für Arbeit (2019). Der Arbeitsmarkt in Deutschland 2018. *Amtliche Nachrichten der Bundesagentur für Arbeit, 66*(2).

Heitmeyer, W. (1998). Versagt die „Integrationsmaschine" Stadt? Zum Problem der ethnisch-kulturellen Segregation und ihrer Konfliktfolgen. In Heitmeyer, W, Dollase, R. & Backes, O. (Hrsg./Eds.), *Die Krise der Städte.*

Frankfurt am Main: Suhrkamp. Helbig, M. & Jähnen, S. (2018). *Wie brüchig ist die soziale Architektur unserer Städte? Trends und Analysen der Segregation in 74 deutschen Städten.* Discussion Paper 2018, 001. Berlin: Wissenschaftszentrum Berlin für Sozialforschung.

International Organization for Migration (2016). *World Migration Report 2015. Migrants and Cities: New Partnerships to Manage Mobility.* Geneva: International Organization for Migration.

Saunders, D. (2011). *Arrival City. How the Largest Migration in History is Reshaping our World.* London: Windmill.

Schmal, P.-C., Elser, O. & Scheuermann, A. (Hrsg./Eds.) (2016). *Making Heimat. Germany, Arrival Country.* Katalog zum Deutschen Pavillon auf der Architekturbiennale von Venedig: Einwanderung im Fokus. Ostfildern: Hatje Cantz.

Schulze-Böing, M. (2017). Kann man Integration messen? Konzept und aktuelle Ergebnisse des Integrationsmonitorings der Stadt Offenbach. *Statistik aktuell, 18.* Offenbach am Main: Amt für Arbeitsförderung, Statistik und Integration. <https://www.offenbach.de/rathaus/stadtinfo/offenbach-in-zahlen/statistikveroeffentlichung.php>.

Schulze-Böing, M. (2018). Man muss sich Sisyphos als glücklichen Menschen vorstellen. Ein Konzept für kommunale Integrationspolitik. *Stadtforschung und Statistik, 31.*

Stadt Offenbach am Main (2019). *Statistischer Vierteljahresbericht IV/2018.* Offenbach: Amt für Arbeitsförderung, Statistik und Integration.

Taşan-Kok, T., Bolt, G., Plüss, L. & Schenkel, W. (2017). *A Handbook for Governing Hyper-Diverse Cities.* Utrecht: Utrecht University, Faculty of Geosciences.

Von Radecki, A., Pfau-Weller, N., Domzalski, O. & Volmar, R. (2016). *Morgenstadt City-Index, Online-Dokumentation.* Stuttgart: Fraunhofer-Institut für Arbeitswirtschaft und Organisation (IAO).

6

Budapest

GÉZA SALAMIN

Integrierte Stadtentwicklung der Leipzig Charta in der Anwendung in Zentral- und Osteuropa: das Magdolna-Quartiersprogramm in Budapest

Application of Integrated Development Messages of the Leipzig Charter in Central and Eastern Europe: The Case of the Magdolna Quarter Programme in Budapest

Nach dem Wandel des politischen Systems im Jahr 1990 wurde die Entwicklung der Stadtplanung in den mittel- und osteuropäischen Ländern, die später der Europäischen Union beitraten, stark von der Politik und den entsprechenden Leitlinien der Europäischen Union beeinflusst (Stead, 2013; Nordregio, 2007; Luukkonen, 2011; Salamin, 2018). Heute ist der Aufbruch zu einer integrierten Stadtentwicklung, wie sie in der Leipzig Charta und der Territorialen Agenda 2020 empfohlen wird, in diesen Ländern weit verbreitet. In den letzten zehn Jahren sind integrierte Stadtentwicklungsstrategien in Ungarn zu einem neuen Planungsinstrument geworden, das in einem für alle Städte verbindlichen Planungssystem geregelt ist. In einigen Fällen indes kam die Anwendung integrierter Strategien in Pilotprojekten bereits in den späten 1990er Jahren, also vor der Verabschiedung der Leipzig Charta im Jahr 2007, zum Tragen. Das herausragendste Beispiel für solche Projekte ist das Stadterneuerungsprogramm in Józsefváros (achter Bezirk von Budapest), insbesondere auch das Sanierungsprogramm im Magdolna-Viertel, das in diesem Beitrag besprochen werden soll. Das Programm Magdolna-Viertel ist das wohl am längsten laufende Stadterneuerungsprogramm in Ungarn und wurde wurde aus der Wissenschaft und der Planung gleichermaßen umfassend analysiert (siehe Czirfusz et al., 2017; Keresztély et al., 2015; Jelinek, 2017; Alföldi, 2008 und

Following the change in the political system in 1990, the evolution of planning in Central and Eastern European (CEE) countries which later joined the European Union was influenced strongly by the policies and related guidelines of the European Union (Stead, 2013; Nordregio, 2007; Luukkonen, 2011; Salamin, 2018). By today, integrated development as advocated by the Leipzig Charter and Territorial Agenda 2020 has become a widely applied approach in these countries. In the last decade, integrated urban development strategies have become a new planning instrument in Hungary, and one which is regulated in the planning system, which is obligatory for all cities. In some cases, however, the use of integrated strategies in pilot projects emerged even before the 2007 adoption of the Leipzig Charter, dating back to the late 1990's. The most outstanding example of such projects is the urban regeneration programme in Józsefváros (the 8th district of Budapest), especially its Magdolna Quarter Programme, which is analysed in this paper. The Magdolna Quarter Programme is probably the longest-running urban regeneration programme in Hungary and has been broadly analysed by scholars and planning practitioners alike (see Czirfusz et al., 2017; Keresztély et al., 2015; Jelinek, 2017; Alföldi, 2008, 2015; György, 2012; etc.). The goal of this paper is to evaluate the general influence of the Leipzig Charter in CEE countries and to analyse the extent to which the Charter's message of integrated urban development can be

2015; György, 2012 etc.). Ziel dieses Beitrags ist es, den allgemeinen Einfluss der Leipzig Charta in mittel- und osteuropäischen Ländern zu evaluieren und zu untersuchen, inwieweit sich das Anliegen der Charta zur integrierten Stadtentwicklung im Fall des Magdolna-Viertels, das sich direkt auf die Verbesserung des sozialen Zusammenhalts in der Nachbarschaft konzentriert, widerspiegelt.

Die Leipzig Charta und ihr Einfluss in Mittel- und Osteuropa

In den letzten zwei Jahrzehnten wurde die Stadtplanung und -entwicklung von den im Rahmen der Europäischen Union entwickelten Strategien und Richtlinien beeinflusst. Mehrere Studien zeigen die Eigenschaften (zum Beispiel Faludi-Waterhaut, 2002; Purkarthofer, 2016; Salamin, 2018) und die Auswirkungen (Evers-Tennekes, 2016; Salamin, 2018) von EU-Leitlinienprozessen, die oft als „Europäisierung" nationaler Leitlinien zur Planung (und Entwicklung) bezeichnet werden (Cotella & Janin Rivolin, 2011; Böhme-Waterhaut, 2008; Luukkonen, 2011; Salamin, 2018 etc.). Wie aus der jüngsten europaweiten Studie des Autors (2018) hervorgeht, kam der Prozess der Europäisierung in den Jahren 2017 bis 2018, gemessen an den Veränderungen der Richtlinien und Planungspraktiken nach den Ansätzen der EU-Strategien und -Richtlinien (wie zum Beispiel der Leipzig Charta), am weitesten in mittel- und osteuropäischen Ländern, sowie in Portugal voran, aufgrund der dort allgemein vorherrschenden Lernbereitschaft und des Motivationsfaktors der für die Kohäsionspolitik bereitgestellten Mittel. Die Umfrage ergab auch, dass die neuen EU-Mitglieder mit postsozialistischem Hintergrund am häufigsten direkt auf die strategischen Dokumente der Europäischen Union zu Richtlinien der Raum- und Stadtentwicklung Bezug nehmen (siehe EU11 in Abbildung 1). Nationale, regionale und städtische Pläne und Konzepte in diesen Ländern enthalten wesentlich mehr direkte Verweise als jene in den EU15-Ländern (Salamin, 2018).

Die Adaptierung und Anwendung der Leipzig Charta ist Teil eines umfassenderen und allgemeineren Prozesses der Europäisierung von Planung, Richtlinien und Praktiken, der in den mittel- und osteuropäischen EU-Mitgliedstaaten am dynamischsten verläuft. Die postsozialistischen

identified in the case of the Magdolna Quarter Programme, which focused directly on the improvement of social cohesion in the neighbourhood.

The Leipzig Charter and its influence in Central and Eastern Europe

In the last two decades, the evolution of urban planning and development has been influenced by the strategies and policies developed within the framework of the European Union. Several studies reveal the nature (e.g. Faludi-Waterhaut, 2002; Purkarthofer, 2016; Salamin, 2018) and the impact (Evers-Tennekes, 2016; Salamin, 2018) of EU policy processes, something which is often referred to as the "Europeanisation" of domestic planning (and development) policies (Cotella & Janin Rivolin 2011; Böhme-Waterhaut, 2008; Luukkonen, 2011; Salamin, 2018; etc.). As the author's recent European survey (2018) shows, the process of Europeanisation, measured by changes in policies and planning practices to conform with the approaches of EU strategies and guidelines (e.g. that of the Leipzig Charter), progressed the most in 2017–2018 in Central and Eastern European countries as well as in Portugal due to their general learning attitude and the motivating factor of Cohesion Policy funds. The survey also revealed that the strategic policy documents of the European Union with regard to spatial and urban development are directly referred to most by new EU members with a post-socialist background (see EU11 in Figure 1). National, regional and urban plans and strategies in these countries have significantly more direct references included than those of the EU15 countries (Salamin, 2018).

The adaptation and application of the Leipzig Charter is part of a wider and more general Europeanisation process of planning development, policies and practices, which is most dynamic in the CEE EU member states. The post-socialist member states were encouraged partly by the instruments of the Cohesion Policy and partly by a common learning attitude. The adaptation of European priorities and themes in national planning documents was the fastest in states which played a dominant role in determining these themes (e.g. are

Mitgliedstaaten wurden zum Teil durch die Instrumente der Kohäsionspolitik und zum Teil durch eine generelle Lernbereitschaft bestärkt. Die Adaption europäischer Prioritäten und Themen in nationalen Planungsdokumenten erfolgte am schnellsten in Staaten, die bei deren Ausgestaltung mitwirkten (also den europäischen strategischen Diskurs aktiv mitgestalten), sowie in Staaten, die eine hohe Pro-Kopf-Beihilfe aus den Strukturfonds erhielten (Salamin, 2018, 144).

Um den konkreten Fall von Józsefváros in Ungarn zu analysieren, müssen die Aussagen der Leipzig Charta zur nachhaltigen europäischen Stadt im Hinblick auf die integrierten Entwicklungsziele in Augenschein genommen werden. Mit der Annahme der Charta im Jahr 2007 erhielten die integrierten Ansätze zur Stadtentwicklung große politische Aufmerksamkeit. Die unterzeichnenden Ministerinnen und Minister verpflichteten sich, das Instrument der integrierten Stadtentwicklung zu gebrauchen, die damit verbundene Regierungspolitik umzusetzen und zu diesem Zweck alle erforderlichen Rahmenbedingungen auf nationaler Ebene zu schaffen. Gemäß der Definition

active in shaping the European strategic discourse) and those which received a high allowance per capita from structural funds (Salamin, 2018, 144).

To analyse the specific case of Józsefváros in Hungary, it is necessary to review the messages of the Leipzig Charter on Sustainable European Cities with regard to integrated development. Adoption of the Charter in 2007 brought a great deal of political attention to integrated approaches to urban development. The Ministers signing the Charter committed themselves to using the tool of integrated urban development, to implementing the related governance for its use and, to this end, to establishing any necessary framework at the national level. According to the Charter's definition "integrated urban development policy is a process in which the spatial, sectoral and temporal aspects of key areas of urban policy are co-ordinated. The involvement of economic actors, stakeholders and the general public is essential" (Leipzig Charter, 2007, 2). Implementation-oriented planning tools for integrated development include the following four components (Leipzig Charter, 2007, 3):

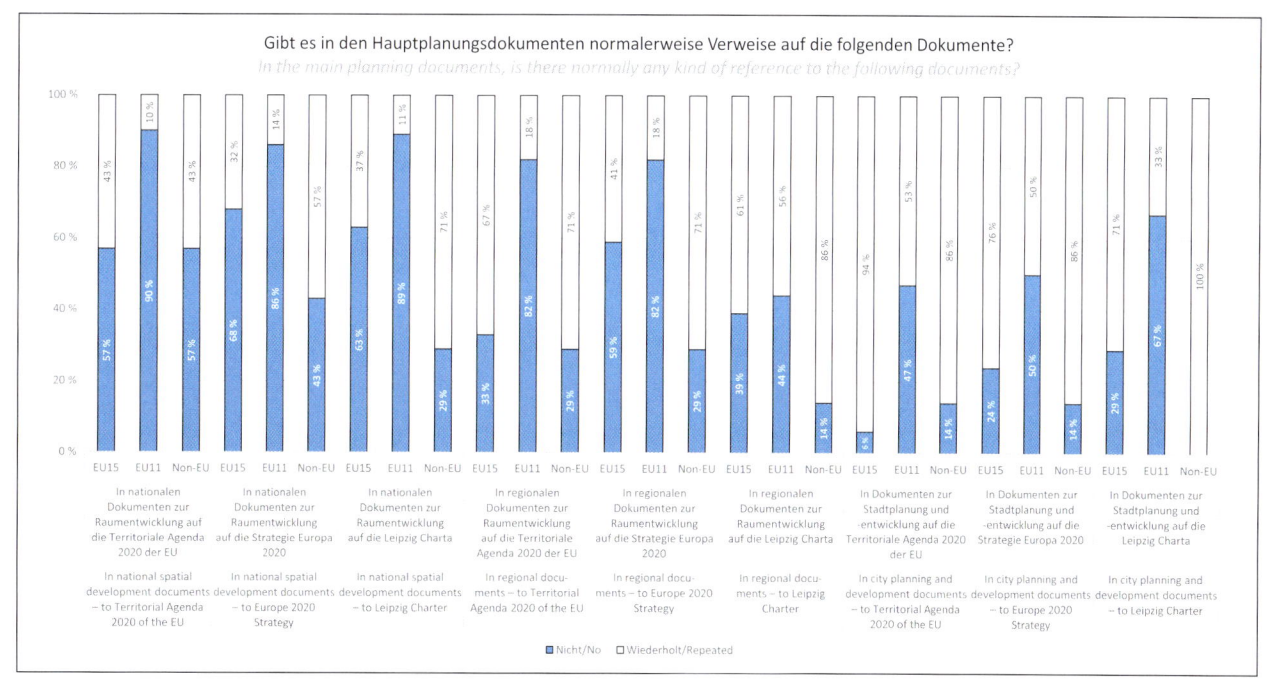

Abb. 1: Direkte Verweise auf EU-Dokumente in der räumlichen Stadtplanung und in den Strategien europäischer Länder. Datengrundlage ist die Umfrage zur Dynamik der europäischen Planung 2017–2018 (Salamin, 2018)
Legende: EU11: HU, CZ, PL, SI, LV, LT, EE, BG, RO, SK, HR; Nicht-EU: NO, SRB, CH

Fig. 1: Direct references to EU documents included in spatial urban planning and strategies of European countries. Data from the survey on dynamics of European planning 2017–2018 (Salamin, 2018)
Legend: EU11: HU, CZ, PL, SI, LV, LT, EE, BG, RO, SK, HR; Non-EU: NO, SRB, CH

Abb. 2: Typischer Anblick in der Danko Straße vor den Sanierungsarbeiten (Quelle: Géza Salamin)
Fig. 2: Typical view of Danko Street before restoration (Source: Géza Salamin)

der Charta ist „integrierte Stadtentwicklungspolitik ein Prozess. In diesem Prozess findet die Koordinierung zentraler städtischer Politikfelder in räumlicher, sachlicher und zeitlicher Hinsicht statt. Die Einbeziehung der wirtschaftlichen Akteure, Interessengruppen und der Öffentlichkeit ist hierbei unabdingbar." (Leipzig Charta, 2007, 2) Umsetzungsorientierte Planungsinstrumente für die integrierte Entwicklung umfassen folgende vier Komponenten (Leipzig Charter, 2007, 3):

- Beschreibung der Stärken und Schwächen anhand einer Bestandsanalyse;
- Formulierung konsistenter Entwicklungsziele für das Stadtgebiet und Entwicklung einer Vision für die Stadt;
- Abstimmung der unterschiedlichen teilräumlichen, sektoralen und technischen Pläne sowie der politischen Maßnahmen und Sicherstellung, dass die geplanten Investitionen eine ausgeglichene Entwicklung des städtischen Raums fördern;
- Koordinierung und räumliche Fokussierung des Finanzmitteleinsatzes öffentlicher und privater Akteurinnen und Akteure auf lokaler und stadt-regionaler Ebene unter Einbeziehung von Bürgerinnen und Bürgern sowie anderen Beteiligten, die maßgeblich zur Gestaltung der zukünftigen wirtschaftlichen, sozialen, kulturellen und ökologischen Qualität der Gebiete beitragen können.

- describing the strengths and the weaknesses based upon an analysis of the current situation;
- defining consistent development objectives for the urban area and developing a vision for the city;
- coordinating the different neighbourhood, sectoral and technical plans and policies, and ensuring that the planned investments will help to promote well-balanced development of the area;
- coordinating and spatially focusing the use of funds by public and private-sector actors, co-ordinated at the local and municipal-regional level, and involving citizens and other partners who can contribute substantially to shaping the future economic, social, cultural and environmental quality of each area.

This list describes the Charter's understanding of integrated development, which is used in the paper as an evaluation framework to interpret the case of Budapest. Moreover, the Magdolna Quarter Programme can only be understood within the urban planning and development context of Hungary, which will be explained in the following paragraph.

Diese Liste beschreibt das Verständnis integrierter Entwicklung im Sinne der Charta, welches in diesem Beitrag als Bewertungsrahmen für die Interpretation des Falles Budapest verwendet wird. Darüber hinaus kann das Programm des Magdolna-Viertels nur im Kontext der Stadtplanung und -entwicklung Ungarns verstanden werden, was im Folgenden erläutert wird.

Der ungarische Kontext der Stadtplanung und -entwicklung

Wie in den meisten postsozialistischen mittel- und osteuropäischen Ländern wurde auch in Ungarn das Planungssystem der sozialistischen Ära zu Beginn der 1990er Jahre fast vollständig abgeschafft. Dies ging mit der Ansicht einher, dass Planung ein sozialistisches Verfahren sei. Stattdessen entstand zu dieser Zeit ein sehr technisches, architekturorientiertes und stark reguliertes Planungssystem. Die neue Ideologie zu dieser Zeit war, dass die Stadtentwicklung durch die Kräfte des Marktes angekurbelt werden sollte und dass als öffentliche Koordinierung seitens der Regierung anstelle von entwicklungsorientierter Planung nur nationale und lokale Bauvorschriften mit begrenzten Möglichkeiten für Neuentwicklung benötigt würden (Salamin, 2018, 33). Der Staat führte detaillierte Vorschriften für den Bau und die städtische Flächennutzung durch die Kommunalverwaltungen ein, die 1990 ein hohes Maß an rechtlicher Unabhängigkeit erlangt hatten. Allerdings scheiterten diese Entwicklungsprozesse, was in vielen Stadtgebieten zu Brachflächen, hohem Energieverbrauch und einer Verschlechterung der physischen Umgebung führte. Insbesondere in der Innenstadt erforderten strukturelle Herausforderungen eine neue Art der Stadtentwicklung und -planung, die strategischer und komplexer und in der Lage war, unterschiedliche soziale, wirtschaftliche und ökologische Aspekte zu integrieren, um eine ausgewogenere und effizientere Entwicklung fördern zu können.

In der sozialistischen Ära bis 1990 konzentrierte sich die staatseigene und -verwaltete Stadtentwicklung lediglich auf Mengen, indem sie eine große Anzahl von Fertighauseinheiten errichten ließ, die fast ausschließlich geografisch mit der damaligen staatlichen Industrieentwicklung verbunden waren. Andere städtische Gebiete,

The Hungarian context of urban planning and development

In Hungary, as in most post-socialist CEE countries, the planning system of the socialist era was almost fully abolished at the beginning of the 1990s, as planning was considered a socialist exercise. Instead, a very technical, architecture-focused and highly regulated planning system emerged in this period. The new ideology of that time was that urban development should be motivated by market forces and that only national and local construction regulation, with limited possibilities for new development, was needed from the government side as public coordination rather than development-oriented planning (see Salamin, 2018, 33). The central government introduced detailed regulations on construction and urban land use by local governments, which had gained a high degree of legal independence in 1990. However, development processes failed, resulting in brownfields, high energy consumption and a weakening of the physical environment in many urban areas. Especially in the inner city, structural challenges called for a new type of urban development and planning, one which is more strategic and complex and capable of integrating various social, economic and environmental aspects in order to promote more balanced and efficient development.

In the socialist era until 1990, government-owned and -managed urban development focused only on quantities by constructing large numbers of prefabricated housing units, almost exclusively linked geographically to the government industrial developments of that time. Other urban areas, especially the old downtown of Budapest, were almost completely neglected and severe urban decay occurred. As a result of a social filtration process, people with low socioeconomic status concentrated there, and many of these areas became major slums, often called the "Roma ghetto" or the "Harlem of Pest" (see Kocsis, 2009a, 2009b; Keresztély

Interne Zone (einschließlich Hauptgeschäftsvierteln und dem traditionellen, alten Wohngebiet)
Internal zone (including CBD and the traditional (old) residential zone)

Mit mehreren Armenvierteln
With several slum areas

Heterogene Zwischenzone (früher hauptsächlich industriell, jetzt im Übergang)
Heterogeneous intermediary zone (previously mainly industrial, but now in transition)

Vorstadtzone (früher getrennte Kommunalverwaltungen, jetzt Teil des Budapester Verwaltungsgebiets)
Suburban zone (previously separate municipalities, but now part of the administrative Budapest area)

Bergige Zone mit Wäldern und grünen Wohngebieten
Mountainous zone with forests and green residential areas

Donauzone (Hauptachse der Stadt, mit verschiedenen Abschnitten)
Danube zone is key axis of the city (with different sections)

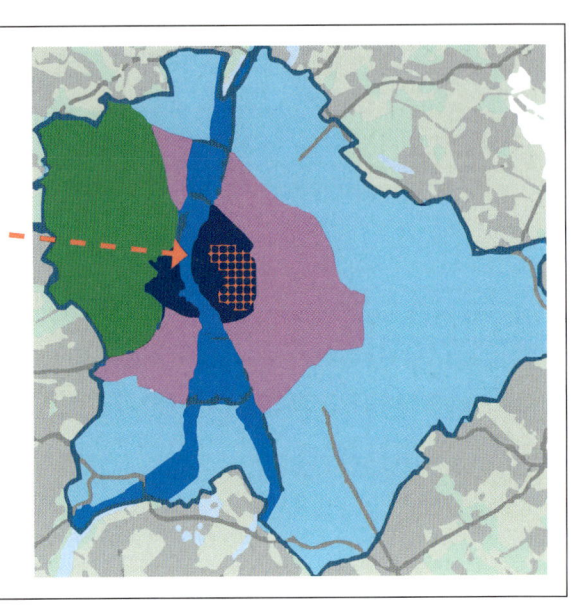

Abb. 3: Funktionsfähige Gebiete und slumgefährdete Zonen und potenzielle Armenviertel (Grafik des Autors auf Basis der Karte im Stadtentwicklungskonzept; Városfejlesztési Koncepciója, 2011)

Fig. 3: Functional zones and areas with risk of slums (Author's own illustration based on the map of Budapest in the Urban Development Concept; Városfejlesztési Koncepciója, 2011)

insbesondere die alte Innenstadt von Budapest, wurden fast vollständig vernachlässigt, was zu einem schweren städtischen Verfall führte. Infolge eines sozialen Filtrationsprozesses konzentrierten sich dort Menschen mit niedrigem sozioökonomischem Status. Viele dieser Gebiete verkamen zu Armenvierteln, die oft als „Roma-Ghetto" oder als das „Harlem von Pest" bezeichnet wurden (Kocsis, 2009a und 2009b; Keresztély et al., 2015). Die größte Herausforderung in diesem internen Wohngebiet stellte sich in Józsefváros, wo sich vor allem die arme, hauptsächlich vom Land abgewanderte Roma-Minderheit konzentrierte. Da sich diese Budapester Stadtviertel in einer sehr zentralen Lage befanden, stellten sie ein gravierendes Hemmnis für die Entwicklung der gesamten Stadt dar. Weder der Privatsektor noch die bau- und architekturorientierten Planungsverfahren der Regierung konnten mit diesem Problem effektiv umgehen. Aus diesem Grund startete die Stadtverwaltung von Budapest Ende der 1990er Jahre eine Finanzierungsinitiative zur Förderung von Stadterneuerungsprojekten lokaler Bezirksregierungen.[1] Diese Stadterneuerungsprogramme wurden später vom Staat und nach 2007 von zusätzlichen EU-Mitteln finanziell unterstützt.

et al., 2015). The most challenging part of this internal residential zone became Józsefváros, where the poor Roma minority was concentrated, mainly migrating from the countryside. As these neighbourhoods were located in a very central location of Budapest, they posed serious restraints for the development of the entire city. Neither the private sector nor the government's construction- and architecture-oriented planning procedures could deal with this issue effectively. This is why the government of Budapest in the late 1990s launched a funding initiative to support urban regeneration projects of local district governments.[1] The urban regeneration programmes later received financial support from the national government and, after 2007, from additional EU funds.

---

[1] In Budapest repräsentieren die Lokalregierungen der 23 Bezirke die Kommunalverwaltungen, während die Budapester Stadtregierung eine Art Regionalverwaltung bildet.

[1] In Budapest, the local governments of the 23 districts represent local municipalities, while the Budapest government forms a sort of regional municipality.

Józsefváros and the Magdolna Quarter: the challenge of slum areas in Budapest

After 1989, the 8th District of Budapest (Józsefváros) had the worst social and physical housing conditions in Budapest. It was a symbol of prostitution, crime and a high proportion of Roma residents (Jelinek, 2017). Most of the residents were disadvantaged (elderly, poor and Roma population). One of the most problematic areas was the so-called Magdolna Quarter with 12,000 inhabitants on 0.34 square kilometre. Alföldi (2011) describes the social and physical challenges of the Magdolna Quarter in 2001 as follows:

- The rate of substandard dwellings was 37.2 percent (in Józsefváros in 1989, 21 percent of flats lacked toilets and bathrooms; Budapest average: 9.5 percent).
- High rate of city-owned flats in the quarter: 42.6 percent (district average: 17.5 percent; Budapest average: 5.0 percent).[2]
- Inhabitants above 25 years of age with college or university degrees within the quarter was only 9.4 percent (district average: 16.1 percent; Budapest average: 23.8 percent).
- Population above 15 years of age without the basic eight-year school education was 10.2 percent.
- The share of Roma in the population was 30 percent.

The concentration of disadvantaged people had been steadily increasing over the past few decades. The area's main difficulties were its high unemployment rate, low education level, dilapidated housing quality and high crime rates, including drug abuse and trafficking. As Czirfusz et al. (2015) described, the 8th District is both typical in terms of the historical trajectory of inner-city neighbourhoods in Budapest and exceptional due to its highly stigmatised nature.

---

[2] In Budapest, the poorest residential units were not privatised until the late 1990s.

Abb. 4: Ansicht von Häusern vor und nach der Sanierung (Quelle: Géza Salamin)
Fig. 4: View of houses before and after restauration (Source: Géza Salamin)

Das langfristige Programm zur Stadterneuerung im Magdolna-Viertel

The Magdolna Quarter long-term regeneration programme

Das Programm für das Magdolna-Viertel wurde 1995 vom achten Bezirk Józsefváros in Zusammenarbeit mit der Stadt Budapest ins Leben gerufen. Das andere wichtige Stadterneuerungsprogramm in Józsefváros ist das sogenannte Projekt „Corvin-Promenade", eine radikalere, geschäftsorientierte Entwicklung, bei der das gesamte Gebiet umgebaut und durch neue Geschäfts- und Wohnfunktionen ergänzt wurde: „Das Projekt Corvin-Promenade ist das größte Stadtentwicklungsprojekt in Ungarn und wurde aus privaten Mitteln, jedoch in enger Zusammenarbeit mit dem öffentlichen Sektor realisiert. Es wurde als Ergebnis der Dezentralisierung und Liberalisierung in den neunziger Jahren eingeführt. Das Programm im Magdolna-Viertel, ein beispielhaftes Projekt, das regelmäßig als

The Magdolna Quarter Programme was launched in 1995 by the 8th District, Józsefváros, in cooperation with the Budapest municipal government. The other important urban regeneration programme in Józsefváros is the so-called "Corvin Promenade project" which is a more radical, business-focused development, whereby the complete area has been rebuilt with new business and residential functions: "The Corvin Promenade project, the largest urban development project in Hungary realised with private funding, but in close cooperation with the public sector, was introduced as a result of decentralisation and liberalisation throughout the 1990s. The Magdolna Quarter Programme, an exemplary project regularly cited as a "best practice" of EU-funded urban regeneration in the country, was presented as a

Erfolgsmodell der EU-finanzierten Stadterneuerung im Land angeführt wird, wurde als paradigmatischer Fall für die Europäisierung städtischer Interventionen vorgestellt." (Czirfusz et al., 2015) Józsefváros verfolgt im Rahmen des Projekts Corvin-Promenade und des Programms im Magdolna-Viertel zwei sehr unterschiedliche Ansätze für die Stadtentwicklung, die sich gegenseitig ergänzen sollen. Der eine bietet Chancen für Unternehmen und zieht neue Ressourcen in die Region, die durch die Entwicklung internationaler Funktionen erheblich zur Konkurrenzfähigkeit des Bezirks beitragen können, während der andere den Bewohnerinnen und Bewohnern kontinuierliche Unterstützung zur Stärkung des sozialen Zusammenhalts bietet.

Der Stadterneuerungsprozess des Magdolna-Viertels wurde ausführlich analysiert (Czirfusz et al., 2015; Jelinek, 2017; RÉV8, 2007, 2013a und 2013b; Alföldi, 2008, 2011 und 2015; Tomay, 2007 etc.) und wird häufig als „Best Practice" für soziale Stadterneuerung zitiert. Er beinhaltete integrierte städtische Interventionen unter Einbeziehung der Anwohnerschaft sowie eine Kombination von sozialen, kulturellen und technischen Maßnahmen. Von Anfang an wurde auf der Grundlage der Situationsbewertung eine Strategie mit drei Zielen entwickelt (RÉV8, 2007 und 2013a): Das soziale Ziel bestand darin, den Lebensstandard durch die Gewährleistung angemessener Lebensbedingungen zu heben. Wirtschaftliches Ziel war es, Einkommen und Selbstständigkeit in der Region zu steigern, den lokalen Arbeitsmarkt zu verbessern und damit die Langzeitarbeitslosigkeit zu senken. Das Umweltziel bestand darin, die öffentlichen und grünen Räume in Bezug auf Größe und Qualität zu verbessern.

Einer der ersten Schritte war die Bildung einer Organisation zum Programmmanagement im Jahr 1997. Die zu diesem Zweck gegründete Firma RÉV8 gehört der Stadtverwaltung von Budapest (40 Prozent) und der Kommunalverwaltung von Józsefváros (60 Prozent). Dieses Unternehmen war von Anfang an befugt, den Prozess zu steuern und eine Strategie zu entwickeln. Das hochqualifizierte RÉV8-Team war, einem neuen Ansatz folgend, eher interdisziplinär und bestand aus Personen mit unterschiedlichem beruflichem Hintergrund (Geographie, Soziale Arbeit, Soziologie, Architektur). RÉV8 spielte eine Schlüsselrolle bei der Koordinierung der Erneuerungsmaßnahmen durch eine Hilfestellung bei der Beteiligung der Bewohnerschaft und anderer Akteure und bei der Überwachung der Umsetzung der Strategie. Das Programm umfasste eine Vielzahl von Aktivitäten, die in den RÉV8-Veröffentlichungen (2007, 2013a und 2013b) ausführlich beschrieben sind.

paradigmatic case of Europeanising urban interventions." (Czirfusz et al., 2015) In the Corvin Promenade project and in the Magdolna Quarter Programme, Józsefváros has two very different approaches towards urban development which were designed to complement each other. The first provides opportunities for businesses and attracts new resources to the area, which can contribute greatly to the competitiveness of the district by developing international functions, while the latter provides continuous support for local residents to strengthen social cohesion.

The urban regeneration process of Magdolna Quarter has been quite broadly analysed (see Czirfusz et al., 2015; Jelinek, 2017; RÉV8, 2007, 2013a, 2013b; Alföldi, 2008, 2011, 2015; Tomay, 2007; etc.) and is often cited as a "best practice" for social urban regeneration. It included integrated urban interventions with the involvement of residents, combining social, cultural and technical measures. From the beginning, based on the evaluation of the situation, a strategy was developed which had three objectives (RÉV8, 2007, 2013a): the social aim was to improve the standard of living by ensuring appropriate living conditions. The economic aim was to raise incomes and self-reliance in the area, improve the local labour market and thereby reduce long-term unemployment. The environmental aim was to improve the public and green spaces in terms of both size and quality.

One of the very first steps was in 1997 the creation of a programme management organisation, the RÉV8 company, owned by the Budapest municipal government (40 percent) and the Józsefváros local government (60 percent). This company was empowered from the very beginning to manage the process and develop a strategy. The well-qualified RÉV8 team was, in a new approach, rather interdisciplinary, with members of mixed professional backgrounds (geographers, social workers, sociologists, architects). RÉV8 played a key role in coordinating regeneration activities, in facilitating participation with local residents and other actors and monitoring implementation of the strategy. The programme included a wide range of activities, which are described in detail in the RÉV8 publications (2007, 2013a, 2013b).

The building renewal, with active involvement of the tenants (and in some cases the owners), resulted in 30 per cent (28 buildings) of the municipally owned housing stock being refurbished. Additionally, 20 semi-private condominiums, including 570 apartments, were renovated in the Magdolna Quarter. One hundred families participated directly in the renovations. As a result of these activities, the share of substandard social housing has been reduced from 50 percent to less than 10 percent in the neighbourhood. Living conditions were improved for 750 families (e.g. indoor toilets,

Abb. 5: Der Teleki Platz nach Neugestaltung durch kooperatives Planen mit der Nachbarschaft (Quelle: Géza Salamin)

Fig. 5: The Teleki Square's new design developed through community planning (Source: Géza Salamin)

Die Gebäudesanierung führte unter aktiver Beteiligung der Mieterschaft (und in einigen Fällen auch der Eigentümerinnen und Eigentümer) dazu, dass 30 Prozent (28 Gebäude) des kommunalen Wohnungsbestandes saniert wurden. Darüber hinaus wurden im Magdolna-Viertel 20 halb-private Kondominien, darunter 570 Wohnungen, renoviert. Einhundert Familien haben direkt an den Renovierungsarbeiten teilgenommen. Infolge dieser Aktivitäten wurde der Anteil der minderwertigen sozialen Mietwohnungen in der Nachbarschaft von 50 Prozent auf weniger als 10 Prozent gesenkt. Die Lebensbedingungen für 750 Familien wurden verbessert (zum Beispiel Innentoiletten, begrünte Innenhöfe, Videoüberwachung, Isolierung). Es gab keine Verdrängung der Bevölkerung, da die Mietgebäude nach Abschluss der Maßnahmen von

green courtyards, CCTV, insulation). There was no significant displacement of the local community, as rental buildings are occupied by the same families as before the renovations (RÉV8, 2013a, 2013b).

Other components were the so-called Greenkeys, the public space revitalisation projects, which have been implemented with increasingly innovative participatory methods (Kereszétly et al., 2015). The projects included comprehensive revitalisation of Mátyás Square and Teleki Square and the creation of "FiDo", an open-air sports park for local children and adults, facilitated by animators and supervisors.

Several actions for the local community have been initiated and implemented (job fairs, cultural programmes, training

denselben Familien bewohnt wurden wie vor den Renovierungsarbeiten (RÉV8, 2013a und 2013b).

Weitere Komponenten waren die sogenannten „Green-Keys", die Revitalisierungsprojekte für den öffentlichen Raum, die mit immer innovativeren partizipatorischen Methoden umgesetzt wurden (Kereszétly et al., 2015). Die Projekte beinhalteten eine umfassende Revitalisierung des Mátyás-Platzes und des Teleki-Platzes sowie die Schaffung von „FiDo", einem Freiluftsportpark für Kinder und Erwachsene, der von Betreuenden und Animateurinnen und Animateuren geleitet wird.

Es wurden verschiedene Aktionen für die örtliche Gemeinde initiiert und durchgeführt (Job-Messen, Kulturprogramme, Schulungen für die örtliche Bevölkerung und Kinder etc.), und ein ehemaliges Fabrikgebäude wurde in ein Gemeindehaus umgewandelt. Das Gemeindezentrum der „Alten Handschuhfabrik" auf dem Mátyás-Platz ist der Hauptschauplatz für die zahlreichen Aktivitäten, die für die Öffentlichkeit angeboten werden.

Damals war das Programm in dem Sinne wegweisend, dass es sehr unterschiedliche Arten von Maßnahmen innerhalb derselben Strategie einschloss. Zum Beispiel beinhaltete es ein Verbrechensverhütungsprogramm, das von einem lokalen Waschsalon für die örtliche Bevölkerung eingerichtet wurde, sowie intensivierte soziale Dienstleistungen (zum Beispiel Familienunterstützung), die von der Regierung bereitgestellt wurden. Beim Management und bei der Finanzierung des Programms gab es eine enge Zusammenarbeit zwischen verschiedenen Verwaltungsebenen. Der Finanzierungsrahmen für das Programm zeugt von diesem mehrschichtigen Management (Abbildung 6).

for local people and children, etc.) and a former factory building was turned into a community house. The "Glove Factory" community centre on Mátyás Square is the main venue for the numerous activities provided for the public. At that time, the programme was pioneering in the sense that it included very different types of actions within the same strategy. For example, it included a crime prevention programme, set up by a community laundromat for local people, as well as intensified social services (e.g. family support) provided by the government in this underdeveloped neighbourhood. There was strong cooperation between various governance levels in the management and funding of the programme. The funding framework for the programme testifies to this multilevel governance (Figure 6).

Phase 1, 2005–2008:
Stadt Budapest (2,73 Mio. EUR)

Phase 2, 2008–2010:
EU (EFRE und ESF) + Budapest + ungarische Regierung (5,3 Mio. EUR)

Phase 3, 2010–2015:
EU (EFRE und ESF) + Budapest + ungarische Regierung (12 Mio. EUR)

**Abb. 6: Finanzierung des Programms zur sozialen Stadterneuerung im Magdolna-Viertel
(Quelle: Czirfusz et al. 2015; RÉV8 2013b)**

Phase 1, 2005–2008:
Municipality of Budapest (EUR 2.73 million)

Phase 2, 2008–2010:
EU (ERDF and ESF) + Budapest + Hungarian government (EUR 5.3 million)

Phase 3, 2010–2015:
EU (ERDF and ESF) + Budapest + Hungarian government (EUR 12 million)

**Fig. 6: Funding of the Magdolna Quarter social urban regeneration programme
(Source: Czirfusz et al. 2015; RÉV8 2013b)**

Ergebnisse und Schlussfolgerungen

Results and conclusions

Die vier in der Leipzig Charta (2007) benannten Bestandteile integrierter Entwicklung kamen im Wesentlichen im Programm für das Magdolna-Viertel zur Geltung. Es gab eine Strategie, die auf einer realistischen Analyse der aktuellen Situation beruhte und konsequente Entwicklungsziele definierte, und es gab eine klare, von vielen Akteuren geteilte Vision (RÉV8, 2007). Das Programm war wegweisend im ständigen Kampf um die Koordinierung verschiedener politischer Maßnahmen, technischer Pläne und geplanter Investitionen zur Förderung einer ausgewogenen Entwicklung des Gebiets. Es integrierte soziale, wirtschaftliche und ökologische Ziele und Interventionen. Das ortsbezogene Programm mit räumlichem Fokus (mit der Einführung des Begriffs „Aktionsgebiet" in die ungarische Verfahrensweise) war im damaligen Stadtentwicklungs- und Planungskontext Ungarns innovativ, zu einer Zeit, als in der Regel sektorale Programme und physische – oft architekturorientierte – Gestaltungsansätze die Praxis beherrschten. Die beiden ausgereifteren Stadterneuerungsprogramme von Józsefváros koordinierten unterschiedliche Fonds, während die Einbeziehung privater Fonds beim Projekt Corvin-Promenade eine besondere Rolle spielte. Von Anfang an gab es zudem eine klare Ausrichtung auf ein mehrschichtiges Management.

The four components of integrated development identified by the Leipzig Charter (2007) have essentially emerged in the Magdolna Quarter Programme. There was a strategy based on a realistic analysis of the current situation which defined consistent development objectives, and there was a clear vision shared by many actors (see RÉV8, 2007). The programme was pioneering in the continuous struggle to co-ordinate various policies, technical plans and planned investments to promote well-balanced development of the area. It integrated social, economic and environmental goals and interventions. The site-based programme with a spatial focus (introducing the term "action area" in Hungarian practice) was also innovative in the Hungarian urban development and planning context of the time, when sectoral programmes and physical – often architecture-oriented design – pproaches typically predominated its practice. Both more matured urban regeneration programmes of Józsefváros coordinated different funds, while the inclusion of private funds was especially dominant in the Corvin Promenade project. From the very beginning, there was a clear orientation towards multi-level governance. Though scholars have different perceptions about the success of the real involvement of the public and on the role of local government in

Abb. 7: Straßenbild in der Corvin-Promenade nach der Sanierung (Quelle: Géza Salamin)
Fig. 7: View of the Corvin Promenade after restauration (Source: Géza Salamin)

Obwohl Wissenschaftlerinnen und Wissenschaftler unterschiedliche Auffassungen über den Erfolg der tatsächlichen Beteiligung der Öffentlichkeit und über die Rolle der Kommunalverwaltung bei diesen Beteiligungsprozessen haben[3] (Jelinek, 2017; Keresztély et al., 2015; Czirfusz et al., 2013), war das Programm im Magdolna-Viertel für Ungarn wegweisend, indem es die lokale Bevölkerung zur Teilnahme an der Stadtentwicklung und an der Förderung der Gründung von lokalen Nichtregierungsorganisationen ermutigte. Entsprechend den Grundsätzen der Charta wurden Bürgerinnen und Bürger sowie andere Partner in das Programm einbezogen, die

these participation processes[3] (see Jelinek, 2017; Keresztély et al., 2015; Czirfusz et al., 2013), the Magdolna Quarter Programme was pioneering in Hungary by encouraging citizens to participate in urban development and also stimulating the launch of local NGOs. In line with the Charter's related principles, the programme involved citizens and other partners who could contribute substantially to shaping the future economic, social, cultural and environmental quality of each area. This kind of participatory planning had no significant precedent at that time, and in the general culture of local government, this participation was rather exceptional for Hungary. Thus, the Magdolna Quarter Programme can be

---

[3] Die kritischen Autoren beschreiben hauptsächlich Veränderungen, die von den ursprünglichen Ansätzen abwichen. Die operative Logik der Kommunalverwaltung bestand darin, spektakuläre Renovierungen im öffentlichen Raum durchzuführen. Die soziale Seite der Intervention blieb jedoch viel weniger entwickelt als zuvor (Czirfuszet al., 2015). Änderungen in der Kommunalpolitik führten dazu, dass die breite Zusammenarbeit mit anderen sozialen Akteuren im Bezirk eingeschränkt wurde und die Rolle von RÉV8 in der dritten Phase abnahm (Jelinek 2017). Seit 2011 ist eine Abkehr vom dezentralen zivilgesellschaftlichen Handeln hin zu einem strengeren politischen und öffentlich-rechtlichen Managementansatz zu verzeichnen. (Keresztély et al., 2015)

[3] The critical authors mainly describe changes which shifted away from the original approaches. The operative logic from the side of the local government was to carry out spectacular renovations in public spaces, but the social side of the intervention remained much less developed than previously (Czirfusz, Horváth, Jelinek, Pósfai, & Szabó, 2015). Changes in local politics resulted in limiting the broad cooperation with other social actors in the district, and the role of RÉV8 decreased in the 3rd phase (Jelinek, 2017). From 2011 on, there is a shift away from decentralised, civil society-oriented action towards a more stringent political and public-sector management approach (Keresztély et al., 2015).

einen wesentlichen Beitrag zur Gestaltung der künftigen wirtschaftlichen, sozialen, kulturellen und ökologischen Qualität der einzelnen Gebiete leisten konnten. Diese Art der partizipatorischen Planung hatte zur damaligen Zeit kein bedeutendes Vorbild, und in der im Bereich der Kommunalverwaltung allgemein vorherrschenden Kultur war diese Beteiligung für Ungarn eher außergewöhnlich. So kann das Programm im Magdolna-Viertel als ein früher Fall von integrierter Stadtentwicklung herausgestellt werden, wie sie in der Leipzig Charta bezeichnet und befördert wurde – ein Fall, der, wie zuvor dargelegt, dem unterentwickelten Stadtteil viele Vorteile brachte. Das Programm im Magdolna-Viertel verbesserte die soziale, ökologische und wirtschaftliche Nachhaltigkeit des Wohngebiets und steigerte ganz erheblich das Image und Ansehen des Stadtteils. Die Attraktivität des Stadtviertels nahm zu, als sich der Bevölkerungsrückgang im Jahr 2012 umkehrte und der Anteil der Hochgebildeten von 9,6 Prozent auf 13,7 Prozent stieg. Dieses innovative Programm brachte eine neue, strategischere, kooperativere und flexiblere Form der Stadtverwaltung mit sich, die mit dem oben beschriebenen Europäisierungstrend in Einklang steht (Salamin, 2018). Der Erfolg der Erneuerungsprogramme von Józsefváros und von RÉV8 hatte großen Einfluss auf die Einführung ähnlicher Stadtentwicklungsagenturen in den Stadtverwaltungen nach 2008, als durch die EU-Kohäsionspolitik erhebliche Ressourcen für die Stadtentwicklung verfügbar wurden.

Eine wichtige Frage ist: Was könnte das bestmögliche Ergebnis solcher Projekte unter den gegenwärtigen rechtlichen, organisatorischen und finanziellen Bedingungen sein? Der integrierte Ansatz wird heute in Ungarn in einem größeren Umfang anerkannt, und verschiedene positive Initiativen zur integrierten Stadtentwicklung werden auch von der staatlichen Entwicklungspolitik unterstützt, zum Beispiel durch die Einführung einer integrierten Stadtentwicklungsstrategie als Planungsinstrument. Trotz der Deregulierungsprozesse des letzten Jahrzehnts ist die Planung und Stadtentwicklung in Ungarn immer noch überreguliert, mit zahlreichen Einschränkungen, die durch die staatliche Gesetzgebung vorgegeben sind. Die strenge architektonische Regulierung des Planungsberufs[4] ist auch ein ernstes Hindernis für die Neudefinition der Planung. Die allgemeine Finanzierungssituation – der überwiegende Teil der öffentlichen Investitionen stammt aus externen Quellen, insbesondere aus strukturellen

identified as an early case of integrated urban development as identified and promoted by the Leipzig Charter, and one which resulted in benefits for the underdeveloped neighbourhood as described above. The Magdolna Quarter Programme improved the social, environmental and economic sustainability of the residential area and significantly improved the district's image and prestige. The attractiveness of the neighbourhood was improved as the depopulation trend reversed in 2012 and the proportion of highly educated people increased from 9.6 percent to 13.7 percent. This innovative programme brought a new, more strategic, cooperative and flexible form of urban governance, one in line with the Europeanisation trend described above (Salamin, 2018). The success of the Józsefváros renewal programmes and of RÉV8 had a strong influence on the introduction of similar urban development agencies in municipal governments after 2008, when significant urban development resources became available through the EU Cohesion Policy.

An important question is: what could the best possible outcome of such projects be under the present legal, organisational and financial conditions? The integrated approach is more widely accepted in Hungary today, and various positive initiatives in integrated urban development are supported by national development policy as well, e.g. through the introduction of integrated urban development strategy as a planning instrument. In spite of the deregulation processes of the last decade, planning and urban development is still over-regulated in Hungary, with numerous limits defined by national legislation; and the strict architectural regulation of the planning profession[4] is also a serious obstacle for the redefinition of planning. The general funding situation, with the vast majority of public investments coming from external sources, particularly from EU structural funds, as is the case in the CEE EU member states, has a negative impact on ownership, the management orientation in urban development and site-based development (for the case of Hungary see Salamin et al., 2014).

There are cultural limitations on such cooperative integrated development and on the level of empowerment in Hungary. To strengthen participatory planning and decision-making practices, the advantages of this approach should be emphasised more, and local identity and local communities should be strengthened. According to surveys[5], Hungarians are rather individualistic and less trusting towards institutions and other individuals. This kind of partnership-based governance –

---

[4] Für die meisten Arten von Stadtentwicklungsplänen ist eine Registrierung bei der ungarischen Architektenkammer erforderlich.

[4] Most types of urban development plans require registration with the Hungarian Chamber of Architects.
[5] https://www.hofstede-insights.com/country/hungary/

Abb. 8: Straßenbild in der Corvin-Promenade nach der Sanierung (Quelle: Géza Salamin)
Fig. 8: View of the Corvin Promenade after restauration (Source: Géza Salamin)

EU-Mitteln, wie dies in den mittel- und osteuropäischen EU-Mitgliedstaaten der Fall ist – wirkt sich negativ aus auf die Eigentumsverhältnisse, die Managementorientierung in der Stadtentwicklung und die ortsbezogene Entwicklung (zum Fall Ungarns siehe Salamin et al., 2014).

In Ungarn stößt die Planungskultur in Bezug auf diese kooperative integrierte Entwicklung und den Grad der Ermächtigung jedoch auf Grenzen. Um die partizipatorische Planungs- und Entscheidungspraxis zu stärken, sollten die Vorteile dieses Ansatzes weiter betont und die lokale Identität und ihre Gemeinschaften gestärkt werden. Umfragen zufolge[5] sind die Ungarn eher individualistisch und zeigen Institutionen und anderen Personen wenig Vertrauen. Diese Art des partnerschaftlichen Managements hängt im allerersten Schritt davon ab, ein ausreichendes Maß an Vertrauen zwischen den verschiedenen Handelnden aufzubauen. Eine solch intensive und offene Kommunikation erfordert Transparenz und entsprechende Planungsfähigkeiten (einschließlich der Entwicklung einer Vision und der gemeinsamen Ausarbeitung von Strategien). Nach Ansicht des Autors sollte die Betonung der Zusammenarbeit gegenüber dem vorherrschenden Wettbewerb in der öffentlichen Verwaltung, der Stadtentwicklung und der Kommunalpolitik sowie im Alltag der Menschen daher verstärkt werden.

as a very first step – depends on building an adequate level of trust among the various actors. Such intensive and honest communication requires transparency and appropriate planning skills (including visioning and joint strategy development). In the author's opinion, the general emphasis on cooperation over competition should be increased in public management, urban development and local politics, and in the everyday life of individuals as well.

---

[5] https://www.hofstede-insights.com/country/hungary/

Quellen | References

Alföldi, G. (2008). Szociális városrehabilitáció Józsefvárosban. *Falu, Város, Régió, 2*, 27–34.

Alföldi, G. (2011). 2008–2010 Magdolna Quarter Program. Presentation. <http://ec.europa.eu/regional_policy/archive/conferences/roma2011/doc/conclusions/23052011_alfoldi.pdf>.

Alföldi, G. (2015). Magdolna Quarter Program/Magdolna Negyed Program, Budapest, 2005–2015. Blog post. <http://alfoldigyorgy.hu/projects/magdolna-quarter-program-magdolna-negyed-program-budapest-2005-2015/>.

Böhme, K. & Waterhout, B. (2008). The Europeanisation of Planning. In Faludi, A. (Hrsg./Eds.), *European Spatial Research and Planning* (225–248). Cambridge, Massachusetts: Lincoln Institute of Land Policy.

Budapest Városfejlesztési Koncepciója (2011). <http://budapest.hu/Documents/varosfejlesztesi_koncepcio_2011dec/07_Varosszerkezet.pdf>.

Cotella, G. & Janin Rivolin, U. (2011). Europeanization of Spatial Planning through Discourse and Practice in Italy. *disP: The Planning Review, 186*, 42–53.

Czirfusz, M., Horváth, V., Jelinek, Cs., Pósfai, Zs. & Szabó, L. (2015). Gentrification and Rescaling Urban Governance in Budapest-Józsefváros. Intersections. *East European Journal of Society and Politics, 1*(4).

Evers, D. & Tennekes, J. (2016). *The Europeanisation of spatial planning in the Netherlands.* The Hague: PBL Netherlands Environmental Agency.

Faludi, A. & Waterhout, B. (2002). *The Making of the European Spatial Development Perspective: No Masterplan.* London: Routledge.

György, E. (2012). *A Nyolcker a rendszerváltás után – egy városnegyed identitásának meghatározása/ District 8 after Transition – Defining the Identity of a Neighbourhood.* PhD Dissertation. Budapest: ELTE Faculty of Humanities, Doctoral School of History.

Jelinek, C. (2017). *Uneven development, urban policy making and brokerage – Urban rehabilitation policies in Hungary since the 1970s.* PhD Dissertation. Budapest: Central European University Department of Sociology and Social Anthropology. <http://www.academia.edu/35976436/Uneven_development_urban_policy_making_and_brokerage_Urban_rehabilitation_policies_in_Hungary_since_the_1970s>.

Keresztély, K., Scott, J. W. & Virág, T. (2015). Roma Communities, Urban Development and Social Bordering in the Inner City of Budapest. *Euroborderscapes Working Paper, 14.*

Kocsis, J. B. (2009a). *Városfejlesztés és városfejlődés Budapesten*, 1930–1985. Budapest: Gondolat Kiadó.

Kocsis, J. B. (2009b). Bolygóvárosoktól külvárosi lakótelepekig: Beköltözési stop és tömeges lakásépítés Budapesten az 1960-as években. In Feitl, I. (Hrsg./Eds.), *Budapest az 1960-as években.* Budapest: Napvilág Kiadó.

Leipzig Charter on Sustainable European Cities (2007). Brüssel: European Commission. <http://ec.europa.eu/regional_policy/archive/themes/urban/leipzig_charter.pdf>.

Luukkonen, J. (2011). Europeanization of spatial planning: Exploring the spatialities of European integration. *Nordia Geographical Publications, 40*(3), 1–59.

Nordregio et al. (2007). *Application and effects of the ESDP in the Member States* (ESOPN 2.3.1.).

Purkarthofer, E. (2016). When soft planning and hard planning meet: Conceptualiszing the encounter of European, national and sub-national planning. *European Journal of Spatial Development, 61.*

RÉV8 (2007). Regeneration Program in Budapest – Józsefváros, Magdolna Quarter Program 2007. Építészfórum. <http://ujrev8.epiteszforum.hu/wp-content/uploads/2013/02/Regeneration_Program_in_Magdolna_Quarter_2007.pdf>.

RÉV8 (2013a). Budapest – Józsefváros, Magdolna Negyed Program II. 4. kötet Akcióterületi Terv. Építészfórum. <http://ujrev8.epiteszforum.hu/wp-content/uploads/2013/01/mnp2_att4.pdf>.

RÉV8 (2013b). Budapest – Józsefváros, Magdolna Neighbourhood Program 2005–2015. Építészfórum. <http://ujrev8.epiteszforum.hu/wp-content/uploads/2013/08/MagdolnaBook.pdf>.

Salamin, G., Kígyóssy, G., Borbély, M., Tafferner, B., Szabó, B., Tipold, F. & Péti, M. (2014). Az Országos Fejlesztési és Területfejlesztési Koncepció és a 2005-ösországos területfejlesztési koncepció érvényesítésének tapasztalatai/The National Development and Territorial Development Concept and the experiences of implementation of National Spatial Development Concept 2005. *Falu Város Régió, 20*(1), 5–24.

Salamin, G. (2018). *A földrajzi tér alakításának európaizálódása Az Európai Unió térbeli stratégiáinak, tervezésének és kohéziós politikájának hatása az európai országok térbeli tervezési rendszereinek transzformációjára.*/Europeanization of shaping geographic space – The influence of the European Union's spatial planning, strategies, and Cohesion Policy on the transformation of the spatial planning systems of European countries. PhD Dissertation. Szent István University, Gödöll. <http://phd.szie.hu/?docId=15966>.

Stead, D. (2013). Convergence, Divergence, or Constancy of Spatial Planning? Connecting Theoretical Concepts with Empirical Evidence from Europe. *Journal of Planning Literature, 28*(1), 19–31.

Tomay, K. (2007). Józsefváros és Ferencváros – két rehabilitációs kísérlet a f városban. In Á Varga, L. et al. (Hrsg./Eds.), *URBS: MAGYAR VÁROSTÖRTÉNETI ÉVKÖNYV 2.* Budapest, Magyarország, 323–358.

7

Olot

JON AGUIRRE SUCH

#OlotMésB: integrierte und partizipative Stadterneuerung in Olot

#OlotMésB: Integrated and Participatory Urban Regeneration in Olot

Paisaje Transversal ist ein Stadtplanungsbüro aus Madrid, das sich auf nachhaltige und widerstandsfähige Stadtgestaltung und städtebauliche Innovation spezialisiert hat. Wir arbeiten an neuen Modellen für städtische Intervention und Stadtmanagement mithilfe verschiedener Perspektiven aus der Bürgerbeteiligung, der Stadtökologie sowie aus Resilienzansätzen und verwenden hierfür digitale Tools im Laufe des gesamten Prozesses.

Wir verfolgen einen systematischen Ansatz zur partizipativen Stadterneuerung, indem wir unsere DCP-Methodiken und unser [InPar]-Tool anwenden, was uns die Möglichkeit gibt, unterschiedliche Projekte zu vergleichen, und zwar nicht nur im Hinblick auf zeitliche Abläufe, sondern auch auf die örtlichen Begebenheiten. Die Analyse der Unterschiede zwischen den Projekten ist zu einer umfangreichen Datenquelle geworden, mit deren Hilfe wir unsere Methodiken verfeinern und ein Kernmodell ableiten können, das sich auf verschiedene Kontexte anwenden und übertragen lässt – auch unter Bedingungen, die von Projekt zu Projekt variieren.

Darüber hinaus entwickeln wir Methodiken, bei denen Tools aus verschiedenen Disziplinen zum Einsatz kommen, unter anderem aus der Stadtplanung, den Umweltwissenschaften, der Technik und der Soziologie. Dabei berücksichtigen wir unzählige bereits vorhandene Systeme und die komplexen Wechselwirkungen zwischen ihnen, betreiben Analysen verschiedener Dimensionen und Niveaus und integrieren verschiedene bereits vorhandene Stakeholder mit ihren jeweiligen Ansichten (Abbildung 1).

Paisaje Transversal is a Madrid-based urban planning office specialising in sustainable and resilient urban design and urban innovation. We work on new urban intervention and management models from a citizen participation and urban ecology and resilience perspective, applying digital tools throughout the process.

We work on pursuing a systemic view of participatory urban regeneration by systematically applying our DCP methodology and [InPar] tool which allows us to compare different projects, not only in terms of time but also location. The analysis of the differences between projects has become a rich data repository that enables us to refine our methodology and identify a core model applicable and exportable to different contexts, even under changed conditions that vary within each project.

We also develop methodologies that include tools from different disciplines: urban planning, environmental sciences, technology and sociology among others. We do this while understanding and incorporating the myriad of existing systems and the complex interactions between them, engaging in multiple dimensions and levels of analysis and integrating the multiple existing stakeholders with their respective views (Figure 1).

Abb. 1: Kollaborativer Urbanismus, illustriert von Paisaje Transversal (Quelle: Paisaje Transversal)

Fig. 1: Collaborative urbanism, illustrated by Paisaje Transversal (Source: Paisaje Transversal)

Städte mit der Bevölkerung gestalten: die DCP-Methodik

Doing city with people: the DCP methodology

Unsere Strategien wurden schon immer als Reaktion auf Erfahrungen mit Stadterneuerungsprojekten entwickelt, die üblicherweise mit hohen Kosten, in die Länge gezogenen Entwicklungsprozessen hinter verschlossenen Türen und langsamem Fortschritt verbunden waren. Diese Bedingungen erschwerten die Bürgerbeteiligung und behinderten die Teilnahme von Gemeinden an der Entwicklung oder Umsetzung von Erneuerungsmaßnahmen. Durch unsere Methodik hingegen sind Bürgerbeteiligung und Transparenz in jedem Schritt des Prozesses bereits enthalten.

Unsere gesamte Arbeit ist in einer Methode verwurzelt, die wir als DCP bezeichnen: Difusión (Verbreitung), Colaboración (Zusammenarbeit) und Proyecto (Projekt) (Abbildung 2). „Zusammenarbeit" bedeutet hier Transparenz und Sichtbarkeit des Projekts und der Vorhaben, sowohl auf der lokalen als auch auf der globalen Ebene.

Our strategies have been and continue to be developed in response to experiences with urban regeneration efforts traditionally characterised by high costs, drawn-out development processes behind closed doors and stalled progress. These conditions have made citizen involvement difficult and have left communities out of both the development and implementation phases of regeneration efforts. Our methodology, in contrast, integrates citizen involvement and transparency into every step of the process.

All of our work is rooted in a methodology we refer to as DCP: Difusión (Dissemination), Colaboración (Collaboration) and Proyecto (Project) (Figure 2). Dissemination signifies transparency and visibility of the project and proposals on both a local and global scale. By increasing visibility and transparency, public pressure is expected to ensure that a community's needs are met due to the open and transparent discussions on the project development. The Collaboration

Durch eine Erhöhung der Sichtbarkeit und der Transparenz wird bewirkt, dass der öffentliche Druck die Erfüllung der Bedürfnisse einer Gemeinde unterstützt – durch offene und transparente Diskussionen über die Projektentwicklung. Die Komponente „Zusammenarbeit" bezieht sich auf die Stärkung der Gemeindeidentität; es werden Wege für eine Bürgerbeteiligung geboten und Bildungschancen und Möglichkeiten für das Teilen von Informationen geschaffen. Sie steht für Arbeit, die von Menschen für Menschen verrichtet wird, sowie für Projekte, bei denen das lokale, kollektive Wissen der Bevölkerung und die Bedingungen eines Ortes anerkannt werden. Schließlich steht das Projekt für flexible, sich an die jeweiligen Bedingungen anpassende Prozesse, die es ermöglichen, dass proaktive und engagierte Stakeholder sich sowohl im Rahmen der Beurteilungs- und Planungsphasen der Projektvorhaben als auch an der Umsetzung und Verwaltung der Projekte beteiligen können.

Die drei DCP-Komponenten sind nicht klar voneinander abgegrenzt, sondern überschneiden und unterstützen sich gegenseitig. Zusammen dienen sie der Strukturierung unserer Arbeit, etwa der Organisation von Workshops, der Förderung von Ideen aus der Bevölkerung, der Verbreitung von Informationen und der Entwicklung von Lösungen und Interventionen zur Verbesserung der Stadtlandschaft und des Wohlergehens der Bürgerinnen und Bürger.

Die DCP-Methodik bietet sowohl Leitlinien als auch Typologien und Arbeitsphasen zur Orientierung. Beispielsweise schafft die erste Phase die Grundlage für ein Projekt in einer Gemeinde und fokussiert sich auf Verbreitung und Zusammenarbeit. Bei den Aktivitäten geht es in erster Linie um die Kommunikation und die Interaktion mit der Gemeinde, um so die Interessen der Nachbarschaft sichtbar zu machen und Informationen von Mitgliedern der Gemeinde zu sammeln. Zugleich sollen Beziehungen aufgebaut und es soll das Vertrauen der Bevölkerung gewonnen werden. In der zweiten Phase steht die Projektplanung im Mittelpunkt, und das „Projekt" wird mit den Projektschritten „Verbreitung" und „Zusammenarbeit" zusammengeführt. In dieser Phase entwickeln wir Projektstrategien und eine Reihe von Aktivitäten, erforschen andere kommunale Vorhaben in der Nachbarschaft, die berücksichtigt werden müssen, und teilen den Plan der Öffentlichkeit mit, indem dieser ausgestellt und/oder publiziert wird. Im Rahmen der dritten Phase wird das Projekt weiterentwickelt. Auch hier kommen alle drei DCP-Kanäle in Form von kollaborativen Gestaltungsworkshops, Entwicklung von Dokumentation und Langzeitplanung von Aktivitäten zum Zuge, um

component refers to strengthening community identity, providing channels for citizen participation and incorporating opportunities for education and information sharing. It represents work that is for the people and by the people and projects that acknowledge the collective local knowledge and the character of communities. Lastly, Project represents self-adaptive participatory processes, through which proactive and engaged stakeholders take part in both the evaluation and planning phases of the project proposals and the implementation and management of the projects.

The three components of DCP are not distinct and separate parts, but rather they overlap and support one another. Together, they serve to structure the work of our collective in leading workshops, encouraging communities' ideas, disseminating information and developing solutions and interventions to improve the urban landscape and the citizen's well-being.

The DCP methodology provides both guiding principles and typologies and work phases for orientation. For example, the first phase of a project lays the groundwork within a community and focuses on Dissemination and Collaboration. Activities centre on communicating and engaging with the community to make the neighbourhood's interests visible and to gather information from community members, while simultaneously building relationships and gaining their trust. The second phase embarks on project planning and incorporates Project alongside Dissemination and Collaboration. In this phase, we develop project strategies and a programme of activities, explore other municipal programmes in the neighbourhood with which to coordinate, and share the plan with the public through an exposition and/or publication. A third phase develops the project more fully and again applies all

Abb. 2: Die DCP-Methodik (Quelle: Paisaje Transversal)
Fig. 2: DCP methodology (Source: Paisaje Transversal)

Mechanismen für die Ausbildung und Vorbereitung der GemeindemitarbeiterInnen auf die Durchführung des Projekts herzustellen.

Dieser Prozess wurde unter anderem in der Nachbarschaft Sant Miquel in der spanischen Stadt Olot angewandt. Dies ist aber nur eines von vielen Beispielen; die Methodik hat den Vorteil, dass sich ihr Kern dank der verschiedenen Umsetzungsmöglichkeiten je nach Ort und Situation an eine Reihe von Projekten anpassen lässt. Die Durchführung des Projekts Olot Més B wird in den nachfolgenden Abschnitten dieses Artikels vorgestellt.

Die DCP-Methodik stellt eine Kernkomponente unserer Arbeit dar und wird durch ein Analyse- und Beurteilungstool ergänzt, das ebenfalls von uns entwickelt wurde: Indicadores Participativos [InPar] (deutsch: partizipative Indikatoren). Der nachfolgende Abschnitt geht darauf ausführlich ein. DCP bietet einen Ansatz und [InPar] ein Analysetool, das aufzeigt, wie wir unseren Ansatz für innovative Stadtentwicklung in die Praxis umsetzen können, um Gemeinden zu verbessern und das Wohlergehen der Bevölkerung zu fördern.

three DCP channels through collaborative design workshops, development of documentation and long-term activity planning to provide mechanisms to train and prepare community members to manage the project.

This example follows the process used in a project carried out in the Sant Miquel neighbourhood of Olot. However, this example that will be presented in this article is just one case; the benefit of the methodology is that its core is adaptable to a range of projects through various options of implementation for unique locations and situations. Like the project in Sant Miquel, another recent project, namely Olot Més B, will also be presented in subsequent sections of this article in order to provide an additional example of how we put this methodology into practice.

The DCP methodology is a core component of our work and is complemented by tools of analysis and evaluation, which we have also developed: Indicadores Participativos [InPar] (participatory indicators). The following section will elaborate on this. DCP provides an approach and [InPar] a tool of analysis, demonstrating how we can put this new take on urbanism into a formalised practice to improve communities and enhance the well-being of residents.

Partizipative Indikatoren [InPar]

Participatory indicators [InPar]

Alle guten ExpertInnen verstehen die Wichtigkeit der richtigen Methodik zur Bewertung und Beurteilung städtischer Resilienz, des gesellschaftlichen Zusammenhalts und der Projekte, Maßnahmen und Initiativen zur Gewährleistung von Nachhaltigkeit. Im Bereich der Stadtentwicklung hat sich dies jedoch als schwierig herausgestellt, denn er umfasst zahlreiche Disziplinen (Transport, Umwelt, Kultur etc.) mit diversen Dimensionen und Analyseebenen und involviert eine Vielzahl von AkteurInnen mit verschiedenen Interessen. In der Umsetzung lässt die Stadtentwicklung jedoch die Integration dieser Vielfalt und Transdisziplinarität vermissen. Häufig ist es so, dass etwas, was nicht berücksichtigt und nicht geschätzt wird, nicht „Teil der Gleichung" ist. Daher hat unser Büro partizipative Indikatoren [InPar] entwickelt, um die unzähligen Komponenten eines städtischen Projekts zu analysieren und zu verstehen und sich mit verschiedenen Typen von Daten aus unterschiedlichen Feldern befassen zu können (Abbildung 3). Hierbei werden quantitative und qualitative Daten zusammengeführt, die der Erfüllung von Zielen der städtischen Widerstandsfähigkeit und Nachhaltigkeit sowie der Kooperation mit der Bevölkerung dienen sollen.

Every good expert understands the importance of appropriate tools to assess and evaluate urban resilience, social cohesion, and sustainability projects, actions, and initiatives. However, this has proven difficult in the field of urbanism, which embraces numerous disciplines (transportation, environment, culture, etc.) with multiple dimensions and levels of analysis, as well as numerous stakeholders with different interests – yet lacks a mechanism for integrating this diversity and transdisciplinarity. Often, when something is not taken into consideration and is not valued, it is not part of the equation. Therefore, our office has developed participatory indicators [InPar] to analyse and understand the myriad components of an urban project, to look at different types of data across various scopes, combining quantitative and qualitative data, tailored to aims of urban resilience and sustainability as well as community collaboration (Figure 3).

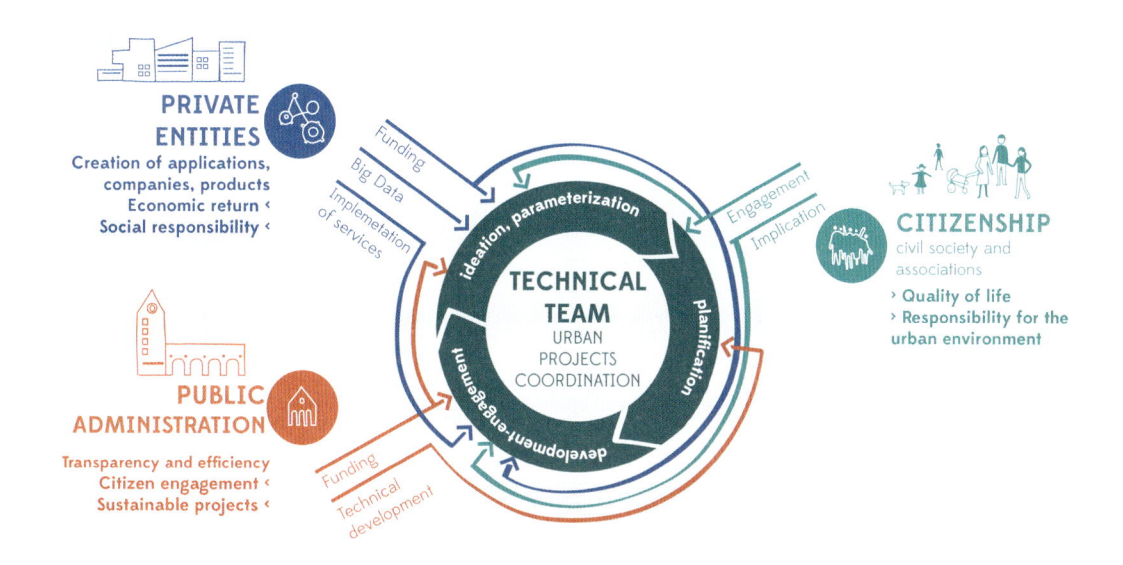

Abb. 3: Diagramm eines städtischen Verhandlungsprozesses zwischen Stakeholdern (Quelle: Paisaje Transversal)

Fig. 3: Diagramme of an urban negotiation process between stakeholders (Source: Paisaje Transversal)

Folglich stellt [InPar] ein Tool zur Verwaltung städtischer Informationen dar, mit dessen Hilfe die Bedingungen und Einflussfaktoren eines Projektes strukturiert werden können und Transdiziplinarität durch den kollaborativen Informationsaustausch mit BürgerInnen gewährleistet werden kann. Diese Informationen werden zusammengeführt und durch weitere Informationen, Prozentangaben, Diagramme oder Karten ergänzt, um die Interpretation zu erleichtern.

Mit diesem Tool können wir quantitative Informationen mit qualitativen Informationen verbinden und für ökologische, gesellschaftliche, wirtschaftliche und funktionale Arbeitsfelder eine gemeinsame Basis finden. Dank [InPar] können wir diese Informationen organisieren und strukturieren und dabei die Beziehungen zwischen verschiedenen Daten darstellen und die Wirkung von Maßnahmen messen. Quantitative Indikatoren messen den Zustand der lokalen Umgebung anhand ökologischer, gesellschaftlicher, funktionaler und wirtschaftlicher Parameter zum Definieren der „Resilienz" eines Stadtgebietes.

Andererseits werden Informationen aus der Bevölkerung erfasst und mit quantitativen Indikatorwerten verbunden. Alle im Rahmen der unterschiedlichen Aktivitäten gewonnenen Informationen werden nach Quelle, Charakter, örtlichen Gegebenheiten und ihrem Themenbezug klassifiziert.

Mithilfe dieser Klassifizierung können wir die Informationen in Kategorien wie zum Beispiel Themen oder AkteurInnen einteilen und bereitstellen und ihren negativen, positiven oder konstruktiven Charakter visualisieren.

Bei der Verwendung dieses Tools wird die Resilienz in folgenden Kategorien beurteilt:

- **umweltbezogen:** ökologische Auswirkungen von Interventionen, Status von Ökosystemen, Bereitschaft zu Veränderungen im städtischen Lebensraum und Indikatoren der Widerstandsfähigkeit;
- **gesellschaftlich:** Grad an gesellschaftlicher Vielfalt, Komplexität und gesellschaftlichem Zusammenhalt sowie die Fähigkeit, sich an gesellschaftliche Veränderungen anzupassen, auf städtische Herausforderungen umfassend zu reagieren und mit diesen fertig zu werden;
- **funktional:** widerstandsfähige und effiziente Gestaltung von Stadtgefügen und Infrastrukturen;
- **wirtschaftlich:** Vielfalt und Komplexität der wirtschaftlichen Situation, Dienstleistungen und Ressourcen, die Fähigkeit, Produktionsmodelle zu verändern und wirt-

In consequence, [InPar] is an urban information management tool capable of structuring quantitative indicators defining the environment of a project and providing transdisciplinarity through citizens' collaborative information. This information is crossed and rendered with values, percentages, diagrammes or maps in order to facilitate its interpretation.

This tool allows us to connect quantitative information with qualitative information and to find common ground through environmental, social, economic and functional scopes. Through [InPar], we are able to organise and manage quantitative and qualitative information, mapping the relationships between different data and measuring the impacts. Quantitative indicators quantify the scope state on the basis of environmental, social, functional and economic parameters, for defining the "resilience" of an urban environment.

On the other hand, citizen information is recorded and classified as being connected with quantitative indicator values. All the information generated via the various activities is classified according to its source, its nature, its scope and the themes it refers to.

This classification allows us to visualise the most interesting themes, the actors who are generating the information and its negative, positive or constructive nature.

When using this tool, resilience is assessed within the following categories:

- **environment:** environmental impacts of interventions, status of ecosystems, preparedness for urban habitat changes and resilience indicators;
- **social:** degree of social diversity, complexity and cohesion, as well as capacity to adapt to social changes and to answer and deal with urban unrest in a comprehensive manner;
- **functional:** resilient and efficient design of urban fabric and infrastructures;
- **economic:** diversity and complexity of economic environment, services and resources, ability to change production models and to overcome global scale economic challenges such as a financial crisis.

Each of these categories is further broken down into more explicit sub-categories, which are even further broken down into specific quantifiable indicators. For example, the functional category is comprised of urban fabric, mobility and infrastructure; urban fabric is quantified through indicators of density, compactness, mixed uses, public space, maintenance, sustainability and resilience among others. Cross-relationships are then diagrammed between these indicators and distinct themes derived from urban sectors and services

schaftliche Herausforderungen auf der globalen Ebene, zum Beispiel eine Finanzkrise, zu meistern.

Jede dieser Kategorien ist in weitere detailliertere Unterkategorien unterteilt, die wiederum in spezifische quantifizierbare Indikatoren unterteilt werden. Die funktionale Kategorie setzt sich beispielsweise aus Stadtgefüge, Mobilität und Infrastruktur zusammen; das Stadtgefüge wird durch Indikatoren wie Dichte, Kompaktheit, gemischte Nutzung, öffentliche Räume, Wartung, Nachhaltigkeit und Widerstandsfähigkeit quantifiziert. Daraufhin kommt es zur Erstellung eines Diagramms der übergreifenden Beziehungen zwischen diesen Indikatoren und spezifischen Themen, die aus städtischen Sektoren und Dienstleistungen wie Vegetation, Parkplätzen, lokalen Unternehmen und verschiedenen Typen von Verkehrsnetzen abgeleitet werden. Dieses Diagramm bietet eine Art städtische Röntgenaufnahme und bildet die Komplexität der Bewertung der Nachhaltigkeit und der Zusammenhänge zwischen den physikalischen Aspekten der Stadt und den ökologischen, gesellschaftlichen, funktionalen und ökonomischen Bedingungen ab. Auf diese Weise sehen wir, dass Verkehrsnetze und öffentliche Räume mit wirtschaftlichen Aktivitäten in einer Beziehung stehen und dass das Stadtgefüge und die gesellschaftliche Vielfalt sowie die Infrastruktur und die Biodiversität wiederum in einer Beziehung zu öffentlichen Räumen stehen.

Wir haben die Indikatoren definiert, ein Berechnungssystem speziell für jeden Indikator und einen optimalen Wert entwickelt, mit dem die Messung des Indikators abgeglichen werden kann, ebenso wie ein Mittel zur Erstellung von Diagrammen und zur Visualisierung des Zustands des Indikators im Hinblick auf den optimalen Wert.

Zusätzlich zu diesem Mittel zur Bewertung der quantitativen Nachhaltigkeit und der Indikatoren des gesellschaftlichen Zusammenhalts haben wir ein Mittel zur Messung qualitativer Daten entwickelt, die die Bevölkerung der Gemeinde betreffen – Wahrnehmungen und Meinungen der EinwohnerInnen zu Aspekten ihrer Stadt oder Nachbarschaft. Der Mehrwert dieser Daten liegt in ihrer Kategorisierung, um sie mit den Nachhaltigkeitsindikatoren zu verknüpfen.

Während Informationen zur qualitativen Nachhaltigkeit und gesellschaftliche Informationen aus verschiedenen Datenquellen stammen (zum Beispiel von lokalen und nationalen Ministerien und Behörden sowie anderen Forschungsinstituten), müssen qualitative Daten von der Gemeinde selbst stammen.

like vegetation, parking, local businesses and different types of transportation networks. This diagramming provides a sort of urban x-ray and depicts the complexity of assessing sustainability and the interconnections between urban physicality and environmental, social, functional and economic conditions. In this way, we can see that transportation networks and public space and economic activity all have a relationship with the urban fabric, and that urban fabric and social diversity and infrastructure and biodiversity all have a relationship with public space.

We have defined the indicators, developed a system of calculations specific to each indicator and an optimal value against which to reference the measurement of the indicator, and a means of diagramming and visualising the state of the indicator in relation to the optimal value.

Alongside this means of assessing quantitative sustainability and social cohesion indicators, we have developed a means of measuring qualitative data pertaining to the community's inhabitants – perceptions and opinions of residents on aspects of their city or neighbourhood. The value of this data lies in categorising it in order to link it to the sustainability indicators.

While qualitative sustainability and social information is collected from various data sources, such as local and national ministries as well as agencies and other research institutions, qualitative community data must be collected from the community itself.

This community data is analysed systematically to glean community perceptions about their locale. Each entry is coded by classifications based on who the entry is from (gender, age group, other community groups), indication on the character of the entry (positive, negative or recommendation), and the relevant sustainability category. Then entries are coded based on references to components of urban themes. These two pools of data are combined and compiled into visualisations for each theme with the corresponding data from citizens based on their classification data to communicate community values.

Fusing the quantitative sustainability indicators with the qualitative community data provides information for proposal prioritisation, decision-making, identification of weaknesses and identification of where more citizen information is needed. [InPar] can be applied for the evaluation of an existing urban environment and for a changing environment over time to see the real-time impacts of interventions and to measure changes. Additionally, the use of [InPar] enables the more technical sustainability indicators to be translated into

Abb. 4: Luftaufnahme der Nachbarschaft Sant Miquel in Olot (Quelle: Paisaje Transversal)
Fig. 4: Aerial photograph of the Sant Miquel neighbourhood in Olot (Source: Paisaje Transversal)

Diese Gemeindedaten werden systematisch analysiert, um herauszufinden, wie die Gemeindemitglieder ihren Ort selbst wahrnehmen. Jeder Eintrag ist nach seiner Klassifizierungen kodiert, in Abhängigkeit davon, von wem er stammt (Geschlecht, Altersgruppe, andere Gemeindegruppen), von Hinweisen auf den Charakter des Eintrags (positiv, negativ oder Empfehlung) sowie von der entsprechenden Nachhaltigkeitskategorie. Daraufhin werden die Einträge städtischen Themen zugeordnet. Diese zwei Datenpools werden verknüpft und sortiert, nach Themen visualisiert und in Bezug gesetzt zu den Informationen aus der Bevölkerung, um Prioritäten berücksichtigen zu können.

Die Verschmelzung der quantitativen Nachhaltigkeitsindikatoren mit den qualitativen Gemeindedaten bietet Informationen für die Priorisierung von Vorhaben, die Entscheidungsfindung, die Ermittlung von Schwachstellen und die Identifizierung von Bereichen, für die mehr Bürgerinformationen erforderlich sind. [InPar] kann zur Beurteilung einer bestehenden städtischen Umgebung und einer sich im Laufe der Zeit ändernden Umgebung angewandt werden, um die Echtzeitauswirkungen von Interventionen sehen und die Änderungen messen zu

something relevant and of interest to the community. And it can serve as an instrument to assess suitability, efficiency and efficacy of urban sustainability and resilience projects; as a motor of adaptive and proactive citizen participation; and as a guarantor of accessibility, transparency and sustainability in projects and good governance.

können. Ferner ermöglicht die Nutzung von [InPar] die Umwandlung eher technischer Nachhaltigkeitsindikatoren in etwas, was für die Gemeinde relevant und von Interesse ist. Darüber hinaus kann es als Instrument zur Bewertung der Eignung, Effizienz und Effektivität von Projekten zur Förderung städtischer Nachhaltigkeit und Resilienz dienen, als Antrieb für adaptive und proaktive Bürgerbeteiligung sowie als Garant für Barrierefreiheit, Transparenz und Nachhaltigkeit von Projekten und für verantwortungsbewusste Regierung und Verwaltung.

#OlotMesB: Verbesserung der integrierten Stadterneuerung und des gesellschaftlichen Zusammenhalts durch lokale Beteiligung und technisches Fachwissen

#OlotMesB: boosting integrated urban regeneration and social cohesion through local participation and technical expertise

2014 entwickelte unser Büro ein Projekt zur Förderung städtischer Resilienz in Olot, einer Stadt mit circa 35.000 Einwohnern im Norden von Katalonien, 100 Kilometer von Barcelona entfernt. Wir wurden von der Olot-Stadtverwaltung zum ersten Mal Ende 2013 zwecks Durchführung eines Pilotprogramms kontaktiert. Wir implementierten das Projekt von Mai 2014 bis zum Ende des Jahres 2014. Das Projekt war von einer besonderen Bedeutung für uns, da wir dadurch imstande waren, die Entwicklung der partizipativen Indikatoren [InPar] fertigzustellen und diese anschließend einzusetzen.

Die Stadtverwaltung wollte in Stadtteilen mit hoher Vulnerabilität entwicklungsfördernde Maßnahmen planen und umsetzen. Die Nachbarschaft Sant Miquel-Les Tries wurde als Ausgangspunkt ausgewählt (Abbildung 4). Dieses Gebiet war im Laufe der vorangegangenen Jahrzehnten aufgegeben worden, die öffentlichen Räume waren Infrastruktur-, Gewerbe- und industriellen Maßnahmen zum Opfer gefallen. Dies hatte wiederum dazu geführt, dass die Mietpreise fielen, was den Zuzug von MigrantInnen förderte. Aufgrund dieser Dynamiken in den letzten Jahrzehnten hatte die Nachbarschaft einen schlechten Ruf und war für viele EinwohnerInnen von

In 2014, our office developed an urban resilience project in Olot, a city of around 35,000 inhabitants situated in the north of Catalonia, 100 kilometres from Barcelona. We were first contacted by the Olot municipality at the end of 2013 for a pilot programme and carried out the project from May 2014 through to the end of that year. This project was particularly meaningful to us because through it we were able to finalise the development of and then utilise our Participatory Indicators [InPar].

The municipality wanted to plan and take action in the areas of highest vulnerability, so the neighbourhood of Sant Miquel-Les Tries was selected as a starting point (Figure 4). The area had been abandoned in previous decades, losing public space to infrastructure and commercial and industrial uses; this in turn caused rent to drop which attracted a large immigrant population. Due to these dynamics over the past decades, the neighbourhood suffered from a negative image and was unattractive to many Olot residents. Despite this loss of value of property in Sant Miquel, there was much value in its location: rich with old industrial spaces that could be taken advantage of for new creative uses, situated along one of the main access points to the city, and nestled between two volcanoes along the Fluviá River, which provided tourism

Abb. 5: Kollektives Mapping: unterwegs mit Mitgliedern der Nachbarschaft. Mission: Probleme in der Umgebung identifizieren (Quelle: Paisaje Transversal)

Fig. 5: Collective mapping: a walk to detect problems in the area with members of the neighbourhood (Source: Paisaje Transversal)

Olot unattraktiv geworden. Trotz der Tatsache, dass das Eigentum in Sant Miquel an Wert verlor, hatte dieses Gebiet große Entwicklungspotenziale: Es war reich an alten Industrieflächen, die man auf neue, kreative Weisen nutzen könnte, gelegen neben einem der wichtigsten Zugangswege zur Stadt und eingebettet zwischen zwei Vulkanen entlang des Flusses Fluviá, was Tourismusmöglichkeiten schaffte. Die Mischung aus Einwanderergruppen, einem Netzwerk an Gemeindeverbänden und der Vielfältigkeit der Gebäude und der Landschaft bot eine gute Gelegenheit für eine Erneuerung, Aufwertung und eine Verbesserung der Lebensqualität.

Das Projekt wurde in zwei aufeinanderfolgenden Phasen durchgeführt: Bei der ersten, von Mai bis einschließlich Juli, ging es um die Erstellung einer partizipativen Diagnostik – eine Identifizierung von Problemen und städtischem, gesellschaftlichem, wirtschaftlichem und ökologischem Potenzial (Abbildung 5). Die zweite Phase begann am Ende des Sommers, und dieses Mal ging es darum, konkrete Verbesserungsmaßnahmen zu definieren (insgesamt 24), zu priorisieren und im Rahmen eines Acht-Jahres-Plans zu terminieren (Abbildung 6).

opportunities. The mixture of immigrant groups, a network of community associations and the diversity of buildings and landscape provided a great opportunity for regeneration, enrichment and an improved quality of life.

The project took place in two consecutive phases: the first phase from May through July was directed at drafting a participatory diagnostic – identifying problems and urban, social, economic and environmental potential (Figure 5); the second phase started at the end of the summer, serving to define distinct actions of improvement. Once the different actions and programmes were defined (24 in total), they were prioritised and scheduled in an eight-year plan (Figure 6).

The final stage of the first phase was applying [InPar]: a technical analysis based on calculations from a series of indicators to provide a quantitative value to the status of Sant Miquel. Using reports from the various sectors involved in functional, environmental, social and economic aspects of the neighbourhood, we compiled and analysed quantitative data, along with qualitative data collected through citizen participation. We had used parts of the tool in previous projects, but Olot Mes B was using the entire instrument for the

Das letzte Stadium der ersten Phase bestand in der Anwendung von [InPar]: eine technische Analyse auf der Basis von Berechnungen unter Verwendung einer Reihe von Indikatoren, bei der ein quantitativer Wert zur Beschreibung des Status von Sant Miquel erreicht werden sollte. Mithilfe von Berichten aus verschiedenen Sektoren, die in funktionale, ökologische, gesellschaftliche und wirtschaftliche Aspekte der Nachbarschaft involviert waren, sammelten und analysierten wir quantitative Daten – zusammen mit qualitativen Daten, die durch Bürgerbeteiligung erhoben werden konnten. Wir hatten bestimmte Teile des Tools bei früheren Projekten eingesetzt, aber beim Projekt Olot Mes B wendeten wir erstmalig das ganze Instrument an. Im Rahmen dieses Prozesses identifizierten wir Stärken und Schwächen sowie Unterschiede und Konflikte zwischen der technischen Analyse durch ExpertInnen und den Wahrnehmungen der Bevölkerung. Die Ergebnisse von [InPar] wurden daraufhin in einem Dokument erfasst,

first time. Through this process, we identified strengths and weaknesses, differences and conflicts between the technical analysis by experts and the residents' perceptions. The results of [InPar] were then put into a document utilised to guide the rest of the project, defining objectives and roles and developing strategic themes to advance to Phase 2.

Moving on to Phase 2, the focus was oriented towards prioritisation, construction, collaboration, and visibilisation of proposals for temporary activation of disused spaces, which we developed along two complementary yet distinct lines of strategy:

1. Sant Miquel as a nicer, more livable neighbourhood (better quality public spaces, rich landscape, local businesses, suitable for walks) through improved green spaces, public spaces for encounters, reviving of sociocultural and educational groups and improved pedestrian mobility;

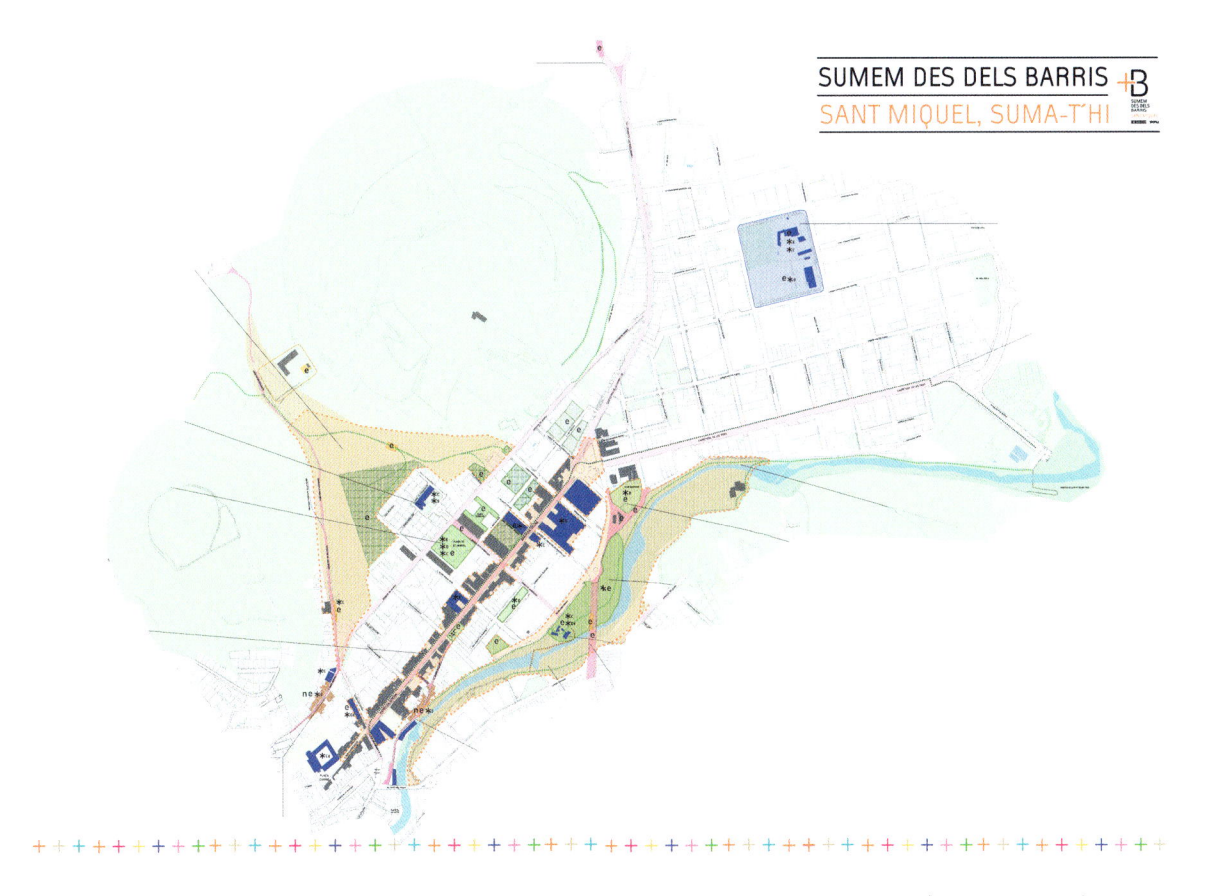

Abb. 6: Plan der integrierten Stadterneuerung für Sant Miquel, auf dem die Durchführungsorte diverser Maßnahmen zu sehen sind (Quelle: Paisaje Transversal)

Fig. 6: Integrated urban regeneration plan for Sant Miquel showing the locations of different interventions (Source: Paisaje Transversal)

Abb. 7: Partizipativer Workshop „Joc de Barri" (Quelle: Paisaje Transversal)

Fig. 7: Participatory workshop "Joc de Barri" (Source: Paisaje Transversal)

das zur Durchführung des restlichen Projekts verwendet wurde und in dem die Ziele und Rollen definiert und die strategischen Themen zum Übergang zu Phase 2 entwickelt wurden.

Bei Phase 2 lag der Fokus auf Priorisierung, Konstruktion, Zusammenarbeit und der Erhöhung der Sichtbarkeit von Vorhaben für eine temporäre Nutzung und Aktivierung ungenutzter Räume, die wir zusammen mit zwei zusätzlichen, aber klar voneinander abgegrenzten Strategien entwickelten:

1. Sant Miquel als schönere, gemütlichere Nachbarschaft (bessere öffentliche Räume, vielfältige Landschaft, lokale Unternehmen, gut für Spaziergänge) dank verbesserter Grünflächen, öffentlicher Räumen als Treffpunkte, einer Wiederbelebung von Gruppenaktivitäten (Sozialprojekte, Bildungsprojekte) sowie einer höheren Fußgängerfreiheit;

2. Sant Miquel as an active and attractive neighbourhood with character, appealing to visitors, through valuing the neighbourhood's characteristic features as an entry point to Olot, connected to the natural park, home to an art school and diverse economic activity, with an interesting public heritage.

Though the focus of Phase 2 was different from Phase 1, the processes remained participatory and interdisciplinary. The two temporary interventions were selected in collaborative workshops we hosted with interested parties from the community to share and validate 46 initial proposals that emerged from an interdepartmental work session of more than 25 experts from nine different municipal bodies (Figures 7–9). Through two consecutive work sessions addressing different types of proposals and employing shared decision-making, we moved from brainstorming to the development of proposals to prioritisation based on impact and viability.

2. Sant Miquel als aktive und attraktive Nachbarschaft mit Charakter, die Besucher anzieht, indem die charakteristischen Eigenschaften der Nachbarschaft geschätzt werden – stellt der natürliche Park doch einen geografischen Zugang nach Olot und ein interessantes öffentliches Kulturerbe dar, in dem eine Kunstschule beheimatet ist und Geschäfte betrieben werden.

Obwohl sich der Fokus der zweiten Phase von dem der ersten unterschied, blieben die Prozesse partizipativ und interdisziplinär. Die zwei vorübergehenden Interventionen wurden im Rahmen kollaborativer Workshops ausgewählt, die wir mit Beteiligten aus der Gemeinde durchführten, um 46 ursprüngliche Vorhaben, die aus einer abteilungsübergreifenden Arbeitssitzung mit über 25 ExpertInnen aus neun verschiedenen kommunalen Behörden hervorgingen, bekannt zu geben und zu bestätigen (Abbildungen 7–9). Im Rahmen von zwei aufeinanderfolgenden Arbeitssitzungen, bei denen Vorhaben verschiedener Art diskutiert und gemeinsame Entscheidungen getroffen wurden, bewegten wir uns vom Brainstorming über die Entwicklung von Vorhaben bis zur Priorisierung, basierend auf den Auswirkung und der Durchführbarkeit.

Bei beiden Projektphasen standen die partizipativen und disziplinübergreifenden Prozesse im Vordergrund. Dank der Gelegenheit, die wir von der Gemeinde Olot erhielten, konnten wir [InPar] als Tool zur Auswertung qualitativer und quantitativer Daten, die Nachhaltigkeitsindikatoren und die Meinungen der EinwohnerInnen betrafen, anwenden. Darüber hinaus war das Endergebnis des Pilotprojekts nicht nur preisgünstig und leicht umzusetzen, sondern auch flexibel, anpassungsfähig und testfähig – ganz nach der „Permanente Beta"-Philosophie.

Through both phases of the project, participatory and transdisciplinary processes remained at the forefront. The opportunity presented to us by the Olot municipality enabled us to employ [InPar] as a tool to assess qualitative and quantitative data on sustainability indicators and resident opinions. Furthermore, the end result of the pilot was not only low-cost and easy to implement, but also flexible, testable and adaptable, in line with the philosophy of a "permanent beta".

Unser Beitrag zu disziplinübergreifenden Methodiken zur Gewährleistung von gesellschaftlichem Zusammenhalt und Stadterneuerung in unterprivilegierten Nachbarschaften

Our contribution to transdisciplinary methodologies for social cohesion and urban regeneration in deprived neighbourhoods

Es besteht kein Zweifel an der Wichtigkeit der Stadterneuerung und des gesellschaftlichen Zusammenhalts für jegliche mit städtischen Angelegenheiten zusammenhängenden Bereiche, wenn man die gegenwärtigen Ausmaße der städtischen Ungleichheit bedenkt. Regierungen und Organisationen auf der ganzen Welt fehlt ein umfassendes Rahmenwerk zur individuellen Verarbeitung der Kenntnisse verschiedener Disziplinen zu einem System zur Lösung dieser Probleme. Wir alle müssen auf die Entwicklung eines solchen Rahmenwerks und auf einen privat-öffentlichen Dialog hinarbeiten, bei dem jede damit verbundene Disziplin dabei helfen kann, die Regierung mit den erforderlichen Daten zu versorgen, damit diese informierte Entscheidungen im Hinblick auf Stadtpolitik treffen kann.

Dies ist das Ziel von Paisaje Transversal. Das Büro sorgt für eine neue Vision und leistet einen Beitrag zur Gestaltung einer Rahmung von Stadtentwicklung, für die städtische Nachhaltigkeit und Widerstandsfähigkeit eine zentrale Rolle spielen. Wir tun das, indem wir unsere DCP-Methodik und das [InPar]-Tool aktiv anwenden. Nach einer innovativen und organischen Entwicklung und einer umfassenden Verfeinerung kann damit ein Kernmodell identifiziert werden, das sich auf verschiedene Gegebenheiten anwenden und übertragen lässt, ebenso wie auf andere Randthemen, die sich je nach Einzigartigkeit des jeweiligen Projektes ändern.

Unser Ziel ist die Entwicklung nachhaltiger, widerstandsfähiger und gesellschaftlich begründeter Projekte zur städtischen Intervention bei gleichzeitiger Erleichterung partizipativer Prozesse und Ermöglichung eines demokratischeren Modells für Städtebau und -entwicklung. Das oben beschriebene Olot-Projekt – zusammen mit

There is no doubt about the importance of urban regeneration and social cohesion for any area related to urban affairs, given the present context of urban inequality. Governments and organisations around the world lack a comprehensive framework to tailor the knowledge of different disciplines into a system capable of tackling these issues. It is our collective duty to work towards the development of such a framework and towards the development of private-public conversations, in which each involved discipline can help inform government decision-making regarding urban affairs.

Paisaje Transversal works towards this, providing a new vision and contributing to the development of comprehensive city development frameworks that embrace urban sustainability and resilience at their core. We do this by actively implementing our DCP methodology and [InPar] tool, innovatively and organically developed and refined to an extent of now being able to identify a core model applicable and exportable to different realities, as well as other peripheral issues that change according to the uniqueness of each project.

Our ultimate goal is to develop sustainable, resilient and socially based urban intervention projects, facilitating participatory processes and enabling a more democratic model for city construction and territorial action. The abovementioned project of Olot, along with the rest of the projects developed by our office, actively contributes to new conceptual approaches as well as to the generation of a set of indicators capable of fully analysing and understanding the multidisciplinarity of urban resilience. However, we acknowledge the need for further development and dissemination of these tools to become part of a broader systemic approach for social cohesion and urban regeneration.

den anderen von unserem Büro entwickelten Projekten – leistet einen aktiven Beitrag zu neuen konzeptionellen Ansätzen und zur Erarbeitung von Indikatoren, die eine vollständige Analyse und ein Verständnis aller Disziplinen der städtischen Widerstandsfähigkeit ermöglichen. Wir sind uns jedoch dem Bedarf nach Weiterentwicklung und Verbreitung des Tools bewusst, damit ein Beitrag zu einem breiteren systematischen Ansatz für sozialen Zusammenhalt und Stadterneuerung geleistet werden kann.

8

Amsterdam

ANNA DEKKER, KARIN DE NIJS

Placemaking:
Modellbühne Waterlandplein

Placemaking:
Pilot Podium Waterlandplein

Die Stadt ist geplant und bewohnt, statisch und kinetisch zugleich. Sie ist in institutioneller Hinsicht rigide, aber auch ein Synonym für ständigen Wandel, einerseits ertragsorientiert, andererseits Geburtsstätte der Sharing Economy. Sie ist unbarmherzig gegenüber den Schwachen, gleichzeitig aber auch ein Ort der Zuflucht und für neue Ambitionen. Die Stadt entsteht aus dem Gegensatz zwischen hart und weich. „Hart" in ihrer physischen Anordnung aus Ziegelmauern, klobigem Stahl, Betontürmen und gepflasterten Straßen. Diese Dimension ist starr, nahezu statisch. Was sich jedoch zwischen den baulichen Strukturen unter Menschen ereignet, ist in seiner Gesamtheit sozial und naturgemäß fließend, weil wandelbar: ständiger Kontakt, Annäherungsversuche und Irritationen, Begegnung und Austausch. Die politischen, sozialen und interkulturellen Dimensionen der Stadt sind „weich". Was Menschen aus allen Lebensbereichen zwischen statischen Bauwerken und starren Institutionen erleben, ist dem Begriff nach als weich (im Sinne von sozial) zu bezeichnen. In dieser Dimension sind Zugehörigkeit, Teilhabe und Engagement anzutreffen. Es sind die Harmonie und der Konflikt zwischen diesen beiden Gesichtern derselben Medaille, die eine Stadt definieren.

Planungsprozesse konzentrieren sich zwangsläufig auf bestimmte Aspekte der Realität, zumeist auf solche, die sichtbar, „lesbar" und damit manipulierbar sind (Scott, 1998). Daher wurden in der Vergangenheit informelle soziale Strukturen und Erfahrungen stets vernachlässigt, da diese subtil, immateriell und von Natur aus hochkomplex sind. Dennoch existieren sichere und wohlhabende Stadtviertel aufgrund solcher starken sozialen Strukturen (Jacobs, 1961). Ein institutioneller Kontext, der die erlebbaren und gemeinschaftsbezogenen Dimensionen einer

The city is planned and inhabited, static and kinetic. It's both institutionally rigid and always in transition, it is both profit-driven and the birthplace of the sharing economy. It is harsh for the vulnerable, but at the same time a place for shelter and new ambitions. The city is also soft and hard. "Hard" in its physical arrangements of brick walls, chunky steel, concrete towers and paved streets. This dimension is rigid, often static. What happens between buildings, amongst people, is, however, all social and fluid in nature: rubbing shoulders, flirtations and annoyances, encounter and exchange. The city's political, social, intercultural dimensions are "soft". What people from all walks of life experience amongst static built structures and hard-felt institutions is soft. This is the dimension where one finds belonging, participation, involvement. It is the harmony and conflict amongst these two sides of the coin that define a city.

Planning processes inevitably focus on particular aspects of reality, mostly those that are visible, "readable" and therefore manipulable (Scott, 1998). As a result, they have traditionally overlooked informal social structures and experiences, as these are subtle, intangible and extremely complex by nature. Yet, safe and prosperous neighbourhoods exist by virtue of such strong social structures (Jacobs, 1961). An institutional context that does not take the experiential and communal dimensions of a city into consideration essentially leads to a mismatch between socioeconomic and spatial aspects. Take Brasilia, take De Bijlmer, take the Banlieues of Paris and many other "high modernist" architecture projects where, despite good intentions, too much attention went out to visible physical order at the cost of informal social order (Scott, 1998).

Stadt außer Acht lässt, weist im Wesentlichen auf eine Diskrepanz zwischen sozioökonomischen und räumlichen Aspekten hin. Beispiele hierfür sind Brasilia, De Bijlmer, die Banlieues von Paris und viele andere „hochmoderne" Architekturprojekte, bei denen trotz bester Absichten zu viel Aufmerksamkeit auf die sichtbare physische Ordnung zu Lasten der informellen sozialen Ordnung gelegt wurde (Scott, 1998).

Placemaking kann als Praxis von Forschung, Analyse und Intervention an der Schnittstelle zwischen Hardware und Software einer Stadt bezeichnet werden. Unser Büro unternimmt in seinen Planungen, aber auch in seinen Projekten stets den Versuch, eine Brücke zwischen dem „Harten" und dem „Weichen" zu schlagen. Dies gilt auch für unser Projekt, die Modellbühne Waterlandplein, die sich an sensiblen, „weichen" Werten wie Demokratie und Integration, Teilhabe und Bürgerbeteiligung (Co-Creation) orientiert. Mit der Modellbühne Waterlandplein haben wir räumliche und soziale Strukturen in einem ganzheitlichen Ansatz miteinander verbunden. Wir haben diese Initiative gestartet, um das Waterlandplein, ein Gebiet im Norden von Amsterdam, zusammen mit der Gemeinde und mit klarer Ausrichtung auf die junge Generation in diesem Gebiet zu beleben.

Das Projekt am Waterlandplein in Amsterdam war klein und von vergleichsweise kurzer Dauer, jedoch sehr exemplarisch für unser Verständnis von kollektiver, partizipativer Raumgestaltung (Placemaking). Die Errichtung und Gestaltung eines provisorischen Veranstaltungsortes für das (und gemeinsam mit dem) Quartier fungiert als Schaubühne dafür, wie Placemaking „harte" und „weiche" Aspekte der Urbanität in Einklang bringen kann. Es zeigt, wie kollektive, partizipative Raumgestaltung in einem von kultureller Diversität geprägten Stadtteil den sozialen Zusammenhalt, das Verantwortungsbewusstsein für den öffentlichen Raum und die Entwicklung einer langfristigen Strategie für den öffentlichen Raum fördern kann. Das Projekt zeigt die Vorteile und Aufgaben von Placemaking als ortsbezogenem Ansatz.

Placemaking may be considered the practice of research, analysis and intervention on the intersection between the hardware and software of the city. As Placemakers, in our thinking but also in our projects, we always attempt to bridge between the hard and soft. This is also the case in our project Pilot Podium Waterlandplein, a project dedicated to delicate, "soft" values such as democracy and inclusivity, participation and co-creation. With the Pilot Podium Waterlandplein we combined spatial and social structures in an integral approach. We took the initiative to activate the Waterlandplein, an area in the North of Amsterdam, together with the community and with a strong focus on the young generation in the area.

The project at the Waterlandplein in Amsterdam is small and of short duration, yet very exemplary of our understanding of placemaking. The building and programming of a temporary stage for and with the neighbourhood is a showcase of how placemaking may bring "hard" and "soft" aspects of urbanity in congruence. It shows how placemaking implemented in a culturally diverse neighbourhood can foster social cohesion, a sense of ownership of public space and contribute to the development of a long-term public space strategy. The project illustrates the benefits and challenges of placemaking as a place-based approach.

Hintergrund

Im Jahr 2001 befand sich Amsterdam – wie viele Städte in den westlichen Industriegesellschaften in der Zeit vor der Finanzmarktkrise – auf dem Höhepunkt der Stadterneuerung. Überall in der Stadt investierten Wohnungsbaugesellschaften, Bauträger und Kommunen in die Sanierung und Reindustrialisierung nach dem Krieg entstandener urbaner Ballungszentren. Hier waren 95 Prozent sozialer Wohnungsbau, eine hohe Fluktuationsrate, eine erhöhte Konzentration von Bewohnerinnen und Bewohnern mit niedrigem sozioökonomischen Status sowie eine geringe Qualität des öffentlichen Raums vorzufinden.

Das im Norden Amsterdams gelegene Viertel Waterlandplein wies nach Angaben des städtischen Forschungs- und Statistikamtes (Gemeente Amsterdam, 2001) einen geringen sozialen Zusammenhalt, ein vermindertes Gefühl subjektiver Sicherheit sowie ein schwach ausgeprägtes nachbarschaftliches Engagement auf. Die Spannungen zwischen der Bewohnerschaft waren die höchsten im Norden Amsterdams, möglicherweise wegen des Anteils an Einwohnerinnen und Einwohnern ausländischer Herkunft, der innerhalb von vier Jahren von 30 auf 39 Prozent anstieg. Besonders hervorzuheben ist auch der hohe Anteil der unter 19-jährigen in der Bewohnerschaft (26 Prozent).

Die Sanierungsplanungen für das Quartier Waterlandplein waren, ähnlich wie in anderen benachteiligten Stadtteilen, großflächig und top-down. Auch wenn das Planungsverfahren überwiegend bauliche Aspekte in den Vordergrund stellte (Verbesserung von Wohnen und öffentlichem Raum), waren die Planungsziele sozial ausgerichtet. Im Sinne der damals vorherrschenden Politik der sozialen Durchmischung und Liberalisierung des Wohnungsmarktes sollte der soziale Wohnungsbau durch Eigentums- und private Mietwohnungen ersetzt werden, um die sozioökonomische Diversifizierung zu fördern. Zudem war es ein Anliegen, einen Waterlandplein (das heißt einen zentralen öffentlichen Platz) zu schaffen, der als „Treffpunkt des 21. Jahrhunderts" fungieren sollte. Kommunen und Wohnungsbaugesellschaften planten auf dem Platz ein Kulturpodium für 100.000 Euro, das den sozialen Zusammenhalt zwischen alten und neuen Bewohnerinnen und Bewohnern des Stadtteils stärken sollte.

Background

In 2001, Amsterdam, as many cities in industrialised Western societies in the pre-economic crisis era, found itself on a high point of urban renewal. Across the city, housing corporations, developers and municipalities invested in the redevelopment of post-war urban areas. Here, 95 percent public housing, a high residential turnover rate, high concentrations of residents with low socio-economic status and low-quality public space was found.

The Waterlandplein neighbourhood situated in the North of Amsterdam was found to have low levels of social cohesion, a decreased sense of subjective safety and little neighbourhood involvement – according to the municipal research and statistics office (Gemeente Amsterdam, 2001). Tensions between residents were the highest measured in the North of Amsterdam, possibly due to the percentage of residents of non-Dutch descent increasing from 30 to 39 percent within only four years. Particular about the Waterlandplein area also was the high share of people under the age of 19 (26 percent).

The redevelopment plans for the Waterlandplein neighbourhood were, similar to other disadvantaged urban areas, large-scale and fairly top-down. Also, whereas its methods were primarily physical (upgrading housing and public space), its goals were social. Along the lines of then-dominant social mixing and housing market liberalisation policies, public housing was to be replaced with owner-occupied and private rental apartments in order to stimulate socio-economic diversification. In addition, the goal was to create a Waterlandplein (a central public square) that would function as "the meeting place of the 21st century". Local authorities and housing corporations planned a cultural podium for EUR 100,000 at the square, intending to stimulate social cohesion amongst old and new residents of the neighbourhood.

Modellbühne Waterlandplein

Anstelle einer großen einmaligen Investition in die Hardware wählte Placemakers einen „weicheren" Ansatz: kleinformatig, iterativ und explizit partizipativ. Placemakers schlug vor, im Vorgriff auf eine feste kulturelle Einrichtung einen Raumgestaltungsprozess auszulösen, der die Installation und Erprobung einer „Modellbühne" für das Stadtviertel unter Mitwirkung der Anwohner vorsah. Besteht tatsächlich Bedarf an einer solchen „Kulturbühne"? Wird sie den Anforderungen des Ortes gerecht? Wie könnten Ausgestaltung und Programm aussehen? Und wie könnte sie die Funktion eines Bindeglieds zwischen den verschiedenen Interessengruppen in der Nachbarschaft einnehmen?

Seit den ursprünglichen Planungen war mittlerweile ein Jahrzehnt vergangen. Der Konjunkturabschwung hatte zu Budgetkürzungen geführt und den Spielraum für groß angelegte Entwicklungsprojekte eingeengt. Folgerichtig gab es einen wachsenden Wunsch nach flexibler Planung, nach von der Basis zur Spitze verlaufenden Sofortmaßnahmen und Bürgerinitiativen. Auch wenn das Budget für die Bühne bereits verplant war, konnten sich Regierung und Wohnungsbaugesellschaften mit der Idee einer Modellbühne anfreunden, welche die Unterstützung vor Ort mobilisieren und auf den Prüfstand stellen sollte.

Das Projekt der Modellbühne Waterlandplein ist das Ergebnis dieser beiden politischen und wirtschaftlichen Realitäten. Der Geschichte der Modellbühne ist daher nicht nur zu entnehmen, wie sich eine Großinvestition bewähren kann und durch kleine Eingriffe lokal verankern lässt, sondern auch, wie die Bevölkerung dazu angeregt werden kann, sich den öffentlichen Raum zu eigen zu machen und sich innerhalb dieses Prozesses näherzukommen.

Pilot Podium Waterlandplein

Instead of a large one-time investment in hardware, Placemakers urged for a "softer" approach: small scale, iterative and explicitly participatory. Placemakers proposed to organise a placemaking process in anticipation of the permanent cultural podium by creating and testing a "pilot podium" for and by the neighbourhood. Is there indeed a need for such a cultural stage? Will it be locally appropriated? What could its design and programme look like? And how could it serve as a binding tool amongst a variety of stakeholders in the neighbourhood?

Since the original plan, a decade had passed. The economic downturn had led to budget cuts and fewer possibilities for large-scale development. Consequently, there had been a growing call for flexible planning, ad hoc bottom-up responses and citizens' initiatives. Although budget for the podium was already reserved, the government and housing corporations had become susceptible to the idea of a pilot podium to gather and test local support.

The Pilot Podium Waterlandplein project is a result of both of these political and economic realities. The story of the Pilot Podium Waterlandplein project, hence, is both one about how you might test and locally embed a large-scale investment with a small-scale intervention, and about how citizens may be stimulated to appropriate public space and come closer together in the process.

Methodik

Method

Placemaking ist ein kontextbezogenes Unterfangen. Unser Büro hat eine Methodik entwickelt, die auf lokale Rahmenbedingungen reagiert, gleichzeitig aber auch einen qualitativen Prozess aufrechterhält. Auch wenn wir nicht selten in mehrere Projektschritte gleichzeitig involviert waren (Abbildung 1), ist die Modellbühne Waterlandplein beispielgebend für einen Placemaking-Prozess, bei dem wir die einzelnen Schritte konsequent von Anfang bis Ende verfolgt haben.

Lokalisierung und Standortrecherche

Ausgangspunkt des Prozesses war, dass wir als sogenannte „Experten" aus dem nachbarschaftlichen Umfeld an Studierende einer lokalen Hochschule (Bredero College) herantraten. Mit der Aufnahme von Placemaking in ihren Lehrplan betreiben die Studierenden Sekundärforschung, Social-Media- und Akteursanalysen sowie Feldforschung, indem sie Beobachtungsrundgänge und Straßenumfragen bei der Anwohnerschaft und Gewerbetreibenden

Placemaking is a context-specific endeavour. Our office has developed a methodology that responds to local context while upholding a qualitative process. While we often work on one or some of these steps (Figure 1), the Pilot Podium Waterlandplein project is an example of a placemaking process in which we followed the steps from A to Z.

Location research

As a starting point in the process, Placemakers approached students from a local high school (Bredero College) as "experts" from the neighbourhood. With placemaking integrated into their curriculum, the students did desk research, social media analyses, stakeholder analyses and fieldwork by observational walking tours and street surveys with residents and shop owners (Figure 2). They also interviewed local stakeholders like a music school, youth organisations and cultural centres. The students researched the neighbourhood for cultural partners that would like to perform on the stage, their desired frequency of usage and their kind of target

4. Wie lässt sich Nachhaltigkeit erreichen? Das Placemaking kennt eine Menge von Instrumenten, mit denen wir die Verantwortung für die Programmgestaltung und Instandhaltung des öffentlichen Raums auf den Endnutzer vor Ort ÜBERTRAGEN.

4. How do we make it sustainable? A variety of Placemaking tools allow us to TRANSFER the programming and maintenance of the space to local end users.

3. Wie kann die gemeinsame Gestaltung des öffentlichen Raums aussehen? Wir verfolgen einen INTERVENTIONISTISCHEN ANSATZ und nehmen physische und/oder soziale Eingriffe unter breiter Beteiligung der betroffenen Personengruppen vor.

3. How do we co-create a space? We realise physical and/or social INTERVENTIONS with the active participation of a number of parties.

1. Was sind die wichtigsten Eigenschaften des Stadtteils? Durch sozioräumliche STANDORTRECHERCHE untersuchen, bestimmen und konkretisieren wir die Nutzungsarten und die Wünsche der lokalen Interessengruppen.

1. What are the intrinsic qualities of the neighbourhood? By doing socio-spatial research on LOCATION, we explore, determine and envision the use and wishes of local stakeholders.

2. Wie lassen sich ortbezogene Konzepte zusammenführen? Wir entwickeln Lösungen für Bürgerbeteiligung (Co-Creation) durch das Veranstalten von WORKSHOPS, in denen Eigentümer, Geldgeber, Stadtverwaltung und Anwohner im öffentlichen Raum zusammentreffen.

2. How do you bring local ideas together? We develop solutions in co-creation by organising WORKSHOPS that connect owners, financers, local administration and residents with each other and with the space.

Abb. 1: Projektphasen im Placemaking-Prozess (Quelle: Placemakers)

Fig. 1: Phases of the placemaking process (Source: Placemakers)

Abb. 2: Beobachtungsrundgang in der Nachbarschaft mit AnwohnerInnen und lokalen AkteurInnen (Quelle: Placemakers)

Fig. 2: Observational walking tours with residents and local stakeholders (Source: Placemakers)

durchführten (Abbildung 2). Sie befragten auch lokale Interessengruppen wie eine Musikschule, Jugendorganisationen und Kulturzentren. Die Studierenden recherchierten in dem Stadtviertel Kulturpartner, die auf der Bühne auftreten wollten, deren gewünschte Nutzungshäufigkeit und deren Zielgruppen. Darüber hinaus wurde eine kleine Dialogzentrale errichtet und auf dem Waterlandplein platziert, wo die Studierenden Passanten einluden, ihre Vorlieben und Ideen zum Ausdruck zu bringen.

Wie bereits erwähnt, wird das Quartier Waterlandplein von einem hohen Anteil an unter 19-Jährigen bewohnt, die den öffentlichen Raum extensiv nutzen, in dem Stadtteil verwurzelt sind und aufgrund ihrer unterschiedlichen kulturellen Hintergründe Einblicke in die Anliegen der verschiedenen Bevölkerungsgruppen haben. Daher betrachteten wir die Studierenden des Bredero College als einen unserer wichtigsten Partner für das Projekt und als Botschafter für ihre eigenen Netzwerke, um eine breite Unterstützung für den Veranstaltungsort zu schaffen.

group. In addition, a small pop-up research centre was built and placed on the Waterlandplein, where students invited passers-by to express their preferences and ideas.

As said, the Waterlandplein neighbourhood hosts a large percentage of residents under the age of 19. It is this stakeholder group that uses public space extensively, that is rooted in the neighbourhood and that may have insights into the wishes of various communities due to their varied cultural backgrounds. We therefore considered the students from Bredero College as one of our key partners in the project and ambassadors towards their own networks in order to create support for the stage.

Co-creation

The research phase made it very clear that indeed the variety of wishes for the public stage is as large as the variety of residents and stakeholders in the neighbourhood. Time to start co-creating. Placemakers organised a series of workshops on the design, branding and programming of the pilot podium (Figure 3).

Abb. 3: Ergebnisse eines Workshops mit der Nachbarschaft zur Gestaltung der Bühne (Quelle: Placemakers)
Fig. 3: Results of a neighbourhood workshop for the design of the podium (Source: Placemakers)

Co-Creation und Bürgerbeteiligung

Die Recherchephase ergab, dass die Vielfalt der Wünsche nach einem öffentlichen Forum ebenso groß ist wie die Vielfalt der Bewohnerschaft und Interessengruppen innerhalb des Quartiers. Es war also an der Zeit, mit der Bürgerbeteiligung (Co-Creation) zu beginnen. Placemaker organisierte eine Reihe von Workshops zum Thema Planung und Ausführung, Branding und Programmgestaltung der Modellbühne (Abbildung 3).

Placemakers stellte gemeinsam mit den Studierenden die Ergebnisse der Recherchen und Workshops in einem Anforderungskatalog zusammen, der sowohl Planung und Ausführung wie auch Programmgestaltung betraf. Wie kann auf der öffentlichen Bühne ein Laufsteg für die Modeschule integriert werden? Können wir sicherstellen, dass es eine Überdachung für die Akustik der Musiker gibt? Und wie können wir die Bühne vor Vandalismus schützen? Die funktionalen Anforderungen wurden in skalierbare Modelle umgesetzt.

Together with the students Placemakers translated the outcomes of the research and workshops into a list of requirements, both in terms of design and programming. How can the stage include a catwalk for the fashion school? Can we make sure there is a canopy for the musicians' acoustics? And how can we make it vandalism-proof? The functional requirements were translated into scale models.

Abb. 4: Gemeinsam wurde entsprechend der Wünsche aus den Workshops die provisorische Bühne gebaut und gestaltet (Quelle: Placemakers)

Fig. 4: In a shared process, the pilot podium was built and designed according to the wishes expressed in the workshops (Source: Placemakers)

Abb. 5: Die Bühne in Form eines Hauses bringt den Wunsch der Nachbarschaft nach mehr Geselligkeit und Begegnung zum Ausdruck (Quelle: Placemakers)

Fig. 5: The design as a house expresses the neighbourhood's desire for conviviality and a place of encounters (Source: Placemakers)

Intervention

Was nun folgte, war ein Prozess der kooperativen Gestaltung. Zusammen mit den Studierenden wurde innerhalb von zwei Tagen der einfache Baukörper errichtet und bemalt (Abbildungen 4, 5). Die Bühne wurde in Form eines kleinen Hauses gestaltet, da die Bewohner des Quartiers den Wunsch nach mehr „Geselligkeit" (gezelligheid) und „Begegnung" zum Ausdruck brachten. Die Form eines offenen Hauses vermittelt zudem ein Gefühl der Gastfreundschaft, das Gefühl, willkommen zu sein.

Die feierliche Eröffnung der provisorischen Bühne machte den Anfang in einer Reihe von Begegnungen zwischen dem Publikum, Kunstschaffenden sowie Anwohnerinnen und Anwohnern (Abbildung 6). Im Verlauf der nächsten vier Monate diente die Bühne verschiedenen Zwecken, darunter Tanzshows der Streetmotion Dance Crew, Modepräsentationen von Modestraat, dem Auftritt eines afghanischen Sitarspielers, einer Flash-Mob-Performance des Bredero College, einem Drachenwettbewerb, Zauberkünstlern, Chorauftführungen und einer Rap-Show der Jugendorganisation Dockzz (Abbildung 7). Die Gäste konnten an Fußballturnieren teilnehmen, die von der Stadtteileinrichtung Combiwel organisiert wurden, eine

Intervention

What followed was a co-building process. Alongside the students, the simple structure was put up and painted within two days (Figures 4, 5). The stage is designed in the shape of a small house, as neighbourhood residents expressed the need for more "gezelligheid" (conviviality) and "encounter". The form of an open house also represents a feeling of hospitality for everyone, of "being welcome".

A festive opening of the temporary stage was the first in a series of occasions for encounter between spectators, performers and the local community (Figure 6). Over the course of four months, the podium served a variety of purposes, amongst others: dance shows of the Streetmotion Dance Crew, fashion presentations of the Modestraat, an Afghan sitar player, a flash mob performance by Bredero College, a kite competition, magicians, choir performances and a rap show of youth organisation Dockzz (Figure 7). Visitors could join soccer tournaments organised by the social institution Combiwel, visit a "Living Library" set up by the public library (Figure 8) and enjoy food from local entrepreneurs.

The key to the podium circulated in the neighbourhood as various organisations used the opportunity to use the stage.

Abb. 6: Zum Auftakt der Nutzung wurde die provisorische Bühne feierlich eröffnet (Quelle: Placemakers)
Fig. 6: The temporary stage was introduced with a festive opening (Source: Placemakers)

Abb. 7: Nutzung der Bühne für eine Rap-Show der Jugendgruppe Dockzz (Quelle: Placemakers)
Fig. 7: Use of the stage for a rap show of the youth group Dockzz (Source: Placemakers)

von der Stadtbibliothek eingerichtete „Living Library" besuchen (Abbildung 8) und Essensspezialitäten der Anbieter vor Ort genießen.

Die Bühne begann zu leben, als verschiedene Organisationen die Gelegenheit nutzten, auf der Bühne aufzutreten. Ansatzpunkte der Programmgestaltung waren unter anderem die Entfaltung lokaler Talente, die Verknüpfung unterschiedlicher kultureller Ausdrucksformen, die positive Auseinandersetzung mit der Diversität des Stadtteils sowie die Förderung des sozialen Zusammenhalts.

Eigenverantwortung

Ein vierter wichtiger Schritt war die Stärkung der Eigenverantwortung der Gemeinschaft für das Projekt. Kurz nach der feierlichen Eröffnung der Bühne wurde die Stiftung „Team Bühne Waterlandplein" gegründet. Der Stiftungsvorstand bestand aus vier Personen, die in der Nähe des Waterlandplein leben und/oder arbeiten. Er wurde mit vier Fachleuten aus den lokalen Sozial-, Kultur- und Jugendeinrichtungen zusammengebracht. Durch Habitualisierung und Institutionalisierung des Engagements übernahm diese Gruppe Verantwortung für die Ausrichtung von Veranstaltungen zunächst auf der provisorischen und später auf der ständigen „Kulturbühne". Im

The starting points of the programming are, among other things, the flourishing of local talent, making unlikely combinations between cultural expressions, supporting a positive exposure to the diversity of the neighbourhood and the promotion of social cohesion.

Transfer

A fourth important step is to solidify the ownership of the project by the community. Soon after the festive opening of the podium, the foundation Team Podium Waterlandplein was established. The board of this foundation consists of four people who live and/or work around the Waterlandplein. They were matched with four professionals from local social, cultural and youth organisations. By ritualising and institutionalising their involvement, this group became committed to the organisation of events at the temporary, and later on the permanent, cultural stage. For the first year, Placemakers provided support in setting up a management structure, promotion and organising budget.

Besides the transfer of responsibilities, information and ideas concerning the design and use of the podium were transferred from the pilot to the permanent phase. The temporary podium succeeded in gathering neighbourhood support for a permanent version. A variety of events had been tested,

Abb. 8: Veranstaltung einer „Living Library" durch die Stadtteilbibliothek (Quelle: Placemakers)
Fig. 8: A "Living Library" set up by the local library (Source: Placemakers)

ersten Jahr wurde die Gruppe von Placemakers beim Aufbau von Leitungsstrukturen, bei Werbekampagnen und bei der Budgetplanung unterstützt.

Neben der Übertragung von Verantwortlichkeiten wurden Informationen und Ideen zur Gestaltung und Nutzung der Bühne von der Pilot- auf die Verstetigungsphase übertragen. Der provisorischen Bühne gelang es, die Unterstützung des Stadtviertels für eine dauerhafte Einrichtung zu gewinnen. Es wurden verschiedene Veranstaltungen getestet, von denen viele erneut auf der von der Firma Tjep entworfenen ständigen Bühne zu sehen waren. In der Endausführung wurden zunächst Rückwand und Dach als zentrale Tragelemente integriert. Später jedoch wurde die Funktion als Zuschauerraum und Ruheort an aufführungsfreien Tagen stärker in den Vordergrund gestellt. Die Flexibilität der Bühne, die es ermöglicht, eine Vielzahl von Veranstaltungen durchzuführen, wurde beibehalten.

Gewonnene Erkenntnisse
Erstens ist die Modellbühne Waterlandplein beispielgebend für eine erfolgreiche Integration von „harten" und „weichen" Aspekten der Stadt. Die Materialität der Bühne erforderte einen praxisbezogenen Planungs- und

many of which were again seen on the permanent podium, designed by the Tjep company. The design of the definitive stage at first integrated the rear wall and roof as central elements. Later on, however, more focus was given to its function as a space for spectators and rest area on non-event days. The flexibility of the podium, allowing it to host a variety of events, was maintained.

Lessons learned
First, the Pilot Podium Waterlandplein is an example of a successful integration of "hard" and "soft" aspects of the city. The physicality of the podium required a hands-on design and building process, which is in itself a collaborative social endeavour. The podium, as a result, became the physical representation of this co-creative and connective process. We believe this quality is achieved by the collaboration between built environment and social disciplines. This interdisciplinarity is needed as experience and behaviour (the soft) are always situated in – and influenced by – the physicality of a particular place (the hard).

Second, the concept of a podium allows for a variety of groups to appropriate it as a site for expression. It celebrates diversity in interests, in cultures, in skills/talents. Deliberately combining events at the podium resulted in collaboration

Ausführungsprozess, der für sich allein genommen bereits ein gemeinschaftliches soziales Handlungsfeld bildet. Die Bühne wurde so zum materiellen Abbild dieses co-kreativen und gemeinschaftsstiftenden Prozesses. Wir sind der Überzeugung, dass diese Qualität im Zusammenwirken zwischen baulicher Umgebung und sozialwissenschaftlichen Disziplinen erreicht wird. Diese Interdisziplinarität ist notwendig, da Erfahrung und Verhalten (das „Weiche") immer in der Plastizität eines bestimmten Ortes (das „Harte") begründet sind und von dieser beeinflusst werden.

Zweitens bietet das Konzept eines öffentlichen Veranstaltungsortes einer Vielzahl von Gruppen die Möglichkeit, sich selbst auszudrücken und zu entfalten. Ein solcher Ort stellt die Vielfalt der Interessen, Kulturen, Fähigkeiten und Talente zur Schau. Indem unterschiedliche Veranstaltungen auf der Bühne miteinander verknüpft wurden, ergaben sich Kooperationen und Begegnungen unter den Anwohnerinnen und Anwohnern, die im Normalfall nicht stattfinden würden. Die Vernetzung kann als Stärkung der öffentlichen Akzeptanz angesehen werden, wodurch Menschen ohne intensive langfristige Interaktion mit Fremden vertraut gemacht werden (Blokland, 2009). Dies ist die Grundlage für einen stärkeren sozialen Zusammenhalt und ein ausgeprägteres Zugehörigkeitsgefühl. Die Vorteile der gemeinsamen Verantwortung zeigen sich auch darin, dass die Bühne weder zerstört noch beschädigt wurde.

Placemakers wirbt für die Stadt als öffentlichen Raum, der sowohl in der Nutzung wie in der Entwicklung integrative Elemente einbezieht. Mit unserer Tätigkeit wollen wir den Begriff der „Professionalität" entmystifizieren. Da wir den Endnutzer als Experten einstufen, der wertvolle lokale Informationen bieten kann, stand die Modellbühne Waterlandplein jedem offen, der seine Interessen und Talente herausstellen wollte. Die Vorgaben für ie Ausrichtung einer Veranstaltung auf der Bühne waren sehr niedrig. Wir haben festgestellt, dass eine Bühne die Möglichkeit bietet, verschiedene Aspekte der Identität einer Person zum Ausdruck zu bringen, darunter auch diejenigen Aspekte, die in der traditionellen Diversitätsdebatte und Politikgestaltung außer Acht gelassen werden (Pitter & Lorinc, 2016). Die Bewohnerschaft des Stadtteils Waterlandplein wurde unabhängig von Alter, Geschlecht, Einkommen, Bildungsniveau oder Kultur im traditionellen Sinne zur Teilnahme ermuntert. Stattdessen adressiert das Projekt Hobbys, Lebensstile und andere dezentrale Identitätsformen der Menschen (siehe Kapitel 2 und 3 in diesem Band). Dies halten wir für eine der großen Stärken des Projekts. Auch der performative

and encounters amongst residents that would not normally meet. This can be seen as strengthening public familiarity, making people familiar with strangers without intensive long-term interaction (Blokland, 2009). This is considered as a basis for an increased social cohesion and sense of belonging. The advantage of shared ownership is further demonstrated by the fact that the podium was not vandalised in any way.

Placemakers promotes the city as a public space that is inclusive, in use as much as in development. Throughout our practice, we aim to demystify the term "professionalism". Just as we consider end users as experts full of valuable local knowledge, the Pilot Podium Waterlandplein was there for anyone to express their interests and talents. The threshold for organising an event at the podium was kept very low. We found that a podium provides an opportunity for expression of various parts of people's identity, including those parts that are left out of the conversation in traditional "diversity" debate and policy making (Pitter & Lorinc, 2016). Residents of the Waterlandplein neighbourhood were invited regardless of their age, gender, income, educational level or even culture in the traditional sense. Instead – as is today found in the literature on "hyper-diversity" – the Pilot Podium Waterlandplein project addresses people's hobbies, lifestyles and other more fluid aspects of identities (see Chapters 2 and 3 in this volume). We consider this as one of the strengths of the project. The performative character of the podium in turn also poses a challenge. Although we should not underestimate the cohesive and appropriation effects for spectators of events, the podium itself provided less space for introvert residents or non-performance-based talents.

Both a success factor and challenge of this project has been the transfer to the local community. As noted above, Placemakers set up a foundation that – under fairly intensive supervision – continued the programming of the temporary and, later on, the permanent stage. Certainly, this local transfer was essential for the project to be considered successful in the medium term. Today, however, the Podium Waterlandplein foundation no longer exists. As time passed, members moved out of the area or lost interest, unable or unwilling to transfer their role and managing capacities to successors. It seems that a true sustainability of local transfer requires continued supervision and professional support. Moreover, despite the claim that active citizens are usually

Abb. 9: Finale Gestaltung des Podiums auf dem Platz Waterlandplein (Quelle: Studio Tjep)

Fig. 9: The final design of the podium at the Waterlandplein (Source: Studio Tjep)

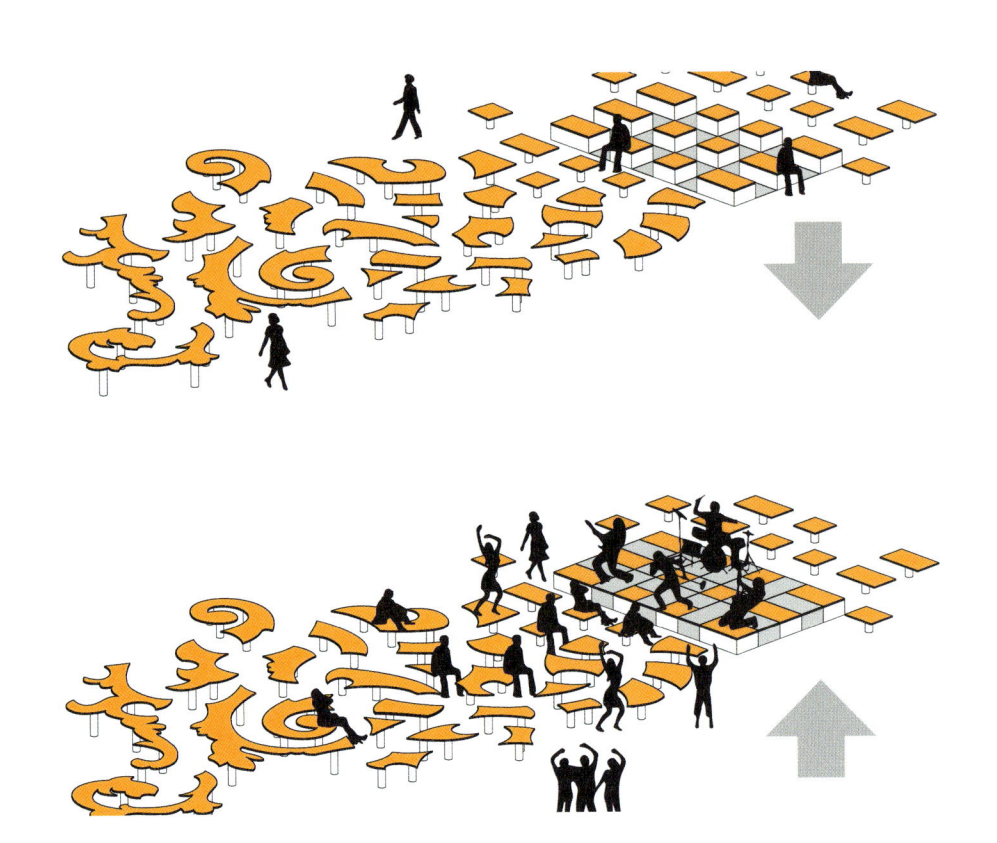

Abb. 10: Der neugestaltete Platz hat zwei Funktionen: eine ästhetische Installation als Begegnungsort sowie eine zentrale Bühne. Durch mobile Plattformen kann ein Teil der Sitzgelegenheiten in eine leicht erhöhte Bühne umgewandelt werden. (Quelle: Studio Tjep)

Fig. 10: The new design of the Waterlandplein has two uses: an aesthetic installation as a meeting point and a central performance stage. Hidden platforms in the ground can be elevated to form the central podium.
(Source: Studio Tjep)

Charakter der Bühne stellt eine Herausforderung dar. Obgleich die Kohäsions- und Aneignungseffekte für die Zuschauer der Veranstaltungen nicht zu unterschätzen sind, bot die Bühne selbst wenig Raum für introvertierte Anwohnerinnen und Anwohner oder nicht in die Darbietungen eingebundene Akteurinnen und Akteure.

Erfolgsgarant und eine der großen Herausforderungen des Projekts war die Überführung in das lokale Gemeinwesen. Wie bereits erwähnt gründete Placemakers eine Stiftung, die unter relativ intensiver Betreuung die Programmgestaltung der provisorischen und später ständigen Bühne fortsetzte. Diese Übertragung lokaler Zuständigkeiten war mit Sicherheit unerlässlich, damit das Projekt mittelfristig als Erfolg eingestuft werden konnte. Heute existiert diese Stiftung nicht mehr. Im Laufe der Zeit haben die Beteiligten das Wohngebiet verlassen oder das Interesse an dem Projekt verloren und waren nicht in der

higher educated citizens, we found involvement of residents of all classes and backgrounds (Tonkens, 2014). Certainly, in vulnerable urban areas we can't take a continued individual motivation for participation for granted. This requires an institutional safety net and prolonged financial support.

On this very local scale, residents of all sorts were invited to use and apply their own ideas and local commitment in the context of a large-scale physical redevelopment. The Pilot Podium Waterlandplein project demonstrates the added value of small-scale, "soft" initiatives and flexible development within such a larger context. The receptive attitude towards citizen involvement of the municipality allowed us to instigate an inclusive neighbourhood-oriented project. Today, although we still sense a separation between the social domain and land/real estate departments, we are pleased to see the increased integration of the "soft" side of urban development in our city's policies – for example demonstrated

Lage oder nicht bereit, ihre Aufgaben und Leitungsfunktionen auf ihre Nachfolger zu übertragen. Es hat den Anschein, dass eine genuin nachhaltige Übertragung lokaler Zuständigkeiten nur über kontinuierliche Betreuung und professionelle Unterstützung erreicht werden kann. Darüber hinaus haben wir trotz der Behauptung, dass engagierte Bürgerinnen und Bürger in der Regel einen höheren Bildungsgrad haben, eine Beteiligung aus allen Bevölkerungsschichten und Milieus festgestellt (Tonkens, 2014). Sicherlich können wir eine anhaltende individuelle Motivation zur Partizipation in urbanen Risikogebieten nicht wie selbstverständlich voraussetzen. Hierfür sind ein institutionelles Sicherheitsnetz und dauerhafte finanzielle Unterstützung erforderlich.

Auf dieser begrenzten lokalen Ebene waren alle Anwohnerinnen und Anwohner eingeladen, im Rahmen einer groß angelegten Stadtteilerneuerung ihre eigenen Ideen einzubringen und zu verwirklichen und ihr lokales Engagement unter Beweis zu stellen. Das Projekt der Modellbühne Waterlandplein veranschaulicht den Mehrwert kleiner, freiwilliger Initiativen und flexibler Entwicklungen in einem größeren Zusammenhang wie diesem. Durch unsere Aufgeschlossenheit gegenüber dem bürgerschaftlichen Engagement der Gemeinde waren wir in der Lage, ein integratives, nachbarschaftliches Projekt ins Leben zu rufen. Auch wenn noch immer eine Kluft zwischen Sozialbereich und Wohnungs-/Immobilienwirtschaft besteht, freuen wir uns über die stärkere Einbindung der „sozialen weichen" Seite der Stadtentwicklung in die Politik unserer Stadt, beispielsweise durch den Übergang zum gebietsorientierten Arbeiten (gebiedsgericht werken) und den politischen Diskurs der „integrativen Stadt", der in Amsterdam an Bedeutung gewonnenen hat (Gemeente Amsterdam, 2016). Zusammenfassend lässt sich sagen, dass wir die Bühne am Waterlandplein als äußerst wertvolle Erfahrung für unser Büro einschätzen, die als Vorbild für lokale Initiatoren und Kommunen geeignet ist, da wir uns zunehmend in die Richtung einer Stadt bewegen, die eine zentrale Funktion für die sozialen, veränderbaren, empirischen und kommunalen Aspekte des urbanen Lebensraums einnehmen soll.

in the transition towards "gebiedsgericht werken" and the policy discourse of "the inclusive city" that has been gaining ground in Amsterdam (Gemeente Amsterdam, 2016). All in all, we consider Podium Waterlandplein as a hugely valuable experience for our office, as well as an example for local initiators and municipalities alike, as we work towards a city with a central role for the soft, fluid, experiential and communal aspects of everyday urban life.

Quellen | References

Blokland, T. (2009). *Oog voor elkaar: veiligheidsbeleving en sociale controle in de grote stad.* Amsterdam: Amsterdam University Press.

Gemeente Amsterdam (2001). *Plan van aanpak Waterlandpleinbuurt.* Gemeente Amsterdam. <https://www.amsterdam.nl/projecten/waterlandpleinbuurt>.

Gemeente Amsterdam Projectmanagementbureau (2016). *Werken in een gebied: gewoon doen in Amsterdam.* Gemeente Amsterdam.

Jacobs, J. (1961). *The death and life of great American cities.* New York: Vintage Books.

Pitter, J. & Lorinc, J. (Hrsg./Eds.) (2016). *Subdivided: City-building in an Age of Hyper-diversity.* Toronto: Coach House Books.

Scott, J. C. (1998). *Seeing like a state: How certain schemes to improve the human condition have failed.* Yale: Yale University Press.

Tonkens, E. (2014). *Vijf misvattingen over de participatiesamenleving.* Afscheidsrede Evelien Tonkens. Uitgesproken bij haar afscheid als Bijzonder Hoogleraar Actief Burgerschap aan de Universiteit van Amsterdam.

9

Wien/Vienna

KATHARINA KIRSCH-SORIANO DA SILVA

„Gemeinschaftliches Wohnen in der Oase 22": Quartiersmanagement in einem Wiener Neubaugebiet und dessen Beitrag zu sozialer Inklusion

"Community Living in Oasis 22": Neighbourhood Management in a Development Area in Vienna and Its Contribution to Social Inclusion

Wien ist international bekannt für seine soziale Wohnbaupolitik – von der Etablierung eines breit angelegten kommunalen Wohnbauprogramms zur Zeit des „Roten Wiens" über die spätere Entwicklung der „sanften Stadterneuerung" in Bestandsgebieten der Gründerzeit bis zur Förderung gemeinnütziger Wohnbaugenossenschaften sowie zu aktuellen Konzepten der „sozialen Nachhaltigkeit im geförderten Wohnbau".

Die Wohnanlage Oase 22 war eine der ersten geförderten Wohnanlagen in Wien, die mit einem starken Fokus auf das Konzept der „sozialen Nachhaltigkeit" entwickelt wurde. Dies manifestierte sich einerseits in der baulichen Konzeption der Anlage, die vielfältige gemeinschaftlich nutzbare Räume und Freiflächen vorsah, andererseits in der Installierung eines sozialen Quartiersmanagements, das die Besiedelung des Wohnquartiers und die Entwicklung des Quartierslebens zwischen Februar 2013 und September 2015 begleitete. Die Stadtteilarbeit der Caritas Wien wurde von den drei Wohnbauträgern, in deren Eigentum und Verwaltung sich die Wohnanlage Oase 22 befindet, mit dem Quartiersmanagement vor Ort beauftragt. Begleitend zur Besiedelung der Wohnanlage wurden unter dem Motto „Gemeinschaftliches Wohnen in der Oase 22" erste Impulse für das Entstehen von nachbarschaftlichen Beziehungen und Netzwerken gesetzt. Das gegenseitige Kennenlernen wurde gefördert, Gemeinschaftsräume und Freiflächen in der Wohnanlage

Vienna is internationally known for its social housing policy – from the establishment of a broad-based municipal housing programme at the time of "Red Vienna", to the later "soft urban renewal" in Gründerzeit areas, to the promotion of non-profit housing cooperatives and current concepts of "social sustainability in subsidised housing".

The Oasis 22 residential complex was one of the first subsidised residential complexes in Vienna to be developed with a clear focus on "social sustainability". This manifested itself in the structural concept for the complex, which provided for a variety of rooms and open spaces for communal use. It was also felt in the establishment of a social neighbourhood management system, accompanying the settlement of the residential neighbourhood and the development of neighbourhood life between February 2013 and September 2015. The three housing developers that own and manage the Oasis 22 residential complex commissioned the District Work Team of Caritas Vienna to manage the neighbourhood on site. Accompanying the settlement of the residential complex, initial momentum was created for the development of neighbourly relations and networks under the motto "Community living in Oasis 22". Residents were encouraged to get to know each other. Common rooms and open spaces in the residential complex were designed and appropriated to encourage participation. Residents' own ideas for neighbourhood life were implemented along the way.

wurden partizipativ gestaltet und angeeignet, eigene Ideen der BewohnerInnen für das Quartiersleben wurden auf dem Weg zur Umsetzung begleitet.

Dieser Beitrag stellt das Quartiersmanagement in der Oase 22 vor und reflektiert dessen Potenziale im Hinblick auf soziale Inklusion im Wohnquartier. Einleitend erfolgt eine kurze Einbettung in den aktuellen Kontext der Wiener Stadtentwicklung und den sozialen beziehungsweise geförderten Wohnbau in Wien. Daran anschließend wird das Quartiersmanagement „Gemeinschaftliches Wohnen in der Oase 22" mit seinen Zielsetzungen und Aktivitäten genauer beschrieben. Abschließend werden – ausgehend von den konkreten Erfahrungen in der Begleitung der Oase 22 – die möglichen Beiträge eines Quartiersmanagements für die Stärkung von sozialer Inklusion aufgezeigt.

This article presents the neighbourhood management team in Oasis 22 and reflects on its potential as a force for social inclusion in the residential neighbourhood. This is preceded by a brief introduction to the current context of Viennese urban development and social and subsidised housing in Vienna. The neighbourhood management initiative "Community Living in Oasis 22", its objectives and activities are then described in more detail. Finally, potential contributions of a neighbourhood management team to strengthening social inclusion will be pointed out based on the concrete experiences made while accompanying Oasis 22.

Wien wächst und die Herausforderungen im Bereich des Wohnens verändern sich

Vienna is growing and the challenges in the field of housing are changing

In Wien ist der soziale Wohnbau traditionell stark verankert und prägt bis heute die Entwicklung der Stadt. Ausgehend vom „Roten Wien" der 1920er und beginnenden 1930er Jahre und dem damals initiierten kommunalen Wohnbauprogramm sowie dessen Fortsetzung und Erweiterung im Rahmen des Wiederaufbaus nach dem Zweiten Weltkrieg und der Stadterweiterung in den 1960er und 1970er Jahren befinden sich bis heute circa 220.000 Wohneinheiten in städtischem Eigentum und werden nach sozialen Kriterien vergeben. Im sogenannten „Wiener Gemeindebau" lebt aktuell circa ein Viertel der Wiener Bevölkerung (vgl. Wohnservice Wien, 2018).

Nach dem Zweiten Weltkrieg rückte zudem auch die Förderung von genossenschaftlichen Wohnbauten sowie die Instandhaltung und Sanierung des historischen Wohnungsbestands aus der Gründerzeit in den Fokus der Wiener Wohnbaupolitik. Seit den 1970er Jahren wurde ein besonderer Schwerpunkt auf die geförderte Sanierung von Gründerzeitgebäuden gelegt, welche – nach ersten vehementen Protesten aus der Bevölkerung gegen radikale Stadterneuerungspläne, die Abriss und Neubau vorsahen – programmatisch als „Sanfte Stadterneuerung" entwickelt wurde. Sie zielte auf eine bauliche

Social housing has traditionally been strongly anchored in Vienna and continues to shape the development of the city to this day. Starting with the "Red Vienna" of the 1920s and early 1930s and the municipal housing programme initiated at that time, as well as its continuation and expansion in the context of reconstruction after World War II and the urban expansion in the 1960s and 1970s, around 220,000 residential units have been owned by the City to date and are allocated according to social criteria. About a quarter of the Viennese population currently lives in a so-called "Wiener Gemeindebau" (Vienna's municipal building) (see Wohnservice Wien, 2018).

After World War II, the promotion of cooperative residential buildings as well as the maintenance and renovation of the historic housing stock from the Gründerzeit became the focus of Vienna's housing policy. Since the 1970s, special emphasis has been placed on subsidised renovation of Gründerzeit buildings. After initial vehement protests by the population against radical urban renewal plans that provided for demolition and new construction, this subsidised renovation was systematically developed as "soft urban renewal". It aimed at structural modernisation, while trying to guarantee and preserve the situation of residents through needs-oriented design of redevelopment measures and strong regulation

Modernisierung ab, wollte aber gleichzeitig – durch eine bedarfsorientierte Gestaltung der Sanierungsmaßnahmen sowie eine starke Reglementierung von Kosten und Mieten – den Erhalt der BewohnerInnenschaft gewährleisten. Die Aktivitäten der Stadterneuerung werden in Wien bis heute auch durch Gebietsbetreuungsteams vor Ort unterstützt, die Partizipation im Rahmen von Modernisierungsprozessen stärken und Sanierungs- und Mietrechtsberatung anbieten.

Mit dem Fall des „Eisernen Vorhangs", dem Beitritt Österreichs zur Europäischen Union und der späteren Osterweiterung der EU rückte der Standort Wien erneut in eine zentrale Lage in Mitteleuropa und gewann seit den 1990er Jahren zunehmend an regionaler Bedeutung. Im Zuge dieser Entwicklungen war die Stadt in den vergangenen Jahren von einem starken Bevölkerungszuzug und Wachstum geprägt. Auch der Wohnungsneubau erhält dadurch wieder größere Relevanz und der Fokus der Wiener Wohnbaupolitik hat sich mittlerweile deutlich von der Stadterneuerung hin zur Stadtentwicklung verschoben.

Bereits in den 1990er Jahren ist die Wohnbaupolitik Wiens dazu übergegangen, nicht mehr selbst Wohnanlagen zu bauen, sondern verstärkt die Errichtung von Wohnanlagen durch (vorwiegend gemeinnützige) Wohnbauträger zu fördern. Im Jahr 1995 wurde dafür das Instrument der Bauträgerwettbewerbe eingeführt. Der Bauträgerwettbewerb stellt ein öffentlich ausgelobtes Verfahren dar und dient der Ermittlung von Projektteams, die auf den von der Stadt Wien ausgeschriebenen Bauplätzen Realisierungskonzepte anbieten und im Wege des Liegenschaftserwerbs und unter Inanspruchnahme von Wohnbauförderungsmitteln diese Projekte umsetzen. Die Wohnbauförderung ist dabei nicht nur mit einer Bewertung im Hinblick auf die Qualität der Wohnbauprojekte verbunden, sondern auch mit Auflagen hinsichtlich der auf Miethöhe und Zugänglichkeit der Wohnungen (ein Anteil der gefördert errichteten Wohnungen wird nach wie vor von der Stadt Wien selbst vergeben).

Mit dem Wachstum Wiens ist aktuell von circa 10.000 benötigten neuen Wohnungen pro Jahr die Rede und es werden zahlreiche neue Wohnanlagen und Stadtentwicklungsgebiete unterschiedlichen Maßstabs neu errichtet. Eine besondere Herausforderung dabei ist es, auch erschwinglichen Wohnraum zu schaffen und verschiedenen sozialen Gruppen Zugang zum Segment des geförderten Wohnbaus zu ermöglichen. Um den sozialen Dimensionen des Wohnbaus entsprechendes Gewicht zu geben, wurde im Jahr 2009 die „Soziale Nachhaltig-

of costs and rents. To this day, urban renewal activities in Vienna are also supported by local area management teams, which strengthen participation in modernisation processes and offer advice on redevelopment and tenancy law.

With the fall of the "Iron Curtain", Austria's accession to the European Union and the subsequent eastward expansion of the EU, Vienna once again became a key location in Central Europe, gaining increasing regional importance since the 1990s. In the course of these developments, the city has been influenced in recent years by a sharp increase in population and growth. New residential construction is also becoming more relevant again as a result, the focus of Vienna's housing policy meanwhile shifting significantly from urban renewal to urban development.

As early as the 1990s, Vienna's housing policy transformed from the city building housing complexes itself to increasingly promoting the construction of housing complexes through (mainly non-profit) housing developers. In 1995, the instrument of property developer competitions was introduced for this purpose. The property developer competition is a publicly announced procedure serving to identify project teams that offer development concepts for the building sites put out to tender by the City of Vienna and implement these projects by acquiring real estate and making use of housing subsidies. Housing assistance is linked not only to an assessment of the quality of the housing projects, but also to requirements regarding the rent level and accessibility of the apartments (a portion of subsidised apartments is still awarded by the City of Vienna itself).

With the growth of Vienna, there is currently talk of approximately 10,000 new apartments needed per year. Numerous new residential complexes and urban development areas of various scales are being built. One particular challenge is to create affordable housing, allowing various social groups access to the subsidised housing segment. In order to give appropriate weight to the social dimensions of residential construction, "social sustainability" was introduced in 2009 as a fourth pillar – alongside architecture, ecology and economy – for judging property developer competitions within the social policy framework of subsidised residential construction.[1] The criteria for assessing the social sustainability

---

[1] Within the framework of the public developer competitions, a jury consisting of various experts and representatives of the City of Vienna is responsible for assessing and selecting projects on the basis of the criteria described. For the projects selected for implementation, the concepts submitted in the competition and any conditions formulated by the jury are binding in the course of implementation with housing subsidy funds.

keit" als vierte Säule – neben Architektur, Ökologie und Ökonomie – zur Jurierung von Bauträgerwettbewerben im Rahmen des geförderten Wohnbaus eingeführt.[1] Als Kriterien für die Beurteilung der sozialen Nachhaltigkeit von Projekten gelten dabei deren Alltagstauglichkeit, Kostenreduktion durch Planung, Wohnen in Gemeinschaft sowie Wohnen für wechselnde Bedürfnisse (vgl. Gutmann & Huber, 2014). Durch die Integration von verschiedenen Wohnformen für bestimmte Zielgruppen (wie ältere Menschen, MigrantInnen oder sozial benachteiligte Menschen) sind Bauträger dabei auch verstärkt gefordert, mit heterogenen BewohnerInnenstrukturen und mit unterschiedlichen Interessengruppen in ihren Wohnanlagen umzugehen. Zudem stellt die Integration von Neubaugebieten im Umfeld von bestehenden Stadtgebieten gesamtstädtisch gesehen neue Herausforderungen dar. Je nach Größe der neuen Quartiere werden daher im Rahmen der „Sozialen Nachhaltigkeit" soziale Begleitprozesse umgesetzt, die im Auftrag der Stadt und/oder der beteiligten Bauträger dabei unterstützen, Quartiere zu entwickeln und Nachbarschaften zu gestalten.

Soziale Nachhaltigkeit im Wohnbau kann dabei als ein Handlungsansatz verstanden werden, bei dem Partizipation und Teilhabe für alle Mitglieder einer Gemeinschaft ermöglicht werden sollen. Sie thematisiert sowohl die Einbindung unterschiedlicher Generationen als auch die Einbindung unterschiedlicher sozialer Gruppen und Kulturen (vgl. Kirsch-Soriano da Silva & Stoik, 2013). Sie schließt die Ermöglichung eines gerechteren Zugangs zu Chancen und Ressourcen ebenso mit ein wie die Ermöglichung von Partizipation und die laufende Entwicklungsfähigkeit sozialer Prozesse und Strukturen (vgl. Empacher & Wehling, 1998; Angelmaier, 2009; Drilling & Schnur, 2012). Was soziale Nachhaltigkeit im Wiener Wohnbau konkret bedeuten kann, ist mitunter sehr unterschiedlich und wurde in den vergangenen Jahren im Rahmen verschiedener Projekte auszuloten und im Rahmen der Wiener Wohnbauforschung bereits teilweise zu evaluieren versucht (unter anderem Gutmann & Huber, 2014).

Das 2013 bis 2015 umgesetzte Quartiersmanagement in der Oase 22 stellt ein Pilotprojekt der sozialen Nachhaltig-

of projects include their suitability for everyday use, cost reduction through planning, community living and housing for changing needs (see Gutmann & Huber, 2014). Through the integration of different forms of housing for certain target groups (such as the elderly, migrants and socially disadvantaged people), property developers increasingly face the challenge of dealing with heterogeneous resident structures and with different interest groups in their residential complexes. In addition, the integration of new development areas in the vicinity of existing urban areas presents new challenges for the city as a whole. Depending on the size of new neighbourhoods, social procedures are therefore implemented within the framework of "social sustainability" to support the development of districts and neighbourhoods on behalf of the city and/or the property developers involved.

Social sustainability in housing can be understood as an approach enabling participation for all members of a community. It addresses both the integration of different generations and the integration of different social groups and cultures (Kirsch-Soriano da Silva & Stoik, 2013). It includes enabling fairer access to opportunities and resources as well as enabling participation and the ongoing ability to develop social processes and structures (Empacher & Wehling, 1998; Angelmaier, 2009; Drilling & Schnur, 2012). Social sustainability can mean very different things in the context of Viennese housing construction. An attempt has been made in recent years to sound out a definition in the context of various projects and to assess it within the framework of Viennese housing research (e.g. Gutmann & Huber, 2014).

The neighbourhood management team implemented in Oasis 22 from 2013 to 2015 was a pilot project for social sustainability. The team provided intensive support for the settlement process and the development of the new neighbourhood. Many lessons can be learned from this project for others. During the pilot project, accompanying research was carried out by the Competence Centre for Social Work at the Vienna University of Applied Sciences, the results of which were continuously incorporated into the implementation and analysis of the activities on site and were also included in the final report of the neighbourhood management team (Hubauer et al., 2015). In 2015, the Oasis 22 residential complex was awarded the "Recognition Prize for Neighbourhood Development" as part of the Vienna Housing Award. The dissemination of experience from the neighbourhood management team should help to sharpen understanding of social neighbourhood development and social sustainability in residential construction.

---

[1] Im Rahmen der öffentlich ausgelobten Bauträgerwettbewerbe ist eine Jury, die sich aus verschiedenen FachexpertInnen und VertreterInnen der Stadt Wien zusammensetzt, für die Beurteilung und Auswahl von Projekten anhand der beschriebenen Kriterien verantwortlich. Für die Projekte, die zur Realisierung ausgewählt werden, sind deren im Rahmen des Wettbewerbs eingereichte Konzepte sowie etwaige von der Jury formulierte Auflagen im Zuge der Umsetzung mit Mitteln der Wohnbauförderung bindend.

keit dar, das den Besiedelungsprozess und den Aufbau der neuen Nachbarschaft intensiv begleitete und aus dem auch für andere Projekte gelernt werden kann. Während des Pilotprojekts erfolgte eine Begleitforschung durch das Kompetenzzentrum für Soziale Arbeit an der FH Campus Wien, deren Ergebnisse laufend in die Umsetzung und Reflexion der Aktivitäten vor Ort Eingang fanden und auch in den Endbericht des Quartiersmanagements einflossen (Hubauer et al., 2015). 2015 wurde die Wohnanlage Oase 22 im Rahmen des Wiener Wohnbaupreises mit dem Anerkennungspreis für Quartiersentwicklung ausgezeichnet. Die Dissemination der Erfahrungen aus dem Quartiersmanagement soll auch einen Beitrag dazu leisten, das Verständnis von sozialer Quartiersentwicklung und sozialer Nachhaltigkeit im Wohnbau zu schärfen.

Das Quartiersmanagement „Gemeinschaftliches Wohnen in der Oase 22"

Die Oase 22 ist eine in den Jahren 2012 beziehungsweise 2013 fertiggestellte Wohnanlage in Neu Stadlau, einem neuen Stadtteil auf einem ehemaligen Industriegelände im 22. Wiener Gemeindebezirk (Abbildung 1). Basierend auf einem europaweiten Wettbewerb für das Quartier und dem städtebaulichen Entwurf des Siegerprojekts vom Architekturstudio uek ist hier ein generationengemischtes Wohnquartier mit rund 325 geförderten Wohneinheiten und vielfältigen Gemeinschaftsräumen entstanden. Die Umsetzung des geförderten Wohnbauprojekts erfolgte durch drei Bauträger – BUWOG, GESIBA und ÖSW[2] – mit drei Architekturbüros und einem Freiraumplanungsbüro. Herzstück der gesamten Anlage ist der bauteilübergreifende Gartenhof, der von der mäandrischen Blockrandbebauung der einzelnen Bauteile umgeben ist und vielfältige gemeinschaftliche Freiflächen aufweist. Die Dächer der Anlage sind über einen gemeinsamen Dachweg, den sogenannten Skywalk, verbunden. Den Wettbewerbsschwerpunkten altersgerechtes

The neighbourhood management initiative "Community Living in Oasis 22"

Oasis 22 is a residential complex completed in 2012 and 2013 in Neu Stadlau, a new district on former industrial grounds in Vienna's 22nd municipal district (Figure 1). Based on a Europe-wide competition for the neighbourhood and the urban design of the winning project by the architecture studio uek, a mixed-generation residential neighbourhood with around 325 subsidised residential units and diverse common rooms was created there. The implementation of the subsidised residential building project was carried out by three property developers: BUWOG, GESIBA and ÖSW,[2] with three architectural firms and an open space planning office. The heart of the entire complex is the garden courtyard, surrounded by the meandering block edge development of the individual building components with a variety of communal open spaces. The roofs of the complex are connected by a common roof path, the so-called Skywalk. The focus of the competition on age-appropriate housing and integration was taken into account with the construction of a geriatric day care centre from the Vienna Social Fund, the integration

---

[2] BUWOG Group (buwog.com), GESIBA Gemeinnützige Siedlungs- und Bau AG (www.gesiba.at), ÖSW Österreichisches Siedlungswerk Gemeinnützige Wohnungsaktiengesellschaft (www.oesw.at)

[2] BUWOG Group (buwog.com), GESIBA Gemeinnützige Siedlungs- und Bau AG (www.gesiba.at), ÖSW Österreichisches Siedlungswerk Gemeinnützige Wohnungsaktiengesellschaft (www.oesw.at)

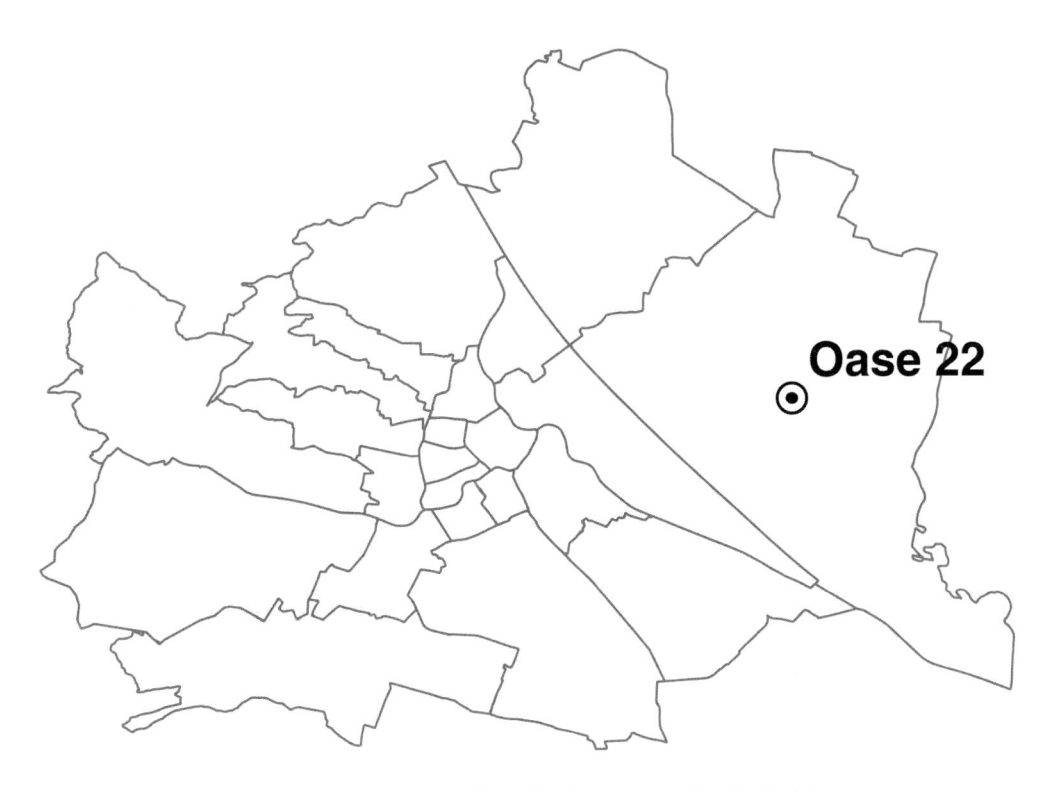

Abb. 1: Verortung der Wohnanlage Oase 22 in Wien (Quelle: Caritas Stadtteilarbeit)
Fig. 1: Location of the residential complex Oasis 22 in Vienna (Source: Caritas Stadtteilarbeit)

Wohnen und Integration wurde mit der Errichtung eines geriatrischen Tageszentrums des Fonds Soziales Wien, der Integration von sozialpädagogisch begleiteten Wohngemeinschaften für Kinder und Jugendliche sowie 30 betreubaren Wohnungen, die vom Bereich Pflege der Caritas Wien betreut werden, Rechnung getragen. Zudem wurde ein begleitendes Moderations- und Partizipationskonzept für die Oase 22 vorgeschlagen, das eine Begleitung der sozialen Prozesse vor Ort – wie die Nutzung der großzügigen Gemeinschaftsflächen und das generationenübergreifende Zusammenleben – in der ersten Zeit der Besiedelung vorsah.

Die Zusammensetzung der BewohnerInnen war, insbesondere durch die speziellen Wohnformen für Jugendliche und SeniorInnen, von Anfang an vielfältig. Die übrigen Wohnungen wurden von vielen jungen Menschen – Singles, Paaren und jungen Familien – aber auch von älteren Singles und Paaren ohne Kinder bezogen. Einige der BewohnerInnen haben Migrationshintergrund beziehungsweise sind unterschiedlicher kultureller Herkunft. Seit 2015 leben auch syrische Flüchtlingsfamilien in der Anlage.

of shared flats for children and adolescents accompanied by teachers, and 30 sheltered flats that are looked after by the Care Division of Caritas Vienna. In addition, an accompanying moderation and participation concept was proposed for Oasis 22, which envisaged accompanying the social processes on site – such as the use of the generous communal areas and intergenerational coexistence.

The composition of the residents was diverse from the outset, especially due to the special forms of housing for young people and senior citizens. The remaining flats were occupied by many young people (singles, couples and young families) but also by older singles and couples without children. Some of the inhabitants have a migration background and/or different cultural origins. Syrian refugee families have also been living in the complex since 2015.

The social neighbourhood management initiative "Community Living in Oasis 22" was entrusted to the District Work Team of Caritas Vienna in February 2013. The neighbourhood management team had the task of supporting the residents in establishing neighbourly contacts and developing forms of coexistence with them. The aim was

Mit dem sozialen Quartiersmanagement „Gemeinschaftliches Wohnen in der Oase 22" wurde ab Februar 2013 die Stadtteilarbeit der Caritas Wien betraut. Das Quartiersmanagement hatte die Aufgabe, die BewohnerInnen beim Aufbau nachbarschaftlichen Kontakts zu unterstützen und Formen des Zusammenlebens mit ihnen zu entwickeln. Ziel war es, die Nutzung von Ressourcen und Angeboten in der neuen Wohnumgebung zu erleichtern sowie die Mitgestaltung der Wohnanlage insbesondere in Bezug auf gemeinschaftliche Räume und Infrastruktur zu fördern. Dadurch sollte auch die Identifikation mit dem neuen Wohnumfeld gestärkt werden. Mittels eines Erdgeschosslokals in der Anlage war das Quartiersmanagement in den ersten zweieinhalb Jahren der Besiedelung Ansprechstelle und Kommunikationsdrehscheibe. Das Quartiersmanagement unterstützte Ideen und Initiativen von BewohnerInnen und förderte die Entwicklung von konkreten Aktivitäten im Wohnquartier (vgl. Hubauer et al., 2014; Hubauer et al., 2015; Kirsch-Soriano da Silva & Stoik, 2017). Die Schwerpunkte des Quartiersmanagements werden im Folgenden genauer beschrieben.

Ankommen im neuen Wohnumfeld

Der Umzug in ein neues Quartier ist auch mit dem Ankommen in einem neuen Wohnumfeld verbunden. Mit dem Grätzelspaziergang „Neu Stadlau trifft Alt Stadlau" wurden die neuen BewohnerInnen in der Oase 22 eingeladen, die Umgebung ihres neuen Wohnquartiers, insbesondere auch den historisch gewachsenen Stadtteil Stadlau und einige der dortigen Einrichtungen und Angebote kennenzulernen (Abbildung 2). Das Quartiersmanagement informierte zudem laufend über Angebote im und rund um das Wohnquartier und hatte verschiedene Informationsmaterialien im Lokal ausliegen. Das Format „Die Oase lädt ein" brachte immer wieder lokale AkteurInnen (zum Beispiel aus der Bezirkspolitik) in die Wohnanlage, um über Entwicklungen und Angebote im Umfeld zu informieren. Ein Fotowettbewerb förderte darüber hinaus auch die kreative Auseinandersetzung der BewohnerInnen mit der eigenen Wohnanlage. Die fotografischen Impressionen der Wahrnehmungen, Orte und Lieblingsplätze in der Oase 22 wurden im Rahmen einer Fotoausstellung im Festsaal gezeigt und die beliebtesten drei Motive wurden auch als Postkarten („Grüße aus der Oase 22") produziert.

Möglichkeiten für Begegnung und Austausch

Die Basis für eine lebendige Nachbarschaft zwischen verschiedenen BewohnerInnengruppen wird durch das Schaffen von Möglichkeiten für Begegnung und Austausch gelegt. Das Quartiersmanagement setzte, insbesondere zu Beginn der Begleitung, vielfältige Impulse, die das Kennenlernen der NachbarInnen untereinander

to facilitate the use of resources and services in the new residential environment and to promote the shared design of the residential complex, particularly with regard to communal spaces and infrastructure. This was also intended to strengthen identification with the new living environment. By means of a ground floor office in the complex, the neighbourhood management team was the point of contact and communication hub during the first two and a half years of settlement. The team supported ideas and initiatives from residents and promoted the development of concrete activities in the residential neighbourhood (Hubauer et al., 2014; Hubauer et al., 2015; Kirsch-Soriano da Silva & Stoik, 2017). The focal points of the neighbourhood management team are described in more detail below.

Arriving in a new living environment

Moving into a new neighbourhood means arriving in a new living environment. By offering the neighbourhood stroll entitled "New Stadlau meets Old Stadlau", new Oasis 22 residents were invited to get to know their new residential surroundings, in particular the historical Stadlau District and some of the facilities and offerings there (Figure 2). The neighbourhood management team also provided ongoing information on services and activities in and around the neighbourhood and had various informative materials available on site. The "Welcome to Oasis 22" programme repeatedly brought local players (e.g. district politicians) to the housing complex to provide information about developments and offerings in the area. In addition, a photo competition promoted the residents' creative engagement with their own residential complex. Impressions of the atmosphere, spaces and favourite spots in Oasis 22 were displayed in a photo exhibition in the festival hall. The three most popular motifs were produced as postcards ("Greetings from Oasis 22").

Opportunities for encounter and exchange

The basis for a lively neighbourhood among different resident groups is laid by creating opportunities for encounter and exchange. Especially at the beginning of the monitoring, the neighbourhood management team provided a variety of opportunities for neighbours to get to know each other and, at the same time, to focus on specific joint activities and interests. Dance workshops, which took place in the first summer season when the weather was fine on Kunstplatz outdoors or otherwise indoors in the festival hall, brought interested residents of different generations together to try out various dance moves every week. Later on, a self-organised dance group established itself in the lounge of the ÖSW building component. In the second summer season, it was primarily outdoor picnics that made for informal gatherings to chat within the neighbourhood. Since the first year of settlement, organising festivities and joint

ermöglichten und dabei gleichzeitig an konkreten gemeinsamen Aktivitäten und Interessen ansetzten. Tanzworkshops, die in der ersten Sommersaison bei schönem Wetter auf dem Kunstplatz outdoor und ansonsten indoor im Festsaal stattfanden, brachten beispielsweise generationenübergreifend interessierte BewohnerInnen zusammen, die jede Woche einen anderen Tanzstil gemeinsam ausprobierten. Später etablierte sich eine Zeit lang auch eine selbst organisierte Tanzgruppe in der Lounge des ÖSW-Bauteils. In der zweiten Sommersaison waren es in erster Linie Picknicks im Freien, die ein informelles Zusammenkommen und Plaudern in der Nachbarschaft ermöglichten. Das Organisieren von Festen und das gemeinsame Feiern sind zudem seit dem ersten Jahr der Besiedelung ein wichtiger Bestandteil des Quartierslebens in der Oase 22. Dabei steht von Anfang an die Initiative der BewohnerInnen im Vordergrund – die meisten nehmen etwas zu essen und zu trinken mit, eine Gruppe kümmert sich um Unterhaltungsangebote für die Kinder, interessierte Kunstschaffende in der Anlage gestalten musikalische Programmpunkte. Die Bandbreite reicht von gemeinsamen Sommer- und Herbstfesten für das gesamte Quartier bis zu kleineren Nikolaus- und Faschingsfeiern, die bis heute selbst organisiert werden.

Mitgestaltung der Gemeinschaftsräume

Gemeinsam nutzbare Räume und Flächen sind die konkreten Orte für das gemeinsame Leben im Wohnquartier. In der Oase 22 steht eine Vielzahl von unterschiedlichen Gemeinschaftsräumen auf verschiedenen Stiegen und in verschiedenen Bauteilen zur Verfügung. Das Quartiersmanagement moderierte – in Absprache mit den Bauträgern – die partizipative Erarbeitung der Einrichtung und Nutzung der Räume. Der Partizipationsgrad war dabei unterschiedlich und reichte von der Mitsprache bei der Einrichtung durch den davor gewählten Mieterbeirat über die bereits fertige Einrichtung durch den Bauträger und die gemeinsame Erarbeitung der Nutzungen bis zur gemeinsamen Definition von Nutzungen und Einrichtungen der Räume. Ein besonderes Beispiel ist die Bücherbox, die mit von den BewohnerInnen gespendeten Regalen und Büchern selbst organisiert und eingerichtet wurde und seitdem als Bibliothek von engagierten BewohnerInnen selbst betrieben wird. Im Laufe der Begleitung durch das Quartiersmanagement entstanden zudem vielfältige Gruppenaktivitäten in den Gemeinschaftsräumen – unter anderem der Eltern-Kind-Treff „Mini-Oase" in den Kinderspielräumen, das wöchentlich seitens der Caritas Pflege organisierte SeniorInnencafé im Festsaal, die English-Conversation-Class in der Bücherbox, Sportkurse im Bewegungsraum, eine Bastelgruppe im Kreativraum und eine Yogagruppe im Fitnessraum.

celebrations has also been an important part of neighbourhood life in Oasis 22. Right from the start, resident initiatives have been in the foreground – most people bring something to eat and drink; one group takes care of entertainment for the children; artists in the complex provide the musical background. The spectrum of these gatherings has ranged from joint summer and autumn festivals for the entire neighbourhood to smaller Christmas and carnival parties. Such events are still being organised by the residents themselves today.

Co-design of common rooms

Rooms and areas that can be used jointly make up the concrete places for living together in a residential neighbourhood. Oasis 22 offers a large number of diverse common spaces on different levels and in different building components. In consultation with the property developers, the neighbourhood management team moderated participation in the development of the furnishings and use of the rooms. The degree of participation varied and ranged from participation by the previously elected tenant advisory board in furnishing rooms, to already completed furnishing by the property developer and the joint development of uses, to the actual joint definition of uses and furnishing of the rooms. A special example is the "Book Box", which was set up with shelves and books donated by the residents themselves and has since been run as a library by committed residents. In the course of the neighbourhood management team's support, a variety of group activities were also organised in the common rooms – such as "Mini-Oasis" parent-child meetings in the children's playrooms, the weekly senior citizens' café organised by Caritas Care in the festival hall, the English conversation class in the Book Box, gymnastics courses in the exercise room, a handicrafts group in the creative room and a yoga group in the fitness room.

Appropriation of communal open spaces

Communal open spaces are also an important resource for the development of a unique residential area and common neighbourhood life. Active gardener communities were formed around the plant beds in all three building components of Oasis 22 (Figure 3). The neighbourhood management team accompanied the allocation of the beds as well as the development of usage agreements (which, among other things, govern allocation, return and re-allocation, lay down basic guidelines with regard to planting, define contributions for joint equipment and purchases, and structure decision-making within the group). Since then, gardening communities have organised themselves. The use of the common yard was also a major issue for the neighbourhood. The second warm season after the settlement of Oasis 22 saw isolated complaints being lodged to the property management companies. Initially, "no trespassing"

Abb. 2: Grätzelspaziergang „Neu Stadlau trifft Alt Stadlau" (Quelle: Caritas Stadtteilarbeit)
Fig. 2: Neighbourhood stroll entitled "New Stadlau meets Old Stadlau" (Source: Caritas Stadtteilarbeit)

Aneignung der gemeinschaftlichen Freiflächen

Auch die gemeinschaftlichen Freiflächen sind eine wichtige Ressource für eigene Entfaltung im Wohnquartier und die Entwicklung des gemeinsamen Quartierslebens. Rund um die Pflanzbeete in der Oase 22 bildeten sich in allen drei Bauteilen aktive GärtnerInnengemeinschaften (Abbildung 3). Das Quartiersmanagement begleitete die Vergabe der Beete sowie die Erarbeitung von Nutzungsvereinbarungen, die unter anderem Vergabe, Rückgabe und Neuvergabe regeln, Basis-Richtlinien im Hinblick auf die Bepflanzung festhalten, etwaige Beiträge für gemeinsame Gerätschaften und Anschaffungen definieren sowie Entscheidungsfindungen in der Gruppe strukturieren. Seitdem funktionieren die GärtnerInnengemeinschaften in Selbstorganisation. Die Nutzung des gemeinsamen Hofes stellte ebenfalls ein wichtiges Thema für die Nachbarschaft dar. Nachdem es in der zweiten warmen Jahreszeit nach Besiedelung der Oase 22 zu vereinzelten Beschwerden an die Hausverwaltungen gekommen war, zunächst Verbotsschilder seitens einer Hausverwaltung angebracht wurden, diese dann allerdings erst recht zu einer Mobilisierung gegen die „Verbotskultur" in der Anlage führten, widmete sich das Quartiersmanagement explizit der Vermittlung zwischen unterschiedlichen Interessen im Hinblick auf die gemeinsamen Hofflächen. Dabei wurden Gespräche geführt und in mehreren Treffen –

signs were posted by one property management company. But these signs then led to greater mobilisation against the "culture of no" within the complex. The neighbourhood management team expressly devoted itself to mediating between the different interests concerning the common courtyard areas. Talks were held, and in several meetings (with adults and children) common playing rules were worked out as were procedures for communicating them. In addition, proposals for additional design and play elements were also collected, some of which are still being implemented by the property management companies.

Encouragement to take the initiative and support self-organisation

In order to strengthen the sustainability of established activities and structures, it is essential to promote self-initiative and self-organisation. After the initial impetus, the neighbourhood management team in Oasis 22 focused very strongly on getting the residents to promote their own ideas and initiatives. Surveys designed to encourage activity were carried out in the form of door-to-door talks. People with common interests were brought together. A large number of initiatives and interest groups were supported. Over the course of time, it was possible to build up key people who wanted to take on responsibility within the neighbourhood in the future. Regular contact was maintained with them

mit Erwachsenen und Kindern – gemeinsame Spielregeln sowie deren Kommunikation erarbeitet. Darüber hinaus wurden auch Vorschläge für ergänzende Gestaltungs- und Spielelemente gesammelt, die teilweise von den Hausverwaltungen umgesetzt wurden.

Ermutigung zur Eigeninitiative und Begleitung von Selbstorganisation

Um die Nachhaltigkeit der etablierten Aktivitäten und Strukturen zu stärken, ist die Förderung von Eigenengagement und Selbstorganisation ein wesentliches Fundament. Das Quartiersmanagement in der Oase 22 setzte, nach den ersten Impulsen, ganz stark auf das Fördern von eigenen Ideen und Initiativen seitens der BewohnerInnen. Es wurden aktivierende Befragungen in Form von Tür-zu-Tür-Gesprächen durchgeführt, Menschen mit gemeinsamen Interessen miteinander vernetzt und eine Vielzahl von Initiativen und Interessengruppen begleitet. Im Laufe der Zeit konnten Schlüsselpersonen gefunden und unterstützt werden, die auch in Zukunft Verantwortung im Wohnquartier beziehungsweise in der Nachbarschaft übernehmen wollten. Zu diesen wurde regelmäßiger Kontakt gehalten und sie wurden darin bestärkt, ausgehend von ihren Interessen und Fähigkeiten nach und nach Aktivitäten in der Nachbarschaft selbst zu gestalten. In zwei Bauteilen wurden MieterInnenbeiräte gewählt und somit auch formelle selbstorganisierte Strukturen in der BewohnerInnenschaft etabliert. Mittels der Statuten der MieterInnenbeiräte wurde die Frequenz der Wahl dieses Gremiums geregelt, sodass es auch in Zukunft immer wieder die Möglichkeit geben wird, dass sich Personen aus dieser Verantwortlichkeit zurückziehen und umgekehrt andere Personen beginnen sich zu engagieren und zu diesem Gremium hinzukommen. Wurde der Aufbau von Selbstorganisation zu Beginn durch das Quartiersmanagement ganz stark durch Moderation, Begleitung und das gemeinsame Organisieren von Aktivitäten begleitet – was ein gemeinsames Lernen im Tun ermöglichte – so wurde dieses Tun mit der Zeit immer stärker von engagierten BewohnerInnen selbst übernommen. Eine weitere wesentliche Aufgabe des Quartiersmanagements bestand darin, Kommunikationskanäle im Quartier aufzuzeigen – unter anderem wurden ein Face-to-face-BewohnerInnenforum initiiert (Abbildung 4) sowie ein Info-Fenster im Festsaal und Stiegenaushänge zu aktuellen Veranstaltungen gestaltet. Diese Formen der Kommunikation (insbesondere die Aushänge) werden auch weiterhin von BewohnerInnen verwendet, um zu Aktivitäten einzuladen. Eine Zeit lang übernahm die Caritas Stadtteilarbeit auch nach Ende des Quartiersmanagements vor Ort den Druck von Plakaten und Aushängen. Seitens der BewohnerInnen selbst wurde bereits frühzeitig ein Online-Forum

**Abb. 3: Gartenbeete in der Oase 22
(Quelle: Caritas Stadtteilarbeit)**
Fig. 3: Plant beds in Oasis 22
(Source: Caritas Stadtteilarbeit)

and they were encouraged to gradually shape their own activities in the neighbourhood based on their interests and abilities. Tenant advisory boards were elected in two building components. Formal self-organised structures were thus established within the community of residents. Statutes of the tenant advisory boards regulated the frequency of the election of the board, making it possible for people in the future to withdraw from this responsibility and, conversely, for other people to get involved and be able to join the board. While the neighbourhood management team initially closely accompanied the development of self-organisation through moderation, support and the joint organisation of activities (which enabled joint learning by doing), over time this action was increasingly taken over by committed residents themselves. A further essential task of the neighbourhood management team was to point out communication channels within the neighbourhood. A face-to-face residents' forum

eingerichtet und im Laufe der Zeit ein eigenes „Oase 22"-Logo gestaltet. Das Lokal des Quartiersmanagements wurde (nach Rückzug des Quartiersmanagements) ebenfalls zum Teil in die Selbstverwaltung durch die BewohnerInnen übergeben und ist seitdem unter anderem Treffpunkt für die MieterInnensprecherInnen. Auch die anderen Gemeinschaftsräume werden nach wie vor genutzt und belebt. Neben dem großen Festsaal, in dem regelmäßig Feste gefeiert werden, ist insbesondere die Bücherbox nach wie vor ein Zentrum für Treffen, Lesungen und andere Veranstaltungen.

was initiated (Figure 4), and an information window in the festival hall and staircase displays were designed to promote current events. These forms of communication (especially the notices) continue to be used by residents to invite others to activities. For some time, the Caritas District Work Team took over the printing of posters and notices on site, even after the end of the neighbourhood management phase. The residents themselves set up an online forum at an early stage and created their own "Oasis 22" logo over the course of time. After the neighbourhood management team had withdrawn, the neighbourhood management office was also handed over in part to self-administration by the residents and has since been a meeting place for tenant spokespersons, among other things. The other common rooms are also still being actively used. In addition to the large festival hall, where festivities are regularly held, the Book Box is still a centre for meetings, readings and other events.

Herausforderungen und Erfolgsfaktoren

Anhand des Quartiersmanagements in der Oase 22 wurden verschiedene Herausforderungen, aber auch Erfolgsfaktoren sichtbar, die im Folgenden zusammenfassend diskutiert werden.

Drei Bauteile versus eine Wohnanlage

Die Errichtung der Anlage in drei Bauteilen – mit drei unterschiedlichen Bauträgern und Hausverwaltungen – brachte für die Idee des gemeinschaftlichen Wohnens einige Herausforderungen mit sich und konterkarierte diese teilweise auch. So gab es zwar gemeinschaftliche Räume, die für alle BewohnerInnen nutzbar sein sollten, durch unterschiedliche Zugangssysteme in allen drei Bauteilen ist die Zugänglichkeit offiziell allerdings nur für die BewohnerInnen des jeweiligen Bauteils gegeben. Die informellen Nachbarschaftskontakte ermöglichen es in der Praxis, diese Grenzen zu überwinden und die vorhandenen Räume gemeinsam bauteilübergreifend zu nutzen, eine nachhaltige Verankerung dieser offenen übergreifenden Nutzung ist dadurch aber nicht unbedingt gewährleistet.[3] Auch im Hinblick auf die Etablierung von MieterInnensprecherInnen gab es seitens der Hausverwaltungen sehr unterschiedliche Herangehensweisen. Während die Hausverwaltung eines Bauteils die Wahl eines MieterInnenbeirats etwa von Anfang an vorsah (top-down), formierte sich der MieterInnenbeirat in einem anderen Bauteil selbst organisiert und aus Eigeninitiative (bottom-up), was wiederum zu einem besonders hohen Grad an Beteiligung sowohl im Gremium als auch bei der Wahl führte. Auch die Mitgestaltung bei der Einrichtung der jeweiligen Gemeinschaftsräume gestaltete sich in jedem Bauteil ganz unterschiedlich. Trotz der vielen verschiedenen Logiken in den verschiedenen Bauteilen entstand dennoch eine besonders starke gemeinsame Identität in der Anlage. Elemente wie das selbst entwickelte Logo für die Oase 22 zeugen von dieser gemeinsamen Identität.

Challenges and success factors

Neighbourhood management in Oasis 22 revealed various challenges but also success factors, which will be summarised below.

Three building components versus one residential complex

The construction of the complex in three components (with three different property developers and property managers) brought with it challenges to the idea of communal living, partly counteracting the concept. Although common rooms were supposed to be available to all residents, due to different access systems in all three building components, accessibility was officially only granted to the residents of each building component. In practice, informal neighbourhood contacts make it possible to overcome these boundaries and to use the existing spaces jointly across building components. But this does not necessarily guarantee a sustainable anchoring of open, overarching use.[3] With regard to the establishment of tenant spokespersons as well, very different approaches were taken by the property management companies. While the property management of one building component provided for the election of a tenant advisory board from the very start (top-down), the tenants themselves organised the tenant advisory board in another building component on their own initiative (bottom-up), in turn leading to a particularly high degree of participation both in the board and in the election. The co-design of the respective common rooms also varied greatly in each building component. Despite the many different ways of thinking in the various components, a particularly strong common identity was nevertheless created in the system. Elements such as the self-developed logo for Oasis 22 bear witness to this common identity.

---

[3] Aktuellere Projekte haben hier schon dazugelernt und entwickeln mittlerweile von vorne herein gemeinsame Zugangssysteme für Räume, die bauplatzübergreifend für ein ganzes Quartier nutzbar sein sollen. Neben der Frage der Zugänglichkeit gilt es für eine wechselseitige Nutzung solcher Räume durch die BewohnerInnen verschiedener Bauplätze in erster Linie auch Fragen der rechtlichen Grundlage und des Tragens der Errichtungs- und Betriebskosten im Vorfeld gut zu regeln.

[3] Teams from more recent projects have already learned something new from Oasis 22 and are now developing common access systems for rooms that can be used across building sites for an entire neighbourhood. In addition to the question of accessibility, the mutual use of such spaces by the residents of different building sites must first and foremost also be well regulated in advance in terms of the legal basis for this and the division of the related construction and operating costs.

Abb. 4: BewohnerInnenforum in der Oase 22 (Quelle: Caritas Stadtteilarbeit)
Fig. 4: Residents' forum in the Oasis 22 (Source: Caritas Stadtteilarbeit)

Eingeübtes Vorgehen versus Neues ausprobieren
Eine weitere Herausforderung war es, übliche und in anderen Kontexten eingeübte Vorgehensweisen zu hinterfragen und offen zu sein, Neues zu lernen und Neues auszuprobieren. Dies manifestierte sich auf unterschiedlichen Ebenen. So war es für die Hausverwaltungen großteils Neuland, sich auf partizipative Prozesse einzulassen, und die Möglichkeiten der Partizipation wurden von ihnen auch sehr unterschiedlich genutzt. Aber auch die BewohnerInnen waren gefordert, untereinander die Nutzung der gemeinsamen Freiflächen, die Ausstattung von Gemeinschaftsräumen oder andere Themen zu diskutieren und dabei bei Interessenskonflikten nicht nur in Form von Beschwerden zu agieren, sondern in Austausch zu treten und trotz verschiedener Interessen gemeinsame Lösungen zu entwickeln. Natürlich traten dabei auch Widersprüche auf, die nicht immer aufgelöst werden konnten. Es zeigte sich beispielsweise, dass Ideen von BewohnerInnen – wie das Belegen von Betonbänken in den Gangflächen mit weichen bunten Polstern oder das Aufstellen von Fitnessgeräten in Gemeinschaftsräumen – seitens der Hausverwaltungen nicht möglich gemacht werden konnten. Im Dialog mit einzelnen VertreterInnen der Hausverwaltung wurde dann erkennbar, dass dahinter schlichtweg Fragen des Brandschutzes oder der Haftung standen. Umgekehrt gab es seitens der Hausverwaltungen Lernerfahrungen – zum einen über die Anliegen der Bewohn-

Following established procedures versus trying new things out
A further challenge was to question common and, in some cases, established procedures and to be open to learning new ways and trying new things out. This manifested itself on different levels. Most property managers had never engaged in processes that encouraged participation. They made varied use of the opportunities for participation. But residents too were called upon to discuss among themselves the use of common open spaces, the furnishing of common rooms and other topics. When conflicts of interest arose, they were not only able to lodge complaints, but also had to enter into an exchange of ideas and, on some occasions, to develop joint solutions despite varying interests. Of course, some conflicts could not be resolved. For example, it turned out that ideas from residents – such as covering concrete benches in the corridors with soft coloured cushions or installing fitness equipment in common rooms – could not be implemented by the property managers. In discussion with the individual representatives of the property management companies, however, it became apparent that fire protection and liability issues were the simple reason behind this. Conversely, the property managers learned about the concerns of residents and the opportunities associated with the support provided by a professional neighbourhood management team. But they also learned about how to leave behind customary ways – such as reacting to complaints by one person by imposing restrictions on another – and break

erInnen, zum anderen über die Chancen, die in der professionellen Begleitung durch ein Quartiersmanagement liegen können; zum Beispiel nicht mit Verboten auf Beschwerden zu antworten, sondern mit einem durch das Quartiersmanagement begleiteten Diskussionsprozess neue Wege zu gehen. Eine wesentliche Aufgabe des Quartiersmanagements war es, Entwicklungs- und Lernprozesse bei allen Beteiligten zu ermöglichen und gleichzeitig selbst dabei zu lernen.

Vielfältige Ressourcen und Möglichkeiten der Beteiligung

Wichtige Erfolgsfaktoren waren sicherlich die vielfältigen Ressourcen, die in die Oase 22 flossen. Dies beginnt bei den reichen Raumressourcen – wie den gemeinschaftlichen Räumen und Freiflächen – die einen hohen Beitrag zur Lebensqualität in der Anlage leisten und viele Möglichkeiten der Nutzung und Aneignung durch die BewohnerInnen bieten. Darüber hinaus wurden von vielen Beteiligten Zeitressourcen und Kompetenzen in die Entwicklung und Gestaltung der Anlage eingebracht – die Hausverwaltungen und Hausbetreuungen, die sich Zeit nahmen für Treffen mit BewohnerInnen und die gegenseitige Vernetzung untereinander, die PlanerInnen, die auch nach der Besiedelung noch gerne ihre Expertise für Ausstattungs- und Einrichtungsfragen zu Verfügung stellten, das Team des Quartiersmanagements, das durch einen großzügig dotierten gemeinsamen Auftrag der drei Bauträger über insgesamt 2,5 Jahre vor Ort Präsenz zeigen konnte und Expertise und Erfahrungen aus unterschiedlichen Disziplinen (Planung, Soziologie, Soziale Arbeit, Mediation und Kulturarbeit) sowie hohe Motivation im Rahmen dieses Pilotprojekts mitbrachte, und natürlich zahlreiche BewohnerInnen, die Interesse zeigten, an Veranstaltungen teilnahmen und selbst Aktivitäten gestalteten. Die Ressourcen des Quartiersmanagements ermöglichten es auch mit vielfältigen Methoden zu arbeiten, unterschiedliche Impulse zu setzen und eigene Initiativen der BewohnerInnen zu fördern. Durch diese vielfältigen Beteiligungsmöglichkeiten konnten unterschiedliche BewohnerInnen und damit insgesamt eine größere Zahl an Menschen angesprochen werden. Das Ausgehen von und Eingehen auf die Interessen der BewohnerInnen förderte zudem auch deren Motivation und Engagement. Gerade die längere Dauer der Begleitung, die in vielen Projekten nur für etwa ein Jahr vorgesehen ist, ermöglichte es, gemeinsam mit interessierten BewohnerInnen auch an nachhaltigeren Strukturen, wie in Zukunft Aktivitäten entwickelt und kommuniziert werden können, zu arbeiten. Schlussendlich war es aber auch das Glück, Menschen zu finden, die Freude an diesen Aufgaben haben und deren aktuelle Lebenslage dies zeitlich erlaubt,

new ground with the help of the discussion process accompanied by the neighbourhood management team. One of the main tasks of the neighbourhood management team was to facilitate development and learning processes for all participants while at the same time learning themselves.

Diverse resources and opportunities for participation

Key factors of success certainly included the diverse resources that flowed into Oasis 22. This begins with the rich spatial resources – such as the communal rooms and open spaces – which contribute greatly to the quality of life in the complex and offer many possibilities for use and appropriation by the residents. In addition, many participants contributed time and skills to the development and design of the facility: The property management and caretakers, who took the time for meetings with residents and mutual networking among themselves. Many planners, who were happy to provide their expertise for equipment and furnishing questions even after settlement. The neighbourhood management team, which, thanks to a generously endowed joint contract from the three property developers over a total of 2.5 years, was able to maintain a constant presence on site and to contribute their expertise and experience from various disciplines (planning, sociology, social work, mediation and cultural work) and their high degree of motivation within the framework of the pilot project. And, of course, numerous residents who showed their interest, participated in events and organised activities themselves. The resources of the neighbourhood management team also made it possible to work with a variety of methods, set different tones and promote the residents' own initiatives. Through these manifold possibilities to participate, different residents and thus a larger number of people could be addressed. The strong focus on and response to the interests of the residents also encouraged their motivation and commitment. Especially the somewhat prolonged duration of the support, which is only planned for about one year in many projects, made it possible to work together with interested residents on somewhat more sustainable structures, such as how to develop and communicate activities in the future. In the end, however, there was also a bit of luck involved in finding people who enjoyed these tasks and whose current life situation afforded them the time to pursue them, thus contributing to the development of Oasis 22 to date. It has also become evident that not only the younger but also some of the older residents are happy to contribute their time and skills and thus find new tasks in their neighbourhood.

das einen Beitrag zur bisherigen Entwicklung in der Oase 22 geleistet hat. Dabei hat sich auch gezeigt, dass sich nicht nur die jüngeren, sondern durchaus auch einige der älteren BewohnerInnen gerne mit ihrer Zeit und ihren Kompetenzen einbringen und auf diese Weise in ihrer Nachbarschaft neue Aufgaben finden können.

Soziale Inklusion auf Ebene des Wohnquartiers

Anhand des Quartiersmanagements „Gemeinschaftliches Wohnen in der Oase 22" wird abschließend reflektiert, welche Beiträge ein Quartiersmanagement im Hinblick auf soziale Inklusion im Wohnquartier leisten kann.

Selbstbestimmung von Nachbarschaft und Gemeinschaft

Die Begleitung im Quartier Oase 22 hatte von Beginn an die Förderung einer lebendigen Nachbarschaft zum Ziel. Dies beinhaltete auch, dass die Formen von Nachbarschaft und Gemeinschaft selbstbestimmt sein sollten und verschiedene Vorstellungen dabei Platz haben sollten. Teil der Nachbarschaft zu sein konnte sich daher verschieden ausdrücken – vom schlichten Wohnen in der Anlage oder Grüßen der NachbarInnen über die Mitgliedschaft im Online-Forum oder den punktuellen Besuch von Veranstaltungen, die Nutzung von Gemeinschaftsräumen oder die Teilnahme an gemeinsamen Aktivitäten bis hin zur aktiven Organisation von Interessengruppen oder Siedlungsfesten. Der hohe Grad an Selbstbestimmtheit und die kontinuierliche Förderung der Selbstorganisation legte dabei den Grundstein für eine hohe Identifikation mit der Nachbarschaft seitens vieler der BewohnerInnen und eine hohe Wohnzufriedenheit, die sich unter anderem durch Befragungen der Bauträger und eine geringe Fluktuation der BewohnerInnen bis heute zeigt.

Respektvolle Kommunikationskultur und Offenheit für neue BewohnerInnen

Das Quartiersmanagement zielte nicht nur auf die Etablierung von Kommunikationsstrukturen und Kommunikationskanälen ab, sondern auch auf die Etablierung einer Kommunikationskultur, die es ermöglichen soll, mit Themen und auch mit Konflikten konstruktiv umzugehen, unterschiedliche Perspektiven nach Möglichkeit zu

Social inclusion at the residential neighbourhood level

Finally, the neighbourhood management initiative "Community Living in Oasis 22" demonstrates the contributions that neighbourhood management can make with regard to social inclusion in a residential neighbourhood.

Self-determination of neighbourhood and community

Right from the start, the aim of the support provided in Oasis 22 was to promote a lively neighbourhood. This also meant that the residents themselves were supposed to determine the forms the neighbourhood and community would take and that there should be room for different ideas. "Being part of the neighbourhood" could therefore be expressed in different ways – from simply living in the complex or greeting neighbours, to membership in the online forum or occasional visits to events, the use of common rooms or participation in common activities, to the active organisation of interest groups or settlement celebrations. The high degree of self-determination and the continuous promotion of self-organisation laid the foundation for a high degree of identification with the neighbourhood for many of the residents and a high level of satisfaction with the living environment (which is also reflected in surveys conducted by the property developers and the low fluctuation among residents to this day).

Respectful communication culture and openness to new residents

The neighbourhood management team aimed not only at establishing communication structures and channels, but also at establishing a communication culture – a communication culture that should make it possible to deal constructively with topics and conflicts, to consider different perspectives when possible and, if necessary, to seek communication with property managers. The neighbourhood

berücksichtigen und bei Bedarf auch die Kommunikation zu den Hausverwaltungen zu suchen. Vom Quartiersmanagement wurden artikulationsschwächere Gruppen gezielt ermutigt, sich ebenfalls einzubringen – so wurden sowohl die älteren BewohnerInnen aus den betreubaren Wohneinheiten in gemeinsame Aktivitäten integriert als auch Kinder und Jugendliche aktiv einbezogen, beispielsweise bei der Diskussion der Nutzung der Freiflächen. Im Sommer 2015 zogen syrische Flüchtlingsfamilien in leerstehende, ursprünglich für Studierende geplante Wohngemeinschaften ein. Die bisherige Arbeit an der Nachbarschaft in der Oase 22 hatte den Boden dafür aufbereitet, dass die Familien nach ihrem Einzug ganz selbstverständlich in die Nachbarschaft integriert wurden, sofort zu den Quartiersfesten eingeladen wurden und bis heute in ihrem Alltag (unter anderem beim Deutsch lernen) von anderen BewohnerInnen unterstützt werden.

Nachbarschaftliche Netzwerke und Nachbarschaftshilfe

Mit der Zeit zeigte sich in der Oase 22 auch, dass es vor allem die nach und nach aufgebauten nachbarschaftlichen Kontakte sind, die informelle Nachbarschaftshilfe fördern. Waren zu Beginn vom Quartiersmanagement ausgegebene Karten mit „Suche"/„Biete" noch leer geblieben, so gab es im Laufe der Zeit immer mehr Fälle, bei denen NachbarInnen als BabysitterInnen fungierten, Einkäufe für Ältere übernommen oder gemeinsame Spaziergänge mit dem Rollator gemacht wurden. Menschen, die aufgrund ihrer Lebensphase oder Lebenslage besonders auf ihr Wohnumfeld angewiesen sind, können so von der aktiven Nachbarschaft in der Oase 22 besonders profitieren. Die Angebote des Quartiersmanagements, mit NachbarInnen in Kontakt zu kommen, haben die Menschen dabei unterstützt, Nachbarn mit ähnlichen Interessen zu finden. Dass einige BewohnerInnengruppen aus ähnlichen Milieus stammen, hat das Entstehen von engeren nachbarschaftlichen Kontakten möglicherweise ebenfalls begünstigt.

Nicht eine Gemeinschaft – vielfältige Gemeinschaften

Auch wenn das Quartiersmanagement den Namen „Gemeinschaftliches Wohnen in der Oase 22" trug, so zeigte die Arbeit vor Ort, dass es in einer Wohnanlage in der Größenordnung der Oase 22 eigentlich nicht „eine Gemeinschaft" ist, die entsteht. Es entstanden vielmehr verschiedene Gemeinschaften, bei denen es sich häufig um durch persönliche Beziehungen und gemeinsame Interessen geleitete Gruppen handelt, die aber gleichzeitig vielfältige Möglichkeiten zum Andocken und Mitmachen und damit auch für gewisse Aspekte von sozialer Inklusion

management team provided targeted support to less articulate groups to help them get involved, too. For example, older residents from the assisted living units were integrated into joint activities, and children and young people were actively involved, e.g. in the debate on the use of open spaces. In the summer of 2015, Syrian refugee families moved into vacant flat-sharing communities originally planned for students. The previous work on the Oasis 22 neighbourhood had laid the groundwork for the families to be integrated into the neighbourhood as a matter of course as soon as they moved in, to be immediately invited to neighbourhood festivals and to be supported by other residents in their everyday lives (e.g. learning German) to this day.

Neighbourhood networks and assistance

Over time, Oasis 22 demonstrated that it is above all the gradually established neighbourly contacts that promote informal neighbourly assistance. While at the beginning "want ad" cards issued by the neighbourhood management remained empty, there were more and more cases over the course of time where neighbours acted as babysitters, did shopping for the elderly or went for walks together with their walkers. People who are particularly dependent on their living environment because of their stage or situation in life can also especially benefit from the active neighbourhood in Oasis 22. The neighbourhood management's programmes to facilitate contact with other neighbours helped people with similar interests to find each other. The fact that some resident groups come from similar milieus may also have favoured the emergence of closer neighbourly contacts.

Not one community – diverse communities

Even though the neighbourhood management initiative was called "Community Living in Oasis 22", the work on site showed that in a residential complex the size of Oasis 22 it is actually not "one community" that is being created there. Rather, different communities have emerged, often groups guided by personal relationships and common interests, but which at the same time offer multiple opportunities for connecting and participating and thus also for certain aspects of social inclusion, highlighting the potential significance of social sustainability and social inclusion in the residential environment.

eröffnen und so auch die mögliche Bedeutung von sozialer Nachhaltigkeit und sozialer Inklusion im Wohnumfeld aufzeigen.

Quellen | References

Angelmaier, C. (2009). *Soziale Nachhaltigkeit im Wohnbau. Eine Untersuchung anhand von (gelungenen) Beispielen, Modellversuchen und neuen Ansätzen.* Im Auftrag der Wiener Wohnbauforschung. <http://www.wohnbauforschung.at/index.php?id=346> (15.03.2016).

Drilling, M. & Schnur, O. (Hrsg./Eds.) (2012). *Nachhaltige Quartiersentwicklung – Positionen, Praxisbeispiele und Perspektiven.* Quartiersforschung. Wiesbaden: Springer VS.

Empacher, C. & Wehling, P. (1998). Soziale Nachhaltigkeit. Perspektiven der Konkretisierung und Operationalisierung. *ISOE-Studientext, 11.*

Gutmann, R. & Huber, M. (2014). *Die Sicherung der „Sozialen Nachhaltigkeit" im zweistufigen Bauträgerwettbewerb. Evaluierung der soziologischen Aspekte – Eine Zwischenbilanz. Am Beispiel der dialogorientierten Verfahren „Wohnen am Marchfeldkanal" und „In der Wiesen" sowie des zweistufigen Wettbewerbs „Preyersche Höfe".* Im Auftrag der MA 50, Wiener Wohnbauforschung. <http://www.wohnbauforschung.at/index.php?id=432> (15.03.2016).

Hubauer, M., Kirsch-Soriano da Silva, K. & Ritter, D. (2014). Gemeinschaftliches Wohnen in der Oase 22. Ein Pilotprojekt für soziale Nachhaltigkeit. *soziales_kapital, wissenschaftliches journal österreichischer fachhochschul-studiengänge soziale arbeit, 11.*

Hubauer, M., Kirsch-Soriano da Silva, K. & Stoik, C. (2015). *Abschluss- und Evaluierungsbericht „Quartiersmanagement Gemeinschaftliches Wohnen in der Oase 22".* Stadtteilarbeit, Caritas Wien und Kompetenzzentrum für Soziale Arbeit, FH Campus Wien.

Kirsch-Soriano da Silva, K. & Stoik, C. (2013). Partizipation und Sozialraumanalyse bei der Gestaltung des öffentlichen Raums – Erfahrungen aus der Wiener Stadtteilentwicklung. In Drilling, M. & Oehler, P. (Hrsg./Eds.), *Soziale Arbeit und Stadtentwicklung. Forschungsperspektiven, Handlungsfelder, Herausforderungen* (161–178). Wiesbaden: Springer VS.

Kirsch-Soriano da Silva, K. & Stoik, C. (2017). „Gemeinschaftliches Wohnen in der Oase 22" – Evaluierung sozialer Begleitprozesse in einem Wiener Neubaugebiet. In Oehler, P., Käser, N., Drilling, M., Guhl, J. & Thomas, N. (Hrsg./Eds.), *Emanzipation, Soziale Arbeit und Stadtentwicklung: Eine programmatische und methodische Herausforderung* (209–234). Opladen, Berlin & Toronto: Budrich UniPress Ltd.

Wohnservice Wien (2018). *wohnpartner.* <https://www.wohnpartner-wien.at/> (18.6.1018).

10

Liverpool

STEPHEN MUNBY

Soziale Kohäsion, Verwaltung und Entwicklung von Nachbarschaften

Social Cohesion, Public Services and Community Development

Politische Debatten in ganz Europa werden zunehmend von Identitätsfragen bestimmt. Im Vereinigten Königreich scheinen der Brexit und in Europa Debatten zu Immigration, Kultur, Religion und nationaler Identität andere Themen zu verdrängen und schwer erkämpften Fortschritt bei der Förderung von Toleranz und sozialer Kohäsion zu bedrohen. Das Misstrauen gegenüber der Politik, den Medien und öffentlichen Institutionen im Allgemeinen ist hoch, oft jedoch besteht dieses Misstrauen auf abstrakter Ebene und konzentriert sich nicht auf tatsächliche Personen. Wenn Bürgerinnen und Bürger zu ihrer Meinung über ihre eigenen Gemeinderäte, Parlamentsabgeordneten oder lokalen Dienste befragt werden, ist die Einstellung positiver. Sparmaßnahmen spielen hier eine Rolle. Das Leben hat sich für viele Menschen in den letzten zehn Jahren aufgrund stagnierender oder sinkender Löhne verschlechtert (Dilworth, 2017). Dieses Problem wird zwar anerkannt, die Verantwortung dafür wird jedoch Immigranten, Muslimen, den Fremden zugeschrieben.

Doch Folgendes macht stutzig: Es gibt eine schwer zu leugnende Verbindung zwischen Einwanderungswellen, migrationsfeindlicher Rhetorik und Angriffen auf Muslime und Muslimas. Auffällig ist in diesem Zusammenhang jedoch die häufig auftretende negative Korrelation zwischen der Zuwanderungsrate von MigrantInnen und den Anfeindungen gegenüber MigrantInnen in vielen Regionen. So ist es auffällig, dass in Großbritannien besonders die Regionen, in denen wenig Zuwanderung herrscht, für den Austritt aus der Europäischen Union stimmten, während Regionen mit hohen Zuwanderungsraten für einen Verbleib in der EU stimmten.

Political debate across Europe is increasingly dominated by concerns with identity. In the UK, Brexit, and across the EU, arguments over immigration, culture, religion and national identity seem to drown out other conversations and threaten hard won progress in promoting tolerance and social cohesion. Distrust of politicians, the media and public institutions in general is at a high level, but this is often focused on institutions at the abstract level, not actual people. When asked about their own councillors, Members of Parliament (MP), or local services, people are more positive. Austerity is a part of this. Life has got worse for many people over the last ten years, with incomes flat-lining or declining (Dilworth, 2017). While this is acknowledged, responsibility for this is attributed to immigrants, Muslims, the other.

But here's the puzzle. There is a corollary that is hard to deny between surges in immigration, anti-immigration rhetoric and attacks on Muslims. Nevertheless, there is, in many cases, a negative correlation between the extent of immigration in an area and hostility to immigrants. Certainly, in Britain the areas that voted for Brexit were mainly areas of low immigration, while areas of high immigration voted to stay in the EU.

How should we respond to this? We can try to shift the emphasis on identity by making the rejection of austerity our prime focus, as the "real" source of problems. This is a necessary but not a "sufficient" response and more easily deployed at the national level. This is not just a policy issue but a challenge to the way we practice politics and deliver services. Drawing on my own experiences as a councillor and citizen in Liverpool, there are four interlinked approaches that can begin to shift attitudes:

Wie sollen wir darauf reagieren? Wir können versuchen, die Ablehnung von Sparmaßnahmen als die „tatsächliche" Ursache für die Probleme in den Mittelpunkt zu stellen. Dies ist eine notwendige, aber keine „ausreichende" Antwort, die leichter auf nationaler Ebene umzusetzen ist. Es handelt sich hier jedoch nicht nur um ein politisches Thema, sondern um eine Infragestellung der Art und Weise, wie wir Politik leben und Dienstleistungen erbringen. Basierend auf meiner eigenen Erfahrung als Gemeinderat und Bürger der Stadt Liverpool möchte ich vier miteinander vernetzte Ansätze nennen, durch die eine Einstellungsänderung angestoßen werden kann:

1. Bewältigung der besonderen Herausforderungen, die mit schnellem Wandel assoziiert werden, einschließlich Zuwanderung, durch problemlösende Partnerschaften auf Nachbarschaftsebene;
2. Betonung der Vorteile von Zuwanderung als Bestandteil einer anderen Sichtweise auf wirtschaftliche und gesellschaftliche Prioritäten;
3. Umsetzung einer anderen Art von Politik und Verwaltung, die in einer lokalen Präsenz verankert und auf ständiges Feedback und Austausch angewiesen ist;
4. Wiederherstellung der Rolle öffentlicher Räume als Orte, an denen man auf NachbarInnen trifft.

Problemlösung

In Liverpool werden im Allgemeinen drei Probleme mit Zuwanderung verbunden: Abfall, Lärm und eine hohe Bevölkerungsdichte. Besonders häufig zu beobachten ist dies in Stadtteilen mit privat vermieteten Reihenhäusern mit hoher Fluktuation der BewohnerInnen. Bei den alteingesessenen BewohnerInnen handelt es sich in der Regel um ältere EigenheimbesitzerInnen. Abfallentsorgung in den Hinterhöfen, Überfüllung der Mülltonnen und Lärm stellen für sie eine Belästigung dar. Diese Probleme werden mit den Zugezogenen im Allgemeinen in Verbindung gebracht, nicht unbedingt mit Zugewanderten aus dem Ausland. Im Bezirk Greenbank gibt es Reihenhaussiedlungen, in denen circa die Hälfte der BewohnerInnen Studierende sind. Sie ziehen im September ein und sind nicht mit dem System der Müllentsorgung vertraut, wohnen in vielen Fällen das erste Mal alleine und sind ihren NachbarInnen gegenüber oft gleichgültig eingestellt. Viele Straßenpartys werden in den darauffolgenden Monaten in diesem Stadtgebiet veranstaltet. Im Juni, wenn die Studierenden den Stadtteil nach Semesterende

1. Address the specific challenges associated with rapid change, including immigration, through problem-solving partnerships at neighbourhood level.
2. Make the case for the positive benefits of immigration as part of a different vision of the economy and social priorities.
3. Practice a different kind of politics and public service delivery that is rooted in a local presence and relies on persistent feedback and conversations.
4. Restore the role of public spaces as places where people meet their neighbours.

Problem-solving

In Liverpool, three problems tend to be associated with a surge of new arrivals in an area: rubbish, noise and overcrowding. Characteristically, this is in areas of privately rented terraced housing with a high turnover. Longer standing residents are generally older owner-occupiers. Dumping in back alleys, poor presentation of bins and noise are disturbing. These problems are associated with incomers, not necessarily immigrants from abroad. One ward, Greenbank, has a swathe of terraced streets where around half the residents are students. Arriving in September, they are unfamiliar with how the bin service works, in many cases unused to living independently and initially oblivious to neighbours. A wave of street parties hits the area. In June, as students leave, further parties take place and tenants and landlords dump furniture and household goods in the front gardens. Councillors and council officers are inundated with complaints from residents. Over the summer, the area is quiet but deserted when the students depart. On the plus side, the student population creates demand for a range of shops and cafes that brighten up the area. Every September, local councillors

Abb. 1: Parkhill-Spielplatz (Quelle: Stephen Munby)

Fig. 1: Parkhill playground (Source: Stephen Munby)

verlassen, finden weitere Partys statt, und viele Mieter und Vermieter laden Möbel und Haushaltsgegenstände in den Vorgärten ab. Gemeinderäte oder Mitglieder des Regionalrats werden mit Beschwerden von AnwohnerInnen überhäuft. Im Laufe des Sommers nach Abreise der Studierenden ist der Stadtteil ruhig, aber verlassen.

Jeden September ziehen lokale Gemeinderäte von Tür zu Tür, erklären den Studierenden, wie die Müllabfuhr funktioniert und bitten sie darum, respektvoll mit ihrer Nachbarschaft umzugehen. Das Konzept funktioniert. Aber es muss nicht nur funktionieren, sondern sein Erfolg muss auch wahrgenommen werden. Aus diesem Grund klopfen die Gemeinderäte auch bei den alteingesessenen AnwohnerInnen an die Tür und erklären ihnen, was sie tun. Auch die lokale Anwohnerinitiative und Freiwillige unter den Studierenden sind in den Prozess eingebunden. Ein ähnliches Prozedere findet am Ende des akademischen Jahres statt. Ich habe daran teilgenommen. Was den Erfolg ausmacht, ist die Kombination aus Problemlösung und persönlichem Kontakt.

now go door to door knocking at all the student households explaining to them how waste collection works and asking them to show respect for their neighbours. It has worked. But it not only has to work, it has to be seen to work so they also knock on the doors of long-standing residents and explain what they're doing. The local Residents Group and student volunteers are involved in the process. Something similar takes place at the end of the year. I have taken part in it, and it is the combination of both solving a problem and personal contact that does the trick.

Elsewhere, tensions arose between older owner occupiers and incomers – in one area with an influx of Roma families, in another with a rise in houses in multiple occupation (HMOs) generally housing Eastern European workers. The problems were similar – issues with dumping in alleys, noise and a broader feeling of neglect by the Council. We needed to respond to all three issues – the presenting problems, changing the behaviour that caused them and feelings. As the Cabinet Member with responsibility for the environment I led on this. It was and is fairly simple – stamina pays off:

In anderen Stadtteilen kam es zu Spannungen zwischen älteren EigenheimbesitzerInnen und Zugezogenen – wie zum Beispiel in einer Nachbarschaft mit einem Zuzug an Roma-Familien und einem anderen mit einem Zuwachs an Hausgemeinschaften, in denen überwiegend osteuropäische ArbeiterInnen wohnen. Die Probleme waren vergleichbar: Abfallentsorgung in Hinterhöfen, Lärmbelästigung und eine allgemeine Wahrnehmung, vom Gemeinderat vernachlässigt zu werden. Wir mussten auf alle drei Aspekte reagieren: die Probleme an sich, das Verhalten, das die Probleme verursachte, und die Gefühle. Als Mitglied des Kabinetts mit Verantwortung für den Bereich Umwelt stand ich diesem Vorhaben vor. Es war und ist vergleichsweise einfach – Durchhaltevermögen zahlt sich aus:

- Schreiben Sie alle betroffenen AnwohnerInnen an und informieren Sie sie darüber, dass es Beschwerden über Lärm und Abfallentsorgung in den Hinterhöfen gegeben hat. Bitten Sie die AnwohnerInnen darum, an ihre NachbarInnen zu denken, und geben Sie ihnen den Namen, die Telefonnummer und die E-Mail-Adresse der Kontaktperson, an die sie sich bei Problemen wenden können. Übersetzen Sie das Schreiben bei Bedarf in andere Sprachen. Informieren Sie die AnwohnerInnen darüber, dass Sie die Straßen vor Ort überprüfen werden, und teilen Sie den Termin dafür mit. Laden Sie sie ein, an dem Rundgang teilzunehmen.
- Gehen Sie die Straßen zusammen mit den Beauftragten für die Müllabfuhr und Straßenreinigung sowie AnwohnerInnen, die Sie dabei begleiten möchten, ab. Identifizieren Sie Probleme und sorgen Sie dafür, dass Abfall entsorgt wird. Schreiben Sie den AnwohnerInnen erneut und erzählen Sie ihnen von Ihren Maßnahmen.
- Wiederholen Sie das Vorgehen zwei Monate später.
- Machen Sie so lange so weiter, bis die Abfallentsorgung auf der Straße zurückgeht, die Beschwerden weniger werden und Sie das Gefühl bekommen, dass die AnwohnerInnen sich besser verhalten und Vertrauen in die ihnen zuteilwerdende Dienstleistung haben.
- Das Zusammenspiel aus einem spezifischen Problem, der Angst vor Einwanderern und Enttäuschung über die Politik ist eine gefährliche Mischung. Um eine Lösung dafür zu finden, müssen alle drei Aspekte adressiert werden.

- Write to all the residents in the streets affected saying there have been complaints about noise and dumping in alleys. Ask people to be considerate to their neighbours and give them a name, number and email to contact if there is a problem. If appropriate, translate into other relevant languages. Tell them you will be carrying out an inspection of all the local alleyways and when. Invite them to join you.
- Walk the alleyways with officers responsible for waste collection and street cleaning and any residents who care to join you. Identify any problems and arrange for any rubbish to be cleared. Write to everybody again and tell them what you have done.
- Two months later do the same.
- And again and again until dumping and complaints diminish and you feel people are behaving better and residents are confident in the service they receive.
- It is the combination of specific problems, fear of immigrants and political disillusionment that makes for a toxic mix, so defusing it needs to address all three issues.

Zuwanderung als Positiv-Narrativ

Ablehnung gegenüber Zuwanderung spielte bei der Entscheidung des Vereinigten Königreichs über den Austritt aus der EU eine entscheidende Rolle (Portes, 2017). Die Politik muss sich nicht nur mit Problemen befassen, sondern auch die Vorteile der Zuwanderung betonen, und dabei ihre Argumente auf den Erfahrungen der Menschen aufbauen, nicht auf Emotionen. In dem Bezirk, den ich als Gemeinderat vertrete, war die Zuwanderung einer der Hauptgründe für viele Menschen, für den Austritt aus der EU zu stimmen, insbesondere in Arbeitervierteln mit einem sehr hohen Anteil an Sozialwohnungen. Das ist in einer Stadt wie Liverpool, die durch Immigration entstanden ist, eher ungewöhnlich. Das größte Problem, mit dem sich die Stadt in der letzten Hälfte des 20. Jahrhunderts auseinandersetzen musste, war ein starker Bevölkerungsrückgang. Im letzten Jahrzehnt wurde diese Entwicklung durch eine Welle an Zuzüglern umgekehrt – unabhängig davon, ob es sich dabei um Studierende, Asylsuchende oder ArbeiterInnen aus Osteuropa handelte. Zuvor standen ganze Straßenzüge meines Bezirks aufgrund des Bevölkerungsrückgangs jahrelang leer. Als ich den WählerInnen dies in einer Broschüre deutlich machte und die AnwohnerInnen vor Ort direkt aufsuchte, fand jedoch ein Wandel statt. Am Ende stimmten in diesem Gebiet, in dem vorwiegend weiße ArbeiterInnen wohnen, doppelt so viele Personen für den Verbleib in der EU wie für den Austritt. Zwei Faktoren kamen hier zusammen: ein deutliches Argument für die Vorteile der Zuwanderung und ein lokaler Botschafter, der bekannt war und dem die Menschen vertrauten.

Nicht weit von diesem Gebiet entfernt befindet sich die Lodge Lane in einem Bezirk, der im Jahre 1981 im Mittelpunkt der Toxteth-Unruhen stand. Geschäfte wurden geplündert und nach den Unruhen zogen die Menschen weg und hinterließen ganze Straßenzüge unbewohnt. Dieser Stadtteil wurde durch mehrere Zuwanderungsphasen geprägt: historisch handelte es sich um den Ort, an dem die in Liverpool geborene afro-amerikanische Gemeinschaft lebte, dann zogen die Jemeniten zu, später die Somalier als Reaktion auf den Bürgerkrieg in den 1980er und 1990er Jahren, und seit kurzem gibt es einen Zuwachs an Roma. Es gibt häufig Beschwerden der Nachbarschaft darüber, dass Abfall illegal entsorgt wird, aber gleichzeitig ist die Straße im letzten Jahrzehnt aufgeblüht. In einer ehemals vernachlässigten Gegend sind eine Reihe neuer

Immigration as a positive

Hostility to immigration was a major factor in the UK's vote to leave the EU (Portes, 2017). Apart from addressing problems, politicians need to make the positive case for immigration, rooting our arguments in people's experience, not sentiment. In the ward I represent as a councillor, immigration featured high in most people's reasons for considering voting Leave, particularly in poorer working-class areas with a very high share of social housing. This is rather odd in a city like Liverpool, which was built on immigration. Conversely, the biggest problem facing the city in the last half of the 20th century was a precipitate fall in population. In the last decade, this has been reversed by an influx of incomers – whether students, asylum seekers or migrant workers from Eastern Europe. Large swathes of my ward lay empty for years due to depopulation. When I pointed this out to constituents in a local leaflet, backed up by knocking on every door, quite a switch took place. In the end, this area – predominantly white working class – voted two to one to remain. Two factors combined: a clear argument on the benefits of immigration and a local messenger who was known and trusted.

A mile away, Lodge Lane in an adjacent ward was at the centre of the Toxteth Riots in 1981. Shops were looted and in the aftermath, people moved away, leaving large swathes of grassed sites along the side of the road. The area has been subject to waves of immigration – historically the location of the Liverpool-born black community, then Yemenis, then Somalis in response to civil war in the 80s and 90s and more recently an influx of Roma. Complaints about dumping by neighbours are frequent, but at the same time the street has blossomed in the last decade. From a neglected area a swathe of new businesses have emerged all started by immigrants. Asylum seekers from Burundi have started a chain of barbers. Restaurants reflecting a vast diaspora have opened. Three years ago, the Liverpool 8 Superstore on the Lane was named the best retailer of the year by the BBC Food and Farming awards. This has not been the product of carefully laid plans for neighbourhood regeneration, but has been helped by light touch networking.

The 1578 steering group (named after the postcodes in the area) brings together councillors, community groups and other stakeholders to improve the area. It is an informal group, with no constitution, budget or formal powers. Membership is self-selecting – groups committed to working

Abb. 2: Ansicht der Cairns Street in Toxteth, Liverpool (Quelle: Thomas Kuder)
Fig. 2: View of Cairns Street in Toxteth, Liverpool (Source: Thomas Kuder)

Geschäfte entstanden, die alle von Immigranten aufgebaut wurden. AsylbewerberInnen aus Burundi haben eine Herrenfriseurkette gegründet. Eine breite Diaspora spiegelt sich in den neu eröffneten Restaurants wieder. Vor drei Jahren wurde der Liverpool 8 Superstore auf der Lodge Lane bei der BBC Food and Farming-Preisverleihung als „Bester Einzelhändler des Jahres" ausgezeichnet. Dies ist nicht das Ergebnis eines sorgfältig erstellen Stadtsanierungsplans, sondern wurde durch informelle Netzwerke gefördert.

Der Lenkungsausschuss 1578 (benannt nach der Postleitzahl des Stadtteils) bringt Gemeinderäte, Nachbarschaftsgruppen und andere InteressenvertreterInnen an einen Tisch, um die Gegend aufzuwerten. Es handelt sich um eine informelle Gruppe ohne Satzung, Haushalt oder formelle Befugnisse. Jeder kann mitmachen, der sich an einer Gemeinschaftsaufgabe beteiligen möchte, um die Gegend aufzuwerten. Wir haben an einer Vielzahl von Initiativen teilgenommen:

- eine Investitionskonferenz für die Vermarktung von Baugrundstücken in diesem Bezirk;
- die Unterstützung afro-amerikanischer Fußballlegenden vom FC Liverpool und FC Everton bei der Eröffnung

together to improve the area. We have been involved in an eclectic range of initiatives:

- an investment conference to market sites in the area;
- arranging for black Liverpool and Everton footballing legends to open a Caribbean restaurant launched by local black youth;
- the Tiber project, a partnership between an after-school club, Kingsley United football team and a group of young people promoting business start-ups in Portakabins, secured funds to create a new public square from the Portas Trust and new all-weather football pitch;
- Liverpool Arabic Arts Festival, launched in Tiber Square every summer;
- Loving Lodge Lane, an annual community clean-up and fun day to celebrate the area;
- on November 5th, an organised fireworks display at Unity Youth Club, just off Lodge Lane, draws hundreds of young people and their parents – Roma, Yemeni, Somali, Liverpool-born people of colour, white British.

What in different ways these have in common is a practical commitment to diversity by bringing different people together in activities geared to making the area a better place to live.

eines karibischen Restaurants, das von einer lokalen afro-amerikanischen Jugendgruppe ins Leben gerufen wurde;
- das Tiber-Projekt, eine Partnerschaft zwischen einem Schulhort, dem Fußballteam Kingsley United und einer Gruppe junger Menschen, die Existenzgründer in Portakabins unterstützen, hat vom Portas Trust Finanzmittel eingeworben, um einen neuen öffentlichen Park und einen neuen Allwetter-Fußballplatz zu bauen;
- das Liverpool Arabic Arts Festival, das jeden Sommer im Tiber-Park stattfindet;
- den alljährlichen Aktionstag Loving Lodge Lane, eine von der lokalen Nachbarschaft organisierte Aufräumaktion;
- ein jährlich am 5. November stattfindendes Feuerwerk beim Unity Youth Club in der Nähe der Lodge Lane, das hunderte junge Menschen und ihre Eltern anzieht – Roma, Jemeniten, Somalier, in Liverpool geborene Menschen afro-amerikanischer Herkunft sowie weiße Briten.

Die Gemeinsamkeit dieser verschiedenen Initiativen besteht darin, dass Vielfalt in der Praxis gelebt wird, indem unterschiedliche Menschen bei Aktivitäten zusammengebracht werden, die ihren Stadtteil zu einem lebenswerteren Ort machen wollen.

Politische Führung und Verwaltung

Political leadership and public services

Keine dieser Maßnahmen würde einen großen Beitrag leisten, wenn sie nicht in einen umfassenderen Plan für die politische Ausrichtung und Verwaltungsarbeit eingebettet wären. Einfach nur „Maßnahmen für Vielfalt" auf einem Konzeptpapier festzuhalten erfüllt nicht die Erwartungen, wenn die Menschen den Eindruck haben, dass Politik und Verwaltung ihre Belange ignorieren und dass die Gestaltung der Politik der Elite vorbehalten ist. Seit den 1980er Jahren haben Outsourcing, das Aufkommen der „Stadterneuerung" und eine Bewegung hin zum Managerialismus – alles Aspekte des Übergangs zum Neoliberalismus – die lokale Demokratie systematisch untergraben und es nicht geschafft, die alltäglichen Probleme der Menschen – von geringen Löhnen und fehlendem bezahlbarem Wohnraum, Kriminalität und anti-sozialem Verhalten bis hin zu Einsamkeit und fehlendem Selbstbewusstsein – zu beheben oder den Menschen Unterstützung zu bieten.

None of this would make much difference unless it was implanted in a broader conception of political leadership and public service delivery. Just "doing diversity" as a tick box doesn't really meet the expectations when people feel that public policy and services ignore them and politics is an elite pursuit. Starting from the 1980s, outsourcing, the rise of "regeneration" and a move to managerialism – all aspects of the shift to neo-liberalism – have systematically undermined local democracy and failed to attend to or assist in the problems people experience in their lives from low pay to the lack of affordable housing, crime and anti-social behaviour to loneliness and lack of self-esteem.

Poorer communities have been the object of a range of regeneration programmes in the UK starting in the mid-1980s. Some appear more successful than others i.e. in cities not towns (though I suspect this reflects other socio-economic

Abb. 3: Straßenkunst an der Skaterbahn in Liverpool (Quelle: Thomas Kuder)
Fig. 3: Street art at the skate park in Liverpool (Source: Thomas Kuder)

Ärmere Nachbarschaften stehen seit den 1980er Jahren im Fokus einer Reihe von Erneuerungsprogrammen im Vereinigten Königreich. Einige scheinen erfolgreicher zu sein als andere, aber wenige sind bei den AnwohnerInnen beliebt, weil die meisten Programme nicht an ihnen als Menschen interessiert waren. Ein Grund für die Entfremdung eines Großteils der Öffentlichkeit von der Politik ist die Tatsache, dass wirtschaftspolitische Maßnahmen die Arbeit, die die meisten Personen verrichten, die Dienste, die sie brauchen, und die Orte, die ihnen am Herzen liegen, vernachlässigen. Stattdessen konzentriert sich die Wirtschaftspolitik auf zwei relativ kleine Beschäftigungsfelder: hochqualifizierte Berufe und den Immobilienmarkt. Die Dienstleistungen, die die Menschen in Anspruch nehmen und auf die sie angewiesen sind, wurden mit der Ausrichtung auf Finanzialisierung und trockenen Managerialismus zunehmend an die Privatwirtschaft outsourct (Williams et al., 2018). Öffentliche Dienstleistungen, die über Verträge verwaltet werden, haben die Bedürfnisse der Menschen vor Ort selten im Blick. Und was bringt es, sich an einen Gemeinderat zu wenden, wenn letztendlich AnwältInnen die Entscheidungen treffen?

trends not policy), but few have endeared themselves to the people who lived there because most of them weren't interested in them as people. A factor in the alienation of much of the public is the way economic policy ignores the jobs most people do, the services they need and the places they care about. Instead, it focuses on two relatively small areas of employment – high-skilled jobs and the property market. The services people use and rely on have been increasingly outsourced to the private sector under the focus of financialisation and arid managerialism (Williams et al., 2018). Public services managed through contracts are not very sensitive to community concerns. What is the point of going to a councillor when it is lawyers who run the show?

The discontents associated with immigration reflects this: "They get all the jobs and attention. We (British people) get forgotten." In the absence of other messages or forms of engagement, this can drown out other voices. Part of the challenge is to focus on the jobs most people do, reverse the process of privatisation and create a more bottom-up and intimate approach to local communities. At the heart of the deep disenchantment on which prophets of division feed is a sense of exclusion and being ignored. This is embodied

Die Unzufriedenheit in Bezug auf Zuwanderung spiegelt dies wieder: „Die bekommen alle Jobs und Aufmerksamkeit. Wir [die britische Bevölkerung] werden dabei vergessen." Angesichts fehlender alternativer Botschaften oder Formen des Engagements können solche Aussagen andere Stimmen übertönen. Ein Teil der Herausforderung besteht darin, sich auf die Arbeit zu konzentrieren, die die meisten Menschen verrichten, den Privatisierungsprozess rückgängig zu machen und einen beteiligungsorientierteren und vertrauteren Ansatz für die Gemeinschaften vor Ort zu schaffen. Grundlage für die starke Politikverdrossenheit, die sich diejenigen zunutze machen, die eine Spaltung der Gesellschaft vorhersagen, ist das Gefühl, ausgeschlossen und übergangen zu werden.

in both theories and practices of attachment to place and public space.

Raum und Öffentlichkeit

Metaphern zu Ort und Raum sind zu einem zentralen Element in der Debatte über die heutige Spaltung geworden. Theresa May sagte in ihrer Rede auf dem Parteitag der Konservativen im Jahre 2016: „Wenn man glaubt, man sei ein Weltbürger, ist man nirgendwo Bürger." (May, 2016) Aus einem ganz anderen Blickwinkel beschreibt Manuel Castells „die Verdrängung von Orten im Raum der Ströme" (Castells, 1996, 499). Raumpolitische Maßnahmen der Ausgrenzung sind in den letzten 30 Jahren von zentraler Bedeutung in der öffentlichen Politik, Architektur und Stadtsanierungsdebatte gewesen. Die Entstehung von Einkaufszentren, weitläufigen Plätzen in Privatbesitz innerhalb von Stadtzentren, geschlossenen und bewachten Wohnsiedlungen sowie die Vernachlässigung öffentlicher Räume sind in kleinen und großen Städten im gesamten Vereinigten Königreich sichtbar. Versuche, Spaltungen zu überwinden und Ausgrenzung zu bekämpfen, erfordern andere politische und praktische Ansätze zum öffentlichen Raum.

Eines der auffälligsten Merkmale ärmerer Gegenden im Norden Englands und insbesondere in Liverpool sind die vielen leerstehenden Gebäude. Oft werden sie zu Orten, an denen Abfall abgeladen wird, Drogenhandel stattfindet und Hunde ihr Geschäft verrichten, und stehen so für Vernachlässigung und abschreckende Nachbarschaft. Traditionelle Sanierungskonzepte haben diese problematischen Gebäude in großformatige Top-down-Programme aufgenommen und dadurch viele AnwohnerInnen vertrieben (Leather & Cole, 2012). Die Ergebnisse sind gemischt: Im besten Falle wurden die AnwohnerInnen mit einbezogen, im schlimmsten Falle in Wut versetzt. In den letzten Jahren haben wir in Liverpool einen kleinteiligeren Ansatz verfolgt und uns dabei auf die Aufwertung und Belebung der Vielfältigkeit kleiner, verlassener Grundstücke konzentriert. Die meisten befinden sich in Reihenhaussiedlungen, in denen die BewohnerInnen keine Gärten haben und es weniger Möglichkeiten für die Nachbarschaft gibt, auf natürliche Art und Weise miteinander in Kontakt zu kommen. Wir haben in diesen Gegenden mehr als hundert neue Gemeinschaftsgärten mit Hochbeeten, Sitzmöglichkeiten, Zäunen und Wasserzuläufen angelegt. Wir haben nicht nur Zerstörung beseitigt und die Umgebung aufgewertet, sondern Räume geschaffen, in denen Lebensmittel angebaut werden und Menschen sich ungezwungen treffen können. Entscheidend ist, dass Personen, die anderweitig nicht in Kontakt kommen würden (weil sie unterschiedlich sind), sich kennenlernen.

Place and public space

Metaphors of place and space have become central to the discussion of contemporary division. Theresa May's speech to the Conservative Party conference in 2016 said: "if you believe you're a citizen of the world, you're a citizen of nowhere" (May, 2016). Starting from a rather different perspective, Manuel Castells describes "the supersession of places in the space of flows" (Castells, 1996, 499). Spatial policies of exclusion have been central to public policy, architecture and regeneration for the last 30 years. The rise of shopping malls, large privately owned spaces in the hearts of cities, gated housing developments and the neglect of public spaces are visible in towns and cities across the UK. Any attempt to break down divisions and challenge exclusions requires a different politics and practice of public space.

One of the striking features of poorer areas in the north of England and Liverpool in particular is the swathes of empty sites. Often a focus for dumping, drug dealing and dog poo they tend to symbolise neglect and discourage neighbourliness. Traditional regeneration schemes have tackled these through large scale top-down programmes, often displacing existing residents and focusing on housing (Leather & Cole, 2012). The results have been mixed but at best rarely positively engaged residents and at worst enraged them. In recent years in Liverpool, we have pursued a more piecemeal approach focusing on improving and animating the patchwork of small abandoned sites. Most tend to be in terraced streets where residents have no gardens and there are fewer natural points of contact between neighbours. We have created over a hundred new community gardens on these sites, putting in raised beds, seats, fencing and water supplies. Apart from removing blight and improved landscapes we've created space for growing food and a place for people to meet in a more relaxed manner. Critically, people who would not otherwise meet (because they are different) get to know each other. The programme was cheap to run, required no central funding from the council and mainly relied on Section

Abb. 4: Die Nachbarschaft der Granby Street in Liverpool (Quelle: Thomas Kuder)

Fig. 4: The neighbourhood around Granby Street in Liverpool (Source: Thomas Kuder)

Abb. 5: Verfallener Block zwischen Reihenhäusern in der Dickens Street vor der Sanierung
(Quelle: Stephen Munby)

Fig. 5: A derelict site between terraced housing in the Dickens Streets before renovation
(Source: Stephen Munby)

Abb. 6: AnwohnerInnen der Dickens Street gestalten einen Gemeinschaftsgarten nach der Sanierung
(Quelle: Stephen Munby)

Fig. 6: A community garden being created by residents in Dickens Streets after renovation (Source: Stephen Munby)

Das Programm war günstig in der Umsetzung, erforderte keine zentrale Finanzierung vom Gemeinderat und wurde hauptsächlich durch Planungszahlungen gemäß Abschnitt 106[1] finanziert. Im Folgenden wurden ambitioniertere Projekte umgesetzt. Wir haben die erste neue Gartenanlage in der Stadt seit 50 Jahren angelegt. Auf einer Freifläche, auf der hauptsächlich Drogen gehandelt und Quads gefahren wurden, wurden 90 Hochbeete angelegt. Die überwiegend in den umliegenden Reihenhaussiedlungen wohnenden GärtnerInnen wurden zu einem Dreh- und Angelpunkt für gemeinschaftlichen Zusammenhalt. Die meisten von ihnen kannten sich nicht, obwohl sie Tür an Tür wohnten, aber die Gartenanlage hat einen Berührungspunkt geschaffen, der in Aktivität verankert ist. Und wir haben den Raum mit anderen Aktivitäten gefüllt. Park Palace Ponies, eine lokale Wohltätigkeitsorganisation, lässt Ponys an einer Stelle der Anlage weiden und bietet so eine ausgezeichnete Düngerquelle und eine sehr sichtbare Attraktion für die Kinder vor Ort.

Öffentliche Räume sind über einen so langen Zeitraum abgewertet und vernachlässigt worden, dass anhaltende Bemühungen notwendig sind, um sie wiederzubeleben und ihre Nutzung zu fördern – es ist ein Prozess, keine

106 planning payments[1]. More ambitious projects followed. We created the first new allotment site in the city for 50 years. On a piece of open space, mainly a focus for drug dealing and quad bikes, 90 raised beds were created. The allotment holders mainly from the surrounding terraced streets became a focal point for community cohesion. Most of them didn't know each other despite living cheek to jowl, but the allotment created a point of contact, anchored in activity. And we populated the space with other activity. Park Palace Ponies, a local charity encouraging inner-city kids to ride ponies, grazed its ponies on part of the site, providing an excellent source of manure and a very visible attraction for local kids.

Public spaces have been so devalued and neglected over such a long period that reviving them and promoting their use involves sustained effort – a process, not an act. We built new skate parks and 20 new play areas in parks and green spaces. Councillors and residents commissioned a patchwork of community art around the streets. Promoting activities which bring people together in public spaces is central to restoring public trust and promoting community cohesion. If you feel your area is run down and neglected, if you don't talk to the neighbours you've known for years and are afraid

---

[1] Bei Zahlungen gemäß Abschnitt 106 handelt es sich um Leistungen, zu denen ein Bauträger verpflichtet ist, wenn er eine Baugenehmigung erhalten möchte. In Liverpool werden £ 1000 pro Einheit und im Stadtzentrum £ 2000 pro Einheit erhoben. Im Rahmen der lokalen Raumplanungspolitik sind diese Beträge für die Aufwertung lokaler Grünflächen bestimmt.

[1] Section 106 payments are payments a developer is obliged to pay as a condition of receiving planning permission to build residential properties. In Liverpool, they are levied at a rate of £1,000 per unit and £2,000 per unit in the city centre. Local planning policies mean they are assigned to improve local green spaces.

einmalige Handlung. Wir haben neue Skateparks und 20 neue Spielplätze in Parks und Grünanlagen gebaut. Gemeinderäte und AnwohnerInnen haben eine Vielzahl an Gemeinschaftskunstwerken in den Straßen in Auftrag gegeben.

Aktivitäten, die Menschen in öffentlichen Räumen zusammenbringen, sind von zentraler Bedeutung für die Wiederherstellung des Vertrauens der Öffentlichkeit und die Förderung sozialer Kohäsion. Wenn man den Eindruck hat, dass der eigene Stadtteil heruntergekommen ist und vernachlässigt wurde, wenn man nicht mit NachbarInnen spricht, die man seit Jahren kennt und Angst vor ihren Kindern hat, ist es unwahrscheinlich, dass man Zugezogene und ImmigrantInnen herzlich aufnimmt. Eine Kultur der Angst und Ausgrenzung und ein nach innen gerichteter Blick werden nicht durch Rhetorik oder von oben auferlegte Programme infrage gestellt oder geändert. Es bedarf dazu eines Bottom-up-Engagements unter Beteiligung der Menschen vor Ort und regelmäßiger Aktivitäten, durch die Kohäsion gelebt und gefördert wird. Wir haben ein breites Maßnahmenprogramm gleichwertiger Aktionen entwickelt:

- regelmäßige Rundgänge von Gemeinderäten mit AnwohnerInnen und FunktionsträgerInnen, um die Probleme in einem Bezirk in Augenschein zu nehmen;
- öffentliche Veranstaltungen, um Menschen zusammenzubringen: Weihnachtsfeiern für RentnerInnen, Besuche des Weihnachtsmanns für Kinder, Förderung von Veranstaltungen im Frühling und Sommer in lokalen öffentlichen Räumen, Läufe im Park;
- Maßnahmen in Situationen, in denen Personen gefährdet sind: Austeilen von Wärmekissen im Winter an RentnerInnen, Streuen der Straße bei Schneefällen, zusammen mit dem Angebot, beim Einkaufen zu helfen, Organisation von Essensausgaben.

of their kids, you're unlikely to warmly embrace incomers and immigrants. A culture of fear and exclusion and looking inward will not be challenged or changed by rhetoric or top-down programmes. It needs a street-level bottom-up engagement and regular activities which embody and promote cohesion. We have evolved a wide menu of actions with no single element dominating:

- regular walkabouts of councillors with residents and officers to look at problems in an area;
- public events to bring people together: pensioners' Christmas parties, visits from Santa for kids, promoting spring and summer events in local public spaces, park runs;
- interventions to coincide with moments of vulnerability: distributing winter warmer packs to pensioners, gritting streets during snowfalls accompanied by offers of help with shopping, organising food banks.

Politik ohne Garantien

Vorurteile zu konfrontieren und soziale Kohäsion zu fördern sollte als Teil eines umfassenderen Projekts politischer und gesellschaftlicher Erneuerung gesehen werden: Wiedereinbindung der Politik, Änderung öffentlicher Verwaltungsarbeit, Problemlösung und Zurückgewinnung des öffentlichen Raums. Es gibt keine Garantie dafür, dass dies funktionieren wird, und Nachweise werden schwer zu finden sein, weil der Prozess einige Zeit dauert. Der Vertrauensverlust und der Übergang von einem politischen Prozess, der in Debatten über Gleichberechtigung verankert war, zu einer Politik, in der Identitätsfragen vorherrschend sind, hat sich über viele Jahre vollzogen. Dies rückgängig zu machen kann nur ein langsamer Prozess sein, der schrittweise vorangetrieben wird.

Aber die Schlüsselelemente sind, wie bereits genannt:
- die praktische und nachvollziehbare Bewältigung der spezifischen Probleme, die mit Immigration in Zusammenhang gebracht werden;
- das Engagement für die Zuwanderung in der Praxis, über die Rhetorik hinaus;
- die Schaffung lokaler und zugänglicherer Formen der Politik und öffentlichen Dienstleistungen;
- die Wiederbelebung öffentlicher Räume als Anlaufstelle und Treffpunkt für Menschen in einer Nachbarschaft.

Mehr als alles andere braucht man Durchhaltevermögen. Vertrauen wird nicht über Nacht verloren und es braucht Zeit, um es auf nachhaltige Weise wiederherzustellen.

Politics with no guarantees

Challenging prejudice and promoting social cohesion should be seen as part of a broader project of political and social renewal: reconnecting politics, changing public services, problem-solving, and reclaiming public space. There are no guarantees this will work, and evidence will be hard to come by because it will take time. The erosion of trust and the slide from a political process rooted in debates about equality to one where issues of identity dominate has taken place over many years. Reversing it can only be done slowly and will take place in fits and starts.

But the key ingredients are as suggested earlier:
- tackling the specific problems associated with immigration in an accessible and practical way;
- making the positive case for immigration in practice, not simply rhetorically;
- creating more local and accessible forms of politics and public service delivery;
- reviving public spaces as a focal point for communities.

Above all it requires stamina. Trust does not erode overnight and cannot be restored in a sustainable way quickly.

Quellen | References

Arcidiacono, D., Barbera, F., Bowman, A., Buchanan, J., Busso, S., Dagnes, J., Earle, J., Engelen, E., Folkman, P., Froud, J., Haslam, C., Johal, S., Jones, I., Minervini, D., Moran, M., Mostaccio, F., Pauli, G., Plank, L., Salento, A. & Williams, K. (2017). *The Foundational economy: The infrastructure of everyday life.* Manchester: Manchester University Press.

Castells, M. (1996). *The Rise of the Network Society.* Oxford: Blackwell.

Dilworth, M. (2017). UK workers frustrated by "unprecedented period" of flatlining pay, says senior economist. *The Independent* (June 30). <https://www.independent.co.uk/news/business/news/uk-workers-pay-wages-norise-flatline-stagnant-bank-england-chief-economistandy-haldane-employees-a7816066.html>.

Leather, N. & Cole, E. (2012). *The Housing Market Renewal programme in England.* Sheffield: Sheffield Hallam University.

May, T. (2016). News: Theresa May's conference speech in full. *The Telegraph.* <https://www.telegraph.co.uk/news/2016/10/05/theresa-mays-conference-speech-infull>.

NAOMI ALCAIDE, CHRISTIAN HÖCKE

Resümee
Concluding Remarks

Der vorliegende Band schlägt eine Brücke zwischen konzeptionell-theoretischen Betrachtungen der Themen Zusammenhalt und Diversität und dem Umgang mit ihnen vor Ort. Unter Diversität ist dabei nicht nur jene gemeint, die durch Zuwanderung entsteht. Es geht vielmehr um ein weiter gefasstes Verständnis gesellschaftlicher Vielfalt, das neben sozialen, ökonomischen und ethnischen Merkmalen auch Lebensstile, Einstellungen und Verhaltensweisen berücksichtigt (vgl. Özogul; Hallenberg in diesem Band). Diese Definition von Vielfalt allein sagt allerdings noch wenig darüber aus, welche Implikationen sich für das Verständnis von Zusammenhalt und seinen Zustand ergeben. Wichtig ist, zunächst zu beachten, dass die Vorstellung darüber, was Zusammenhalt ausmacht und wie das Zusammenleben funktionieren sollte, auf subjektiver Ebene unterschiedlich bewertet wird. Zusammenhalt ist demnach, wie Jens Dangschat am Anfang dieser Publikation deutlich macht, ein normatives Konstrukt und stellt damit eine sozial-konstruierte Richtschnur dar (siehe Kapitel 1).

Wenn wir als Orientierung den im Vertrag über die Europäische Union formulierten Wertekanon heranziehen, wird die europäische Gesellschaft als eine solche gesehen, die sich durch Pluralismus, Nichtdiskriminierung, Toleranz, Gerechtigkeit, Solidarität und Gleichheit auszeichnet.[1] Die Veränderung gesellschaftlicher und politischer Diskurse der letzten Jahre aber zeigt deutlich, dass diese Werte zunehmend infrage gestellt werden, zuletzt insbesondere im Zusammenhang mit den Themen Zuwanderung und Integration. Die Gründe hierfür sind vielfältig und komplex. Auch hier sei noch einmal auf den Einführungsbeitrag von Jens Dangschat verwiesen, in dem die unterschiedlichen Entwicklungen skizziert werden, die zu einer Erosion des Zusammenhaltes führen können. Es ist ein Mix zwischen wachsenden sozioöko-

This volume builds a bridge between conceptual and theoretical considerations of cohesion and diversity and how to deal with them locally. Diversity means not only the status that originates from growing immigration. Rather, it is about a broader understanding of social diversity that considers not only social, economic and ethnic characteristics but also lifestyles, attitudes and behaviours (cf. Özogul; Hallenberg in this volume). However, this definition of diversity alone says little about the implications for understanding cohesion and its condition. It is important to note first of all that the notion of "what constitutes cohesion" and "how coexistence should function" is assessed differently at the subjective level. Cohesion is therefore, as Jens Dangschat makes clear at the beginning of this publication, a normative construct and thus represents a socially constructed guideline (see Chapter 1).

If we take as our orientation the canon of values formulated in the Treaty on European Union, European society will be seen as one characterised by pluralism, non-discrimination, tolerance, justice, solidarity and equality.[1] The changes in social and political discourses in recent years, however, clearly show that these values are increasingly being called into question, most recently in connection with the issues of immigration and integration. The reasons for this are manifold and complex. Here, too, reference should be made to Jens Dangschat's introductory contribution, which outlines the various developments that can lead to an erosion of cohesion. It is a mix of growing socio-economic inequalities, loss of trust and control, processes of individualisation and subjective feelings of overload. At the municipal level, processes of socio-spatial polarisation and segregation pose a danger to cohesion. They manifest differences in participation in social life, housing, work and educational opportunities, which can trigger distributional conflicts and also determine how processes of immigration and integration are negotiated in society.

---

[1] Konsolidierte Fassung des Vertrags über die Europäische Union, 30.03.2010. 2010/C 083/01

[1] Consolidated version of the Treaty on European Union, 30.03.2010. 2010/C 083/01

nomischen Ungleichheiten, Vertrauens- und Steuerungsverlusten, Prozessen der Individualisierung und subjektiven Gefühlen der Überforderung. Auf kommunaler Ebene stellen Prozesse sozialräumlicher Polarisierung beziehungsweise Segregation eine Gefahr für den Zusammenhalt dar. Durch sie manifestieren sich Unterschiede in der sozialen Teilhabe am gesellschaftlichen Leben, beim Wohnen, Arbeiten und an Bildungschancen, die Verteilungskonflikte auslösen können und auch darüber entscheiden, wie Prozesse der Zuwanderung und Integration gesellschaftlich verhandelt werden.

Der wachsenden sozialräumlichen Polarisierung wird im Bereich der Stadtentwicklung seit einigen Jahren durch zwei Ansätze begegnet. Im Rahmen der Leipzig Charta werden sie als zentral gesehen, um die nachhaltige Entwicklung der europäischen Städte zu fördern, sie also unter anderem sozial und ökonomisch zukunfts- und krisenfest zu machen. Dies ist zum einen der Grundsatz einer integrierten Stadtentwicklungspolitik, die zu einer besseren Koordination und Abstimmung einzelner stadtentwicklungsrelevanter Handlungsfelder und der mit ihnen in Verbindung stehenden Akteurinnen und Akteure führen soll. Ziel dabei ist, Synergien zu schaffen und zugleich die möglichen negativen Auswirkungen sektoraler Entscheidungen einzelner Handlungsfelder auf andere zu vermeiden. Der zweite Ansatz betrifft die gezielte Förderung benachteiligter Stadtteile. Beiden Ansätzen gemein ist eine partizipative Umsetzung, in der alle jeweils relevanten Akteure aus Politik, Verwaltung, Wirtschaft und Zivilgesellschaft eingebunden werden. Die Praxisbeispiele in diesem Band zeigen, dass diese Ansätze inzwischen weit verbreitet sind und im Zuge der europäischen Integration zu einem Wandel lokaler Planungspraxis geführt haben. So macht etwa Géza Salamin deutlich, dass in Ungarn durch den Einfluss des europäischen Förderrahmens und der mit der Leipzig Charta verbundenen Stadtentwicklungsziele große Schritte in Richtung einer integriert ausgerichteten Stadtentwicklungsplanung für die soziale Stadterneuerung erfolgt sind und damit ein Gegengewicht zu rein ökonomisch getriebenen Stadtentwicklungsvorhaben darstellen (vgl. Salamin in diesem Band). Und auch für die Integrationspolitik einer Stadt wird die hohe Relevanz einer integrierten Herangehensweise gesehen: „Es gibt kaum eine kommunale Aufgabenstellung, kaum eine städtische Abteilung, die sich nicht in irgendeiner Form mit Integrationsfragen befassen muss." (Schulze-Böing in diesem Band, 96)

Mit den beiden genannten Ansätzen, der integrierten Stadtentwicklungspolitik und der Förderung benachteiligter Stadtteile, wird insofern eine Verbindung von zwei

The growing socio-spatial polarisation has been countered by two approaches in the field of urban development in recent years. Within the framework of the Leipzig Charter, they are seen as central to promoting the sustainable development of European cities, i.e. to making them socially and economically future-proof and crisis-proof. On the one hand, this is the principle of an integrated urban development policy, which should lead to better coordination and reconciliation of individual fields of action relevant to urban development and the players associated with them. The aim is to create synergies and at the same time to avoid the possible negative effects of sectoral decisions in individual fields of action on others. The second approach concerns the targeted promotion of disadvantaged urban districts. Both approaches have in common a participatory implementation in which all the relevant players from politics, administration, business and civil society are involved. The practical examples in this volume show that these approaches are now widespread and have led to a change in local planning practice in the course of European integration. For example, Géza Salamin makes it clear that in Hungary, through the influence of the European funding framework and the urban development objectives associated with the Leipzig Charter, major steps have been taken towards integrated urban development planning for social urban renewal and thus represent a counterweight to purely economically driven urban development projects (see Salamin in this volume). And the great relevance of an integrated approach is also seen for the integration policy of a city: "There is hardly a municipal task or a department that does not have to deal with integration-related issues of some sort" (Schulze-Böing in this volume, 96).

With the two approaches mentioned, integrated urban development policy and the promotion of disadvantaged urban districts, the aim is to link two urban regimes, which the urban sociologist Hartmut Häußermann has described elsewhere. The first is a growth regime that has great political and economic power and strives to secure the competitiveness of the respective city in global and international market developments. On the other hand, it is about an integration regime that represents the interests of the disadvantaged and stigmatised urban districts and their inhabitants and brings them into the political space for negotiation (Häußermann, 2006).

The targeted promotion of disadvantaged districts in order to improve the economic and social participation of the population living in these areas remains a challenge. At the municipal level, the emergence and consolidation of disadvantaged neighbourhoods is counteracted, for example, by a social housing policy or strategies for social

urbanen Regimen angestrebt, die der Stadtsoziologe Hartmut Häußermann an anderer Stelle beschrieben hat. Zum einen handelt es sich um ein Wachstumsregime, das über große politische und ökonomische Macht verfügt und bestrebt ist, die Wettbewerbsfähigkeit der jeweiligen Stadt im globalen und internationalen Marktgeschehen zu sichern. Zum anderen geht es um ein Integrationsregime, welches die Interessen der benachteiligten und stigmatisierten Stadtteile und ihrer Bewohnerinnen und Bewohner wahrnimmt und in den politischen Verhandlungsraum einbringt (Häußermann, 2006).

Die gezielte Förderung benachteiligter Stadtteile zur Verbesserung der ökonomischen und sozialen Teilhabe der in diesen Gebieten lebenden Bevölkerung bleibt dennoch eine Herausforderung. Auf kommunaler Ebene wird der Entstehung und Verfestigung von benachteiligten Quartieren zwar entgegengewirkt, zum Beispiel durch eine soziale Wohnungspolitik oder Strategien zur sozialen Durchmischung, durch eine Verbesserung von Infrastrukturen (zum Beispiel Schulen und Kitas) oder auf individueller Ebene durch die Stärkung von Selbstorganisation beziehungsweise Empowerment. Viele Faktoren entziehen sich jedoch dem lokalen Einfluss, obwohl sie entscheidende Weichenstellungen für die Entwicklung von Städten und Regionen vornehmen. Hierzu zählen beispielweise ökonomische Transformations-(Struktur-wandel) und ökonomische Integrationsprozesse (Globalisierung) sowie makropolitische Entscheidungen im Bereich der Arbeitsmarkt-, Bildungs-, Sozial-, Renten- und Integrationspolitik. Die Entwicklung einer Stadt entscheidet sich demnach nicht nur lokal und durch das Zusammenspiel der Akteurinnen und Akteure vor Ort, sondern wird zu einer gemeinsamen Aufgabe der verschiedenen Ebenen aus Bund, Land, Kommune und seit einigen Jahren auch der Europäischen Union.

Gleichwohl haben Kommunen, so zeigen es die Beiträge in diesem Band, viele Möglichkeiten, die soziale Kohäsion in ihrer Stadt zu fördern. Partizipative Prozesse auf Ebene der Quartiere können zu einer Stärkung von lokaler Identität, Bindung und Vertrauen beitragen und die Grundlage dafür legen, etwa Zugewanderte schneller in bestehende Nachbarschaften zu integrieren (vgl. Kirsch-Soriano da Silva in diesem Band) oder ganz alltägliche Konflikte im Zusammenleben zwischen jungen und alten BewohnerInnen zu moderieren und zu lösen (vgl. Munby in diesem Band). Über partizipative Prozesse kann lokales Wissen gewonnen werden, um besser auf die Wünsche und Bedarfe der Bevölkerung eingehen zu können (vgl. Aguirre Such; Dekker & de Nijs in diesem Band), und sie können nicht zuletzt einen wichtigen Beitrag zur Stärkung und

mixing, by improving infrastructures (e. g. schools and child day care centres) or at the individual level by strengthening self-organisation or empowerment. Many factors, however, elude local influence, although they set the course for the development of cities and regions. These include, for example, economic transformation processes (structural change) and economic integration processes (globalisation) as well as macro-political decisions in the areas of the labour market, education, social, pension and integration policy. The development of a city is thus not only decided locally and by the interaction of local players, but also becomes a joint task of the various levels of federal government, state, municipality and, for some years now, also of the European Union.

Nevertheless, the contributions in this volume show that municipalities have many opportunities to promote social cohesion in their cities. Participative processes at neighbourhood level can contribute to a strengthening of local identity, commitment and trust and lay the foundation for integrating immigrants more quickly into existing neighbourhoods (see Kirsch-Soriano da Silva in this volume) or for moderating and resolving everyday conflicts in the coexistence of young and old residents (see Munby in this volume). Through participative processes, local knowledge can be gained in order to better respond to the wishes and needs of the population (see Aguirre Such; Dekker & de Nijs in this volume), and they can make an important contribution to strengthening and anchoring local democracy in the structure of the city (see Alcaide et al. in this volume). The prerequisite for this is that participatory approaches do justice to the principle of inclusion, i.e. give all people the opportunity to contribute to their needs and interests.

This aspect is also relevant for the design of integration policy measures. In order to do justice to the above-mentioned understanding and reality of diversity, it is necessary to think outside of existing drawers of ethnic, cultural or social attributions in order to be able to address the people living in a city on the basis of their actual living conditions and different needs.

In the context of these tasks and challenges, multi-layered solutions are required. Sufficient resources play an important role in meeting the complex requirements and also the repeatedly mentioned approach of integrated urban development in terms of personnel and finances. The time factor is also highly relevant, as many local measures are integrated into short-term and funding dependent project contexts, which make it difficult, for example, to build up trust and stability over a long period of time. As the contributions show, the attitude and self-perception of those who can make crucial decisions about the quality of procedures,

Verankerung lokaler Demokratie in der Struktur der Stadt leisten (vgl. Alcaide et al. in diesem Band). Voraussetzung dafür ist, dass partizipative Ansätze dem Grundsatz der Inklusion gerecht werden, also allen Menschen die Möglichkeit geben, ihre Bedürfnisse und Interessen einzubringen.

Dieser Aspekt ist auch für die Ausgestaltung integrationspolitischer Maßnahmen relevant. Um dem eingangs erwähnten Verständnis und der Realität von Vielfalt gerecht zu werden, muss außerhalb bestehender Schubladen ethnischer, kultureller oder sozialer Zuschreibungen gedacht werden, um den in einer Stadt lebenden Menschen auf Basis ihrer tatsächlichen Lebensumstände und unterschiedlichen Bedürfnisse begegnen zu können.

Im Rahmen dieser Aufgaben und Herausforderungen verlangt es nach mehrschichtigen Lösungen. Ausreichende Ressourcen spielen eine wichtige Rolle, um den komplexen Anforderungen und auch dem mehrfach erwähnten Ansatz der integrierten Stadtentwicklung personell und finanziell gerecht zu werden. Auch der Faktor Zeit ist von hoher Relevanz, sind doch viele lokale Maßnahmen in kurzfristige und förderabhängige Projektkontexte eingebunden, die beispielsweise den langwierigen Aufbau von Vertrauen und die Verstetigung erschweren. Von entscheidender Bedeutung, das zeigen die Beiträge, sind auch die Haltung und das Selbstverständnis derjenigen, die über die Qualität von Verfahren, den Grad von Partizipation sowie die politische Kultur vor Ort maßgeblich entscheiden können. Sie schaffen letztendlich die Voraussetzung dafür, dass lokale Maßnahmen erfolgreich sind. Dies veranschaulicht Stephen Munby in seinem Beitrag, wenn er schreibt: „Keine dieser Maßnahmen würde einen großen Beitrag leisten, wenn sie nicht in einen umfassenderen Plan für die politische Ausrichtung und Verwaltungsarbeit eingebettet wären. Einfach nur „Maßnahmen für Vielfalt" auf einem Konzeptpapier festzuhalten, erfüllt nicht die Erwartungen, wenn die Menschen den Eindruck haben, dass Politik und Verwaltung ihre Belange ignorieren und dass die Gestaltung von Politik der Elite vorbehalten ist." (Munby in diesem Band, 183)

Dieses Fazit ist ebenso ein Leitfaden für die Alltagspraxis vieler Engagierter und im Gemeinwesen Tätiger wie auch eine Verortung der Handlungsspielräume, die es auf kommunaler Ebene zur Stärkung der sozialen Kohäsion gibt. Die Artikel und Beiträge in dieser Publikation zeigen, dass diese Aufgabe in der Verantwortung vieler liegt. Es sind die unterschiedlichen Ebenen der Politik, von der EU bis zur Kommune, deren Verflechtungen gestärkt werden müssen, um, ganz im Sinne des Leitbildes

the degree of participation and the local political culture are also of vital importance. Ultimately, they create the conditions for local measures to be successful. Stephen Munby illustrates this in his contribution when he writes: "None of this would make much difference unless it was implanted in a broader conception of political leadership and public service delivery. Just "doing diversity" as a tick box doesn't really meet the expectations when people feel that public policy and services ignore them and politics is an elite pursuit" (Munby in this volume, 183).

This conclusion is just as much a guideline for the everyday practice of many committed people and those active in the community as it is a definition of the scope for action that exists at the municipal level to strengthen social cohesion. The articles and contributions in this publication show that this task is the responsibility of many. There are the various levels of politics, from the EU to the local community, whose interdependencies must be strengthened in order to coordinate decisions and options for action and to counter the growing social inequality in society in the spirit of the guiding principle of integrated development. But there are also the many local activists and dedicated people from politics, administration, civil society and planning who promote discourse, negotiate conflicts and establish the transfer between the local population and its representatives within the framework of neighbourhood work, urban development projects and volunteer services. And last but not least, there are the citizens themselves, who are actively and passively involved in shaping their environment on a daily basis and whose voices must be included in the context of fair, sustainable urban development.

integrierter Entwicklung, Entscheidungen und Handlungsmöglichkeiten aufeinander abzustimmen und der wachsenden sozialen Ungleichheit in der Gesellschaft entgegenzutreten. Es sind aber auch die vielen Aktiven und Kümmerer vor Ort aus Politik, Verwaltung, Zivilgesellschaft und Planung, die im Rahmen von Quartiersarbeit, Projekten der Stadtentwicklung und Ehrenämtern den Diskurs fördern, Konflikte verhandeln und den Transfer zwischen der lokalen Bevölkerung und ihren Vertreterinnen und Vertretern herstellen. Und nicht zuletzt sind es die Bürgerinnen und Bürger selbst, die tagtäglich aktiv wie passiv an der Gestaltung ihrer Umgebung beteiligt sind und deren Stimmen es im Rahmen einer gerechten, nachhaltigen Stadtentwicklung einzubeziehen gilt.

Quelle | Reference

Häußermann, H. (2006). Desintegration durch Stadtpolitk? *Aus Politik und Zeitgeschichte, 40/41,* 14–22.

Autorinnen und Autoren
Authors

JON AGUIRRE SUCH ist Architekt und Stadtplaner, der sich auf Stadtplanung und Umwelt spezialisiert. Er ist einer der Gründer des Büros für städtische Innovation Paisaje Transversal, das Beratung im Bereich Stadt- und Territorialplanung aus einer integrierten, umweltfreundlichen und partizipativen Perspektive bietet. Jon ist der Hauptverantwortliche des National URBACT Point in Spanien und Experte auf dem Gebiet partizipative Prozesse und gesellschaftliches Engagement im Zusammenhang mit nachhaltiger Stadtentwicklung, kollaborativer Gestaltung öffentlicher Räume und regionaler Planung.

JON AGUIRRE SUCH is an architect and urbanist specialised in urban planning and environment. He is a founding partner of the office for urban innovation Paisaje Transversal, a consultancy in the field of urban and territorial planning processes from an integrated, ecological and participatory perspective. Jon is the main person in charge at the National URBACT Point in Spain and an expert in participatory and community engagement processes related to sustainable urban development, integrated urban regeneration and planning, collaborative design of public spaces and regional planning.

NAOMI ALCAIDE ist als Wissenschaftlerin beim vhw – Bundesverband für Wohnen und Stadtentwicklung e. V. tätig und widmet sich dort unter anderem der Forschung zu nachbarschaftlichen Beziehungen und Integration durch Dialog in Berliner Stadtrandbezirken. Ihr Studium der Geografie und Politik (B.A.) in Utrecht (NL) und Berkeley (USA) sowie ihren Master in Stadtforschung (M.Phil) an der University of Cambridge (UK) absolvierte sie mit einem Fokus auf nachhaltige Stadtentwicklung in Metropolen in Entwicklungs- und Schwellenländern. Vor ihrer Zeit beim vhw arbeitete sie als Projektmanagerin bei einem kommunalen Wohnungsunternehmen und war für die Gesellschaft für Internationale Zusammenarbeit (GIZ) tätig.

NAOMI ALCAIDE is a scientist at vhw – Federal Association for Housing and Urban Development e. V. where she is dedicated to research on neighbourly relations and integration through dialogue in Berlin's suburbs. Her studies in geography and politics (B.A.) in Utrecht (NL) and Berkeley (USA) and urban research (M.Phil) in Cambridge (UK) had a strong focus on sustainable urban development in metropolises in less developed and newly industrialised countries. Before her time at vhw, she worked for the German Corporation for International Cooperation (GIZ) and as a project manager for a municipal housing company.

JENS S. DANGSCHAT ist emeritierter Professor der TU Wien und Stadtsoziologe. Bis September 2017 war er Leiter des Fachbereichs Soziologie an der Fakultät für Architektur und Raumplanung, zuvor Professor für Allgemeine Soziologie, Stadt- und Regionalsoziologie an der Universität Hamburg (1992–1998). Er ist Mitglied in unterschiedlichen Beratungsgremien, unter anderem seit 2009 im Kuratorium des vhw – Bundesverband für Wohnen und Stadtentwicklung e. V. Seine Forschungsschwerpunkte sind verschiedene Formen der Vergesellschaftung und Vergemeinschaftung im Raum, vor allem Segregation und Gentrifizierung, Lebensstil- und Milieuforschung, Raumtheorien und Mobilität. Aktuell beschäftigt er sich mit dem Wechselverhältnis aus Techniksystemen und sozialen Systemen sowie verschiedenen Feldern der Digitalisierung, insbesondere mit den Auswirkungen des automatisierten und vernetzten Fahrens auf unterschiedliche Siedlungsstrukturen, Governance-Formen und soziale Gruppen.

JENS S. DANGSCHAT is professor emeritus of the TU Vienna and urban sociologist. Until 9/2017 Head of the Department of Sociology in the Faculty of Architecture and Spatial Planning; previously Professor of General Sociology, Urban and Regional Sociology at the University of Hamburg (1992–1998). Membership of various advisory bodies, among others member of the board of trustees of vhw – Federal Association for Housing and Urban Development e. V. since 2009. His research focuses on various forms of socialisation and community building in spaces, especially segregation and gentrification, lifestyle and milieu research, spatial theories and mobility. He is currently working on the interrelationship between technical systems and social systems in various fields of digitalisation, in particular the effects of automated and connected driving on different settlement structures, forms of governance and social groups.

ANNA DEKKER (B.A. Sociology, University of Amsterdam; M.A. Urban & Regional Planning, University of Amsterdam; M.A. City Design and Social Science, London School of Economics) ist Projektmanagerin, Wissenschaftlerin und Konzeptentwicklerin bei Placemakers. Darüber hinaus ist sie mit dem Studio LONK für räumliches Design affiliiert, ist Co-Gründerin des Thuismakers Collectief und akademische Leiterin des Sommerkurses The Everyday City and Beyond der University of Amsterdam.

ANNA DEKKER (B.A. Sociology, University of Amsterdam; M.A. Urban & Regional Planning, University of Amsterdam; M.A. City Design and Social Science, London School of Economics) is a project manager, scientist and concept developer at Placemakers. She is also affiliated with LONK Spatial Design Studio, is a co-founder of Thuismakers Collectief and academic director of the summer course The Everyday City and Beyond at the University of Amsterdam.

BERND HALLENBERG ist Stellvertreter des Vorstands beim vhw – Bundesverband für Wohnen und Stadtentwicklung e. V., dem er seit 2001 in verschiedenen Funktionen angehört. Zu seinen Arbeitsschwerpunkten gehören Wohnungspolitik und Wohnungsmärkte, Milieuforschung, Integration, Raumstrukturforschung sowie Bundes-, Landes- und Kommunalpolitik. Zuvor war er für große Wohnungsunternehmen sowie als wissenschaftlicher Mitarbeiter an den Universitäten Köln und Bonn sowie beim IIASA in Wien und beim CSIS in Washington, D.C. tätig.

BERND HALLENBERG is deputy chairman of vhw – Federal Association for Housing and Urban Development e. V., to which he has belonged in various functions since 2001. His work focuses on housing policy and housing markets, milieu research, integration, spatial structure research as well as federal, state and local politics. He previously worked for large housing companies and as a research assistant at the Universities of Cologne and Bonn, at IIASA in Vienna and at CSIS in Washington DC.

CHRISTIAN HÖCKE ist Dipl.-Geograf und studierte an der Christian-Albrechts-Universität zu Kiel und der Swansea University in Wales (UK). Beim vhw konzipiert und betreut er als Projektleiter Forschungsprojekte in den Themenbereichen der nachhaltigen Stadtentwicklung, Entwicklung von Klein- und Mittelstädten sowie Raumstrukturentwicklung. Im Rahmen des Transfers von Forschungsergebnissen in konkrete Prozesse und Projekte der integrierten Stadtentwicklung arbeitet er mit Kommunen in Deutschland zusammen.

CHRISTIAN HÖCKE is a graduate geographer and studied at the Christian-Albrechts University in Kiel and Swansea University in Wales (UK). At vhw, he designs and supervises research projects in the fields of sustainable urban development, development of small and medium-sized towns and spatial structure development. He cooperates with municipalities in Germany in the context of transferring research results into concrete processes and integrated urban development projects.

KATHARINA KIRSCH-SORIANO DA SILVA absolvierte ein Studium der Architektur an der TU Wien. Sie forscht und arbeitet in den Bereichen Stadtentwicklung, Stadterneuerung, Stadtteilarbeit und sozialer Wohnbau. Sie ist als Leiterin der Stadtteilarbeit der Caritas Wien und Lektorin am Masterstudiengang Sozialraumorientierte und Klinische Soziale Arbeit an der FH Campus Wien tätig.

KATHARINA KIRSCH-SORIANO DA SILVA studied architecture at the TU Vienna. She researches and works in the fields of urban development, urban renewal, district work and social housing. She is head of the district work of Caritas Vienna and lecturer on the Master's programme *Social space-oriented and clinical social work* at the FH Campus Vienna.

THOMAS KUDER studierte Stadt- und Regionalplanung an der TU Berlin. Nach seinem Diplom arbeitete er fünf Jahre als kommunaler Stadtplaner im Berliner Bezirk Tiergarten. 1994 wechselte er als Wissenschaftlicher Mitarbeiter an die TU Berlin und promovierte dort 2002 zum Dr.-Ing. der Stadt- und Regionalplanung. 2003 bis 2009 war er als Wissenschaftlicher Mitarbeiter am Leibniz-Institut für Regionalentwicklung und Strukturplanung tätig, leitete die Bundestransferstelle Städtebaulicher Denkmalschutz und befasste sich mit Schrumpfungs- und Transformationsforschung. Seit 2009 arbeitet er beim vhw – Bundesverband für Wohnen und Stadtentwicklung e. V. in Berlin, zuletzt als Seniorwissenschaftler und Clusterkoordinator im Forschungsbereich Lokale Demokratie. Seine Arbeitsschwerpunkte sind integrierte Stadtentwicklung und Governance.

THOMAS KUDER studied urban and regional planning at the TU Berlin. After graduating, he worked for five years as a municipal urban planner in Berlin's Tiergarten district. In 1994, he joined the TU Berlin as a research assistant and received his doctorate in urban and regional planning in 2002. From 2003 to 2009, he worked as a research assistant at the Leibniz Institute for Regional Development and Structural Planning, headed the Federal Contact Office for the Protection of Urban Historical Monuments and undertook shrinkage and transformation research. Since 2009, he has been working for the vhw – Federal Association for Housing and Urban Development e. V. in Berlin, most recently as a senior researcher and cluster coordinator in the research area of local democracy. His main areas of work are integrated urban development and governance.

STEPHEN MUNBY ist Ratsmitglied der Stadt Liverpool in Vertretung des Bezirks Riverside. Erstmals gewählt 1998 unterstützte er das Ratskabinett von 2010 bis 2018 als Kabinettmitglied für Nachbarschaften. Zu seinem Verantwortungsbereich gehörten das Abfallmanagement, Straßenreinigung, Parks und Grünanlagen, Jugendhilfe, Straßen, Luftqualität und die Unterstützung ehrenamtlicher Aktivitäten. Derzeitige Aktivitäten – neben seinen Verpflichtungen gegenüber dem Bezirk – beinhalten die Gründung des Forums Human City, das Ideen für ein neues Wirtschaftsmodell für die Stadt zusammenführen soll, und die Gründung der Vereine Liverpool Friends of Yemen und Mandela 8, welcher sich der Errichtung eines Denkmals für Mandela auf einer Insel im Princes Park in Liverpool widmet.

STEPHEN MUNBY is a councillor in Liverpool representing the Riverside ward. First elected in 1998 he served in the Council's Cabinet from 2010 to 2018 as Cabinet Member for Neighbourhoods. His responsibilities included waste management, street cleaning, parks, youth services, highways, support for the voluntary sector and air quality. Current activities alongside his ward responsibilities include establishing Human City, a new forum working on ideas for a new economic model for the city; establishing Liverpool Friends of Yemen; and Mandela 8, a community group establishing a permanent memorial to Mandela on an island in Princes Park.

KARIN DE NIJS (B.A. Interdisciplinary Social Sciences, University of Amsterdam; M.Sc. Urban Studies, University of Amsterdam) ist Stadtgeografin und bei Placemakers für die Placemaking-Strategie und Forschung zuständig. Neben ihrer Arbeit für Placemakers ist sie Mitglied der Forschungsgruppe Coordination of Urban Issues an der Amsterdam University of Applied Sciences (HvA) und koordiniert Studentenprojekte in vielfältigen urbanen Sanierungsgebieten.

KARIN DE NIJS (B.A. Interdisciplinary Social Sciences, University of Amsterdam: M.Sc. Urban Studies. University of Amsterdam) is an urban geographer and responsible for placemaking strategy and research at Placemakers. In addition to her work for Placemakers, she is a member of the research group Coordination of Urban Issues at the Amsterdam University of Applied Sciences (HvA) and coordinates student projects in various urban redevelopment areas.

SARA ÖZOGUL ist Postdoktorandin an der Universität von Amsterdam und forscht im WHIG-Projekt (What is Governed in Cities: Residential Investment Landscapes and the Governance and Regulation of Housing Production). Spezialisiert ist sie auf Stadtplanung, Urbanistik und interdisziplinäre Sozialwissenschaften mit Fokus auf Humangeografie. Ihren PhD (Titel der Dissertation: „Transformative Spatial Governance: New Avenues for Comprehensive Planning in Fragmented Urban Development") absolvierte sie im Bereich der Stadtplanung an der Universität von Amsterdam. Ihren M.Sc. in Urban Studies erhielt sie vom University College London, den B.A. in Sozialwissenschaften vom University College Roosevelt. Im Mittelpunkt ihrer Forschungstätigkeit stehen die Raumplanung und die mit der Verwaltung verbundenen komplexen Sachverhalte, die sie aus verschiedenen Perspektiven betrachtet, einschließlich der Entwicklungen der Sozialpolitik und des Immobiliensektors. Zuvor arbeitete sie als Wissenschaftlerin in dem EU-finanzierten Projekt DIVERCITIES (Governing Urban Diversity: Creating Social Cohesion, Social Mobility and Economic Performance in Today's Hyperdiversified Cities).

SARA ÖZOGUL is a postdoctoral researcher at the University of Amsterdam, working as part of the WHIG project (What is Governed in Cities: Residential Investment Landscapes and the Governance and Regulation of Housing Production). Her background is in planning, urban studies and interdisciplinary social sciences with a focus on human geography. She completed her PhD (with the title "Transformative Spatial Governance: New Avenues for Comprehensive Planning in Fragmented Urban Development") in Urban Planning at the University of Amsterdam, received her M.Sc. in Urban Studies from University College London, and holds a B.A. in Social Sciences from University College Roosevelt. Her research centres around spatial planning and governance complexities, which she approaches from several angles, including social policy and property-driven urban development. Previously, she worked as a researcher for the EU-funded project DIVERCITIES (Governing Urban Diversity: Creating Social Cohesion, Social Mobility and Economic Performance in Today's Hyperdiversified Cities).

GÉZA SALAMIN ist Präsident der Ungarischen Gesellschaft für Stadtplanung (MUT), Dozent am Institut für Geografie, Geoökonomie und Nachhaltige Entwicklung an der Corvinus Universität Budapest. Mit seinem geografisch-wirtschaftlichen Hintergrund (Abschlüsse von der Eötvös Loránd Universität und der Universität Szeged) hat er 17 Jahre Erfahrung in Regional- und Stadtplanungspolitik in Ungarn und der EU. Er hält einen Doktor in Regionalwissenschaften von der Szent István Universität. Als Wissenschaftler und Planer, später als Abteilungsleiter bei der Ungarischen Gesellschaft für Regionalplanung und -entwicklung und schließlich als Leiter der Raumplanungsabteilung im Ministerium für Wirtschaft hat er maßgeblichen Einfluss auf die Entwicklung nationaler sowie regionaler Raumplanungskonzepte und überregionaler Kooperationsprogramme gehabt. In Váti wirkte er als ungarischer Koordinator und Delegierter an zahlreichen europäischen Programmen (ESPON, EUKN, URBACT) mit. Derzeit ist Géza Salamin als Dozent an der Corvinus Universität Budapest tätig und ist als Delegierter der MUT Mitglied im Europäischen Rat für Raumplaner (ECTP-CEU).

GÉZA SALAMIN is president of the Hungarian Society for Urban Planning (MUT) and senior lecturer at the Institute of Geography, Geoeconomy and Sustainable Development at the Corvinus University of Budapest. With his background as a geographer and economist (having degrees from Eötvös Loránd University and the University of Szeged), Géza Salamin has 17 years of experience in regional and urban development policy and planning in Hungary and at EU level. He has a PhD in regional sciences (SzentIstván University). As a researcher and planner, then head of unit of the Hungarian Regional Development and Planning Agency (Váti) and later as head of the Territorial Development Planning Department of the Ministry for National Economy, he played an essential role in the planning preparation of national spatial development concepts and several crossborder cooperation programmes, and also in the coordination of the regional development programmes of the Hungarian regions. In Váti he served as Hungarian coordinator or delegate for several European international programmes (ESPON, EUKN, URBACT). He is currently master lecturer of CUB and the member of the European Council of Spatial Planners delegated by the MUT.

MATTHIAS SCHULZE-BÖING ist Leiter des Amtes für Arbeitsförderung, Statistik, Soziales und Integration der Stadt Offenbach am Main sowie European Liaison Officer der Stadt Offenbach am Main. Darüber hinaus ist er der Geschäftsführer von MainArbeit – Kommunales Jobcenter Offenbach, einem Tochterunternehmen der Stadt Offenbach am Main (Nachfolger der Organisation MainArbeit GmbH). Er ist Vorsitzender des Bundesnetzwerks Jobcenter, einem nationalen Netzwerk von Direktoren der Jobcenter in Deutschland (mit mehr als 350 vertretenen Jobcentern, die etwa 6 Millionen Kunden im Rahmen der Leistungen nach SGB II bei der Arbeitssuche unterstützen) und Mitglied im Ausschuss für Soziale Sicherungssysteme und Sozialrecht im Deutschen Verein für öffentliche und private Fürsorge e. V., Berlin.

MATTHIAS SCHULZE-BÖING is Head of the Office for Employment Promotion, Statistics, Social Affairs and Integration of the City of Offenbach am Main and European Liaison Officer of the City of Offenbach am Main. In addition, he is the managing director of MainArbeit – Kommunales Jobcenter Offenbach, a subsidiary of the City of Offenbach am Main (successor of the organisation MainArbeit GmbH). He is chairman of the Federal Network Jobcenter, a national network of directors of job centres in Germany (with more than 350 represented job centres, which support about 6 million customers in their job search within the scope of services pursuant to the Social Code – SGB II) and a member of the Committee for Social Security Systems and Social Law of the German Association for Public and Private Welfare, Berlin.

Impressum | Imprint

© 2019 by jovis Verlag GmbH

Das Copyright für die Texte liegt bei den Autorinnen und Autoren.
Das Copyright für die Abbildungen liegt bei den Fotografinnen und Fotografen/Inhaberinnen und Inhabern der Bildrechte.
Die Nennung der Autorinnen und Autoren erfolgt in alphabetischer Reihenfolge.
Texts by kind permission of the authors.
Pictures by kind permission of the photographers/holders of the picture rights.
Authors are listed in alphabetical order.

Alle Rechte vorbehalten.
All rights reserved.

Herausgegeben von
Edited by
Naomi Alcaide & Christian Höcke
für den vhw – Bundesverband für Wohnen und Stadtentwicklung e. V.
for the vhw – Federal Association for Housing and Urban Development e. V.
Vorstand | Chairmen: Prof. Dr. Jürgen Aring
Fritschestraße 27/28, 10585 Berlin
www.vhw.de, bund@vhw.de

Umschlagmotiv | Cover: Dmytro, Adobe Stock

Gestaltung und Satz | Design and setting: Druckerei Franz Paffenholz GmbH, Bornheim
Lithografie | Lithography: Druckerei Franz Paffenholz GmbH, Bornheim
Übersetzung | Translation: Tongue Tied (Manchester) Ltd, Schneiders-Sprach-Service, Judith Radtke, Christian Höcke, Naomi Alcaide

Gedruckt in der Europäischen Union | Printed in the European Union

Bibliografische Information der Deutschen Nationalbibliothek
Die Deutsche Nationalbibliothek verzeichnet diese Publikation in der Deutschen Nationalbibliografie; detaillierte bibliografische Daten sind im Internet über http://dnb.d-nb.de abrufbar.
Bibliographic information published by the Deutsche Nationalbibliothek
The Deutsche Nationalbibliothek lists this publication in the Deutsche Nationalbibliografie; detailed bibliographic data are available on the Internet at http://dnb.d-nb.de.

jovis Verlag GmbH
Kurfürstenstraße 15/16
10785 Berlin

www.jovis.de

jovis-Bücher sind weltweit im ausgewählten Buchhandel erhältlich. Informationen zu unserem internationalen Vertrieb erhalten Sie von Ihrem Buchhändler oder unter www.jovis.de.
jovis books are available worldwide in selected bookstores. Please contact your nearest bookseller or visit www.jovis.de for information concerning your local distribution.

ISBN 978-3-86859-597-0